2013年度甘肃省
工业和信息化白皮书

White Paper on Industry and Information Technology of Gansu Province 2013

编写人员（按姓氏笔画排序）

上官毅　王永庆　王俊海　王海峰　白　强　冯玉旗
刘荣发　杨广斐　苏一庆　李开明　李俊海　李瑞奇
张双武　张军祯　徐宗海　郭永清　陶英平　曹学义
葛生银　程学钦

编　审

陶英平

蘭州大學出版社

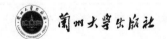

图书在版编目（C I P）数据

2013年度甘肃省工业和信息化白皮书 / 甘肃省工业和信息化委员会编. -- 兰州 : 兰州大学出版社, 2014.12

ISBN 978-7-311-04649-1

Ⅰ. ①2… Ⅱ. ①甘… Ⅲ. ①工业经济－白皮书－甘肃省－2013②信息工作－白皮书－甘肃省－2013 Ⅳ. ①F427.42②G203

中国版本图书馆CIP数据核字(2014)第296612号

策划编辑 宋 婷
责任编辑 佟玉梅 宋 婷
封面设计 刘 杰

书 名 2013年度甘肃省工业和信息化白皮书
作 者 甘肃省工业和信息化委员会 编
出版发行 兰州大学出版社 (地址:兰州市天水南路222号 730000)
电 话 0931-8912613(总编办公室) 0931-8617156(营销中心)
0931-8914298(读者服务部)
网 址 http://www.onbook.com.cn
电子信箱 press@lzu.edu.cn
印 刷 甘肃兴方正彩色数码快印有限公司
开 本 710 mm×1020 mm 1/16
印 张 16.25(插页28)
字 数 302千
版 次 2014年12月第1版
印 次 2014年12月第1次印刷
书 号 ISBN 978-7-311-04649-1
定 价 45.00元

前　言

工业和信息化是甘肃省经济发展的支撑力量，也是推进富民兴陇的重要力量。在实现甘肃省第十二次党代会提出的与全国同步进入全面小康社会、建设幸福美好新甘肃的奋斗目标，尤其是在推动甘肃省经济又好又快发展中肩负着率先转型跨越的历史重任。

2013年，面对严峻复杂多变的国内外经济形势，甘肃省工业和信息化系统认真落实甘肃省第十二次党代会精神、省委省政府保增长的一揽子政策措施，坚持稳中求进、好中求快的总基调，着力解决深层次矛盾和经济运行中出现的新情况、新问题，综合施策、攻坚克难、积极应对，工业和信息化保持较快发展。全年主要发展目标基本完成，重点支柱行业平稳增长，承接产业转移势头强劲，中小企业发展步伐加快，主要生产要素保障有力，全社会信息化水平明显提高，为甘肃省经济持续健康发展发挥了重要作用。

《甘肃工业和信息化发展白皮书》是甘肃省工业和信息化委员会向社会各界推出的工业和信息化发展的综合性年度分析报告。本书全面介绍了2013年度甘肃省和各市(州)工业经济运行以及产业发展、工业固定资产投资、承接产业转移、工业循环经济、企业节能降耗、企业技术创新、中小企业发展、信用担保、"两化"融合等情况，内容丰富，资料翔实，既可作为政府部门决策、企业经营管理者和各级工信部门同志开展工作的重要参考资料，也具有一定的史料价值，希望读者们能从这本书中有所启示和收获。

为使语言简洁、明畅，本书中的企业名称多用简称。由于时间仓促，书中难免会有一些疏漏，敬请读者批评指正。

2014年9月

目　录

第一篇

甘肃省2013年度工业综述

工业经济运行

工业固定资产投资

工业节能节水和循环经济

中小企业发展

企业技术创新

融资和信用担保

信息化和工业化融合

承接产业转移

工业经济运行

一、总体情况

2013年，甘肃省规模以上工业实现工业增加值2045.2亿元，增长11.5%，分别高于全国和西部增速1.8个和0.3个百分点，居全国第18位。其中，大型企业增长6.9%，中型企业增长12.1%，小型企业增长26.6%，微型企业增长12.3%；中央企业增长0.4%，省属企业增长18.6%，地方企业增长22%，其中非公有制和私营企业分别增长26.2%和23.5%。甘肃省规模以上工业企业实现利润286.7亿元，增长7.5%，其中国有及国有控股企业实现利润213.5亿元，增长6.6%。规模以上工业亏损企业亏损额85.2亿元，下降26.0%，其中国有及国有控股亏损企业亏损额63.7亿元，下降34.4%(2006—2013年全省工业经济发展主要指标见附表1)。其主要特点包括以下几个方面。

(一)各地工业增势平稳

据甘肃省统计局数据显示，陇南市增长19.1%，定西市增长19.0%，武威市增长17.0%，金昌市增长16.7%，嘉峪关市增长16.6%，庆阳市增长16.5%，天水市增长16.3%，临夏回族自治州增长16.2%，张掖市增长16.1%，酒泉市增长16.0%，白银市增长16.0%，兰州市增长14.2%，平凉市增长11.8%，甘南藏族自治州增长10.2%。

(二)轻重工业比例趋于优化

2013年，轻工业实现工业增加值334.4亿元，增长12.1%；重工业实现工业增加值1710.8亿元，增长11.3%。2011年、2012年和2013年，轻工业占甘肃省工业比重分别为12.6%、14.4%和16.4%，呈逐年上升趋势，产业结构调整总体趋于优化。

(三)支柱行业发挥支撑作用

12个重点支柱行业中，有11个行业保持较快增长，其中，电子行业增长37.2%，纺织行业增长34.7%，建材行业增长27.7%，有色行业增长22.7%，医药行业增长22.7%，冶金行业增长21.3%，机械行业增长20.3%，煤炭行业增长13.2%，食品行业增长9.8%，电力行业增长8.1%。石化行业下降2.2%(2013年全省重点支柱产业主要经济指标见附表2，2013年24户重点企业主要经济指标见附表3)。

（四）新增投产企业拉动作用明显

截至2013年底，甘肃省规模以上工业企业共1830户，与2013年初相比新增95户。2013年，95户新建投产企业实现工业增加值21.6亿元，占规模以上工业企业的1.1%，拉动工业增长1个百分点，对甘肃省工业增长的贡献率达到8.4%。

（五）重点企业生产经营稳定

甘肃省内三大炼化企业完成原油加工量1554.21万吨，增长2.22%。其中：中国石油天然气集团兰州石化分公司原油加工量1050.02万吨，增长4.78%；中国石油天然气集团庆阳石化分公司原油加工量341.04万吨，增长9.92%。中国石油天然气集团长庆油田分公司和中国石油天然气集团玉门油田分公司完成原油产量688.56万吨，多产77.81万吨，增长13.9%。甘肃烟草工业有限责任公司生产卷烟94万箱，增加6万箱，实现产值136.63亿元，增长21.97%。中国石油天然气集团兰州石化分公司减亏26.2亿元，中国石油天然气集团庆阳石化分公司和中国石油天然气集团长庆油田公司分别多盈利6.3亿元和3.8亿元，甘肃省电力公司和甘肃烟草工业有限责任公司实现利润分别增长80.56%和31.75%，甘肃祁连山水泥集团股份有限公司盈利6.7亿元，增长2倍（2006—2013年地区工业增加值及增速见附表4，2006—2013年地区经济效益见附表5）。

（六）生产要素保障有序

甘肃省原煤产量4680.49万吨，减少4.1%；煤炭销售4766.29万吨，增长2.5%，产销率102%；库存141万吨，减少46.7%。甘肃省发电装机3489.32万千瓦。其中：清洁能源占总装机的54.11%；发电量1195.07亿千瓦时，增长7.95%。全社会用电量1073.25亿千瓦时，增长7.91%。其中：工业用电量841.4亿千瓦时，增长8.58%；跨区跨省售电127.86亿千瓦时，增长2.08%。甘肃省成品油销售505.1万吨，增长5.9%。中国石油管道公司兰州输气分公司供应天然气21.44亿立方米，减少2.1%。甘肃省铁路货物发送量6393.9万吨，公路货运量55292万吨，分别增长1.3%和38.5%（2013年全省工业主要产品产能产量见附表6，2013年重点物资铁路运输完成情况见附表7）。

二、存在问题

（一）产业结构不尽合理

甘肃省内石化和有色两个行业比重过大，2013年这两个行业实现工业增加值873.5亿元，占规模以上工业的42.7%。甘肃省内大中型企业普遍产业链短，创新能力不高，原材料产品和粗加工产品比重大，精加工、深加工和终端产品相对较少。

（二）工业用电价格过高

2013年，甘肃省发电装机3489.32万千瓦，其中清洁能源占总装机的54.11%，但发电设备平均利用小时数长期维持低位水平，电力外送困难。与周边省区相比，甘肃省电价高于青海、新疆等省区，并在“电力—煤炭—冶金有色石化等高载能产业”形成传导效应，资源优势难以转化为经济优势，投资吸引力下降。

（三）中央在甘肃的企业增速趋缓

2011年、2012年和2013年，中央在甘肃的企业工业增加值增速分别为13.4%、8.8%和0.4%，增速呈逐年下滑趋势，分别低于全省、省属和地方企业的平均增速，对全省和所在市（州）工业增速产生一定影响。

（四）企业外部经营环境趋紧

市场竞争愈加激烈，大宗产品价格持续低位。流动资金普遍吃紧，应收账款难度增大。各种费用上涨，企业财务成本增加。下游需求疲软，订单略显不足。有色和煤炭行业增产不增效现象严重，企业利润下滑或亏损。

三、2014年目标任务

2014年，甘肃省规模以上工业增加值预期增长目标为13%。

（一）强化对重点企业协调服务

建立常态化的帮扶机制。围绕酒泉钢铁集团有限责任公司、金川集团股份有限公司、甘肃烟草工业有限责任公司等省重点企业，切实协调解决企业生产经营中遇到的困难和问题，确保稳定生产、扭亏增盈。积极搭建企业产销合作平台，围绕钢材、装备制造和水泥等行业，组织开展互保共建对接活动，力争水泥、钢材在省内重大项目中的使用率分别为85%和60%以上。

（二）充分发挥各市（州）积极性

加快推动2013年建成的300多个项目达产达标，力争新增工业增加值40亿元。继续支持规模以下企业技术改造，争取有300户企业由规模以下转为规模以上，新增工业增加值30亿元。跟踪推进已签约的214个总投资10亿元以上项目的落地进度，确保已建成的12个项目投产运营，加快97个已开工项目的建设进度。对工业增速低于10%的市（州），逐月倒排计划，按季度进行通报。

（三）加大外送电交易量

争取国家发展和改革委员会、国家电网公司和西北电网公司支持，争取增加甘肃省外送电交易计划量。努力开拓青海、山东、湖南等省电力市场，建立长期合作机制。及时跟踪协调，确保宁夏配套电源银东直流送电方案落实到位。2014年，确保外送电量130亿千瓦时，力争150亿千瓦时。

（四）强化生产要素保障

2014年，力争从新疆维吾尔自治区、宁夏回族自治区等省区调入煤炭3400万吨，支持省内煤炭企业出省外送2300万吨，确保煤炭供需平衡。强化电力运行调节，配合做好40亿千瓦时增量电直购交易试点，扩大存量电直购交易规模，督促落实藏区留存电量政策，支持陇南市等水电富集地区就地转化，实现发电量1260亿千瓦时、用电量1135亿千瓦时。按照《中共甘肃省委关于贯彻落实〈中共中央关于全面深化改革若干重大问题的决定〉的意见》要求，在有条件的市（州）积极推进地方局域电网建设。制定成品油和天然气应急预案，优先确保人民群众生活需求，满足重点企业生产需求，完成成品油供应535万吨、天然气23亿立方米。进一步完善铁路运输协调机制，铁路货物发送量达到6400万吨。

（五）提高工业运行监测预警水平

准确分析宏观形势和国家政策对工业企业的影响，特别是对上下游产业的传导作用，强化对省重点企业和百户企业的动态监测，切实抓好经济运行速度、质量、效益的月度分析，加强影响工业平稳运行重大问题的研判，及时提出预警和应对措施。

（撰稿人 经济运行处闫铁栓）

附表1

2006—2013年全省工业经济发展主要指标

年份	全省生产总值		全部工业			规模以上工业			
	数值/亿元	速度/%	数值/亿元	速度/%	占GDP比重/%	增加值/亿元	速度/%	实现利润/亿元	速度/%
2006	2275.0	11.4	873.1	15.9	38.4	774.2	17.3	107.4	62.7
2007	2699.2	12.1	1066.7	16.5	39.5	956.7	17.1	217.8	104.0
2008	3176.1	10.1	1221.7	9.5	38.5	1135.2	9.5	69.0	68.2
2009	3382.4	10.1	1191.3	9.9	35.2	1136.7	10.6	155.2	113.0
2010	4119.5	11.7	1602.9	15.8	38.9	1376.3	16.6	216.3	40.1
2011	5020.0	12.5	2071.3	16.3	41.3	1782.9	16.2	241.2	10.5
2012	5650.2	12.6	2074.2	14.5	36.7	1931.4	14.6	259.2	5.3
2013	6268.0	10.8	2225.2	11.6	35.5	2045.2	11.5	286.7	7.5

附表2

2013年全省重点支柱产业主要经济指标

	增加值			利润		
	工业增加值/亿元	速度/%	比重/%	实现利润/亿元	速度/%	比重/%
全省总计	2045.3	11.5	100.0	286.8	7.5	100.0
煤炭工业	150.5	13.2	7.4	10.3	-44.2	3.6
电力工业	178.8	8.1	8.7	31.6	162.0	11.0
冶金工业	193.0	21.3	9.4	-8.2	-229.5	-2.9
有色工业	330.2	22.7	16.1	15.9	-48.2	5.6
石化工业	543.3	-2.2	26.6	130.8	13.2	45.6
机械工业	147.5	20.3	7.2	11.2	-34.1	3.9
电子工业	19.5	37.2	1.0	3.6	28.0	1.2
食品工业	246.1	9.8	12.0	34.4	9.4	12.0
纺织工业	16.8	34.7	0.8	3.4	32.2	1.2
建材工业	121.3	27.7	5.9	30.9	128.9	10.8
医药工业	34.2	22.7	1.7	14.6	38.1	5.1
其他工业	64.1	20.0	3.2	8.3	45.7	2.9

附表3

2013年24户重点企业主要经济指标

企业名称	主营业务收入			利润总额		
	完成/亿元	上年同期/亿元	增速/%	完成/亿元	上年同期/亿元	增速/%
中国石油庆阳石化分公司	219.09	200.98	9.01	7.70	1.44	434.20
中国石油长庆油田分公司陇东指挥部	330.25	417.17	−20.84	145.36	159.70	−8.98
中国石油玉门油田分公司	116.16	145.55	−20.19	−7.90	−7.24	增亏
甘肃银光化学工业集团有限公司	43.48	53.01	−17.99	2.34	0.84	178.78
甘肃烟草工业有限责任公司	136.58	111.99	21.96	15.61	11.85	31.79
中国铝业股份有限公司兰州分公司	48.76	55.55	−12.23	−5.08	−3.47	增亏
中国铝业股份有限公司连城分公司	65.83	66.08	−0.38	−0.76	−3.40	减亏
甘肃华鹭铝业有限公司	26.10	29.28	−10.84	−1.13	−0.31	增亏
甘肃省电力公司	401.56	360.10	11.51	3.74	2.07	80.56
金川集团股份有限公司	1800.13	1500.00	20.01	10.02	15.00	−33.21
酒泉钢铁集团有限责任公司	1171.17	975.21	20.09	0.81	8.12	−90.07
白银有色集团股份有限公司	336.15	370.33	−9.23	5.86	11.51	−49.13
华亭煤业集团有限责任公司	72.44	78.53	−7.75	5.65	10.84	−47.88
靖远煤业集团有限责任公司	47.54	50.56	−5.98	3.24	2.56	26.37
窑街煤电集团有限责任公司	27.23	28.86	−5.65	0.25	0.63	−60.44
甘肃祁连山水泥集团股份有限公司	58.13	42.48	36.83	6.73	2.26	198.08
兰州兰石集团有限公司	37.79	31.34	20.59	1.03	0.59	74.69
兰州兰电电机有限公司	8.07	7.20	12.10	0.11	0.15	−25.90
甘肃刘化集团有限责任公司	10.17	11.28	−9.81	0.06	0.95	−93.81
西北永新涂料有限公司	2.52	2.46	2.33	0.02	0.21	−89.16
兰州长城电工股份公司	20.44	19.28	6.00	0.94	0.66	42.11
方大炭素新材料科技股份有限公司	18.08	22.08	−18.11	10.30	1.36	655.47
甘肃腾达西铁资源控股集团有限责任公司	14.98	16.12	−7.12	−0.52	−0.92	减亏
甘肃金昌化学工业集团有限公司	23.64	18.74	26.11	0.02	0.02	1.39
24户企业合计	5036.29	4614.18	9.15	204.40	215.42	−5.13

附表4

2006—2013年地区工业增加值及增速

地区	2006年		2007年		2008年		2009年		2010年		2011年		2012年		2013年	
	增加值/亿元	速度/%	增加值/亿元	速度/%	增加值/亿元	速度/%	增加值/亿元	速度/%	增加值/亿元	速度/%	增加值/亿元	速度/%	增加值/亿元	速度/%	增加值/亿元	速度/%
兰州市	212.4	17.2	247.9	18.0	296.6	13.5	308.2	9.8	372.7	12.3	465.1	15.0	538.2	11.5	575.1	14.2
嘉峪关市	77.8	24.4	95.1	20.6	114.8	5.4	119.7	10.0	142.7	22.0	186.3	19.2	169.0	19.5	161.2	16.6
金昌市	115.5	21.8	171.0	18.1	144.8	5.4	141.0	17.0	150.1	12.0	160.3	17.6	159.3	20.3	155.9	16.7
白银市	72.9	18.3	90.2	18.4	107.7	17.5	112.3	15.4	128.3	22.3	164.5	17.2	192.6	19.6	195.1	16.0
天水市	30.4	8.5	35.5	12.5	41.0	13.1	47.5	8.3	54.8	16.2	73.8	14.1	88.3	17.8	103.3	16.3
武威市	23.2	24.6	28.3	19.9	34.6	20.6	40.8	14.1	51.0	21.6	60.5	25.0	88.9	23.6	98.2	17.0
张掖市	22.9	36.2	30.4	29.6	40.9	22.6	45.6	16.2	45.4	23.0	57.8	23.0	59.8	14.4	70.5	16.1
平凉市	33.0	13.3	39.7	19.0	55.5	21.0	61.1	10.2	71.1	22.1	89.5	17.0	108.0	17.0	102.5	11.8
酒泉市	54.1	18.9	63.8	19.0	83.0	16.0	101.0	14.2	140.0	29.5	158.2	21.5	195.1	23.4	221.8	16.0
庆阳市	86.1	18.1	102.7	18.5	132.8	16.5	154.7	15.6	182.4	22.1	235.7	23.1	281.2	19.0	331.9	16.5
定西市	6.3	14.2	11.6	16.5	10.8	6.6	12.7	12.5	13.0	17.7	16.2	25.1	20.5	23.3	25.5	19.0
陇南市	24.2	25.9	31.1	22.3	20.3	−13.8	17.1	2.3	25.3	21.6	31.2	16.7	35.3	21.5	40.2	19.1
临夏回族自治州	9.9	14.7	11.3	11.9	13.1	5.6	15.5	9.5	15.2	19.4	15.8	10.8	15.7	17.8	18.7	16.2
甘南藏族自治州	4.6	22.6	6.7	10.4	6.8	5.0	8.6	14.2	10.0	9.7	10.3	9.4	13.3	15.2	13.0	10.2

附表5

2006—2013年地区经济效益

地区	2005年	2006年		2007年		2008年		2009年		2010年		2011年		2012年		2013年	
	利润/亿元	利润/亿元	增速/%	利润/亿元	增速/%	利润/亿元	增速/%	利润/亿元	增速/%	利润/亿元	增速/%	利润/亿元	增速/%	利润/亿元	增速/%	利润/亿元	增速/%
兰州市	-30.91	-27.60	同期为负	13.58	扭亏为盈	-52.68	-487.90	54.36	扭亏为盈	43.94	-19.17	-16.61	-138.00	-22.95	19.30	22.84	扭亏为盈
嘉峪关市	10.04	11.28	12.35	17.75	57.36	20.45	15.21	11.88	-41.91	20.03	68.60	28.64	43.00	14.19	-50.10	10.11	-27.78
金昌市	20.39	40.59	99.07	79.92	96.90	43.71	-45.31	21.95	-49.78	26.60	21.19	38.27	43.87	18.70	-59.40	13.11	-30.91
白银市	4.09	5.18	26.65	13.58	162.16	14.00	3.09	8.06	-42.43	12.48	54.84	15.66	25.48	17.86	10.60	14.19	-19.14
天水市	1.89	1.69	-10.58	3.72	120.12	4.80	29.03	2.69	-43.96	4.64	72.49	2.52	-45.70	3.43	41.30	6.35	74.10
武威市	0.36	0.51	41.67	0.80	56.86	7.62	852.50	2.62	-65.62	5.56	112.21	4.89	-12.10	4.27	-7.70	4.80	-19.46
张掖市	1.55	1.94	25.16	3.28	69.07	4.85	47.87	4.53	-6.60	8.69	91.83	9.42	8.40	8.33	-8.10	8.36	-11.86
平凉市	5.11	5.67	10.95	6.13	8.11	6.63	8.16	4.94	-25.49	12.70	157.09	15.46	21.73	7.63	-50.30	10.03	30.25
酒泉市	5.10	-6.72	-231.80	-1.06	同期为负	-21.79	同期为负	-2.80	同期为负	6.15	扭亏为盈	14.71	139.00	15.16	9.60	11.45	-32.71
庆阳市	5.10	61.00	1096.10	62.03	1.69	74.75	20.51	51.09	-31.65	72.45	41.81	108.93	50.40	167.56	53.80	161.89	-3.81
定西市	5.10	0.10	-98.04	1.34	1240.00	0.20	-85.07	0.03	-85	1.66	5433.30	1.97	18.67	1.99	15.40	3.02	25.85
陇南市	5.10	10.16	99.22	11.02	8.46	6.39	-42.01	4.88	-23.63	10.62	117.62	9.79	-7.82	10.37	3.90	10.02	-6.43
临夏回族自治州	5.10	0.70	-86.27	0.95	35.71	2.47	160.00	2.51	1.62	2.38	-5.18	4.02	68.90	5.82	41.00	6.46	2.98
甘南藏族自治州	5.10	2.20	-56.86	1.74	-20.91	3.35	92.53	2.34	-30.15	3.80	62.39	3.58	-5.79	6.84	44.30	4.07	-41.74

附表6

2013年全省工业主要产品的产能产量

产品名称	单 位	产 量	比上年增长/%
卷烟	万箱	94.0	6.8
原油	万吨	710.4	13.3
天然气	万立方米	11231.0	-12.2
原油加工量	万吨	1554.2	2.2
发电量	亿千瓦时	1141.7	4.7
其中:水电	亿千瓦时	286.0	1.5
粗钢	万吨	1024.3	18.7
钢材	万吨	1021.6	15.7
十种有色金属	万吨	323.7	10.0
其中:铝	万吨	200.5	13.9
镍	万吨	14.4	12.6
铜	万吨	78.0	10.0
铅	万吨	3.1	39.3
锌	万吨	27.5	-14.4
水泥	万吨	4412.7	16.3
硫酸	万吨	275.8	-11.9
纯碱	万吨	20.8	3.4
烧碱	万吨	22.3	-15.8
乙烯	万吨	63.2	-2.3
化肥(折100%)	万吨	58.8	-16.7
化学农药	万吨	0.2	25.9
发电设备	万千瓦	8.8	41.9
集成电路	亿块	91.6	27.0

附表7

2013年重点物资铁路运输完成情况

项 目	年度计划/万吨	累计完成/万吨	同比/%
总运量	5470	5067	-3.9
煤炭	1599	1285	-14.6
石油	470	410	-12.8
金矿	945	1086	17.4
钢铁	907	880	3.9
非金属	234	191	-18.4
矿建	125	119	-9.8
水泥	34	25	-26.5
粮食	203	227	12.4
化肥	233	174	-25.3
化工	325	277	-14.5
鲜活农产品	5	2	-60.0
集装箱	205	186	-4.1
其他	185	206	22.6

工业固定资产投资

一、总体情况

2013年，甘肃省完成工业固定资产投资2334.21亿元，增长23.50%，占甘肃省固定资产投资的36.43%。其中，采矿业完成投资452.23亿元，增长34.54%；制造业完成投资1111.67亿元，增长19.45%；电力、燃气及水的生产和供应业完成投资770.32亿元，增长23.61%[2013年各市（州）工业固定资产投资完成情况见附表]。

2013年，甘肃省实施特色优势产业、信息畅通工程、区域首位产业和富民多元产业项目2196个，累计完成投资1863亿元，有627个项目按期建成。实施战略新兴产业项目264个，总投资1067亿元。兰州生物产业基地和定西国家中药原料供应保障基地实施产业项目75个，总投资102亿元。实施信息产业项目114个，总投资400亿元，完成投资106亿元。纳入监测的71个重点项目（工业项目投资总额10亿元以上，信息产业和信息化项目投资总额5亿元以上，不含煤炭、风电等能源项目）完成投资480.66亿元，占本年度投资计划的87.90%，累计完成投资993.53亿元，占全部投资计划的34.16%。嘉峪关市索通预焙阳极有限公司年产25万吨预焙阳极、甘肃东兴铝业陇西分公司25万吨电解槽合金化技术、青岛啤酒年产60万千升搬迁扩建、祁连山古浪水泥集团日产2×4500吨新型干法水泥生产线等项目一期进入投产，甘肃润峰电力有限公司200兆瓦光伏组件生产项目4条生产线建成投产。

2013年，甘肃省实施承接产业转移项目1386项，总投资5118亿元，当年引进资金到位额1848.61亿元，增长29%。累计资金到位率54.38%，提高11.64个百分点。2012—2013年累计签约50亿元以上项目35个，已开工14个；10亿～50亿元项目179个，已开工76个；10亿元以下项目1074个，建成219个，已开工418个。省工信委牵头的25家央企73个项目，累计到位资金271.66亿元，资金到位率17.8%，提高5.8个百分点，已建成19个。

二、存在问题

（一）工业大项目比较少

甘肃省在建的总投资10亿元以上工业项目（不含能源项目）、5亿元以上信息产业和信息化项目有71个，仅占甘肃省工业和信息化领域“3341”项目总数的3.4%。承接的10亿元以上产业转移项目93个，占签约项目总数的13%。由于大项目比较少，影响了甘肃省工业固定资产投资的规模和速度。2013年，甘肃省工业固定资产投资增速低于全省固定资产投资目标3.61个百分点，投资规模在全省固定资产投资规模中的比重较上年略有下降。

（二）企业生产经营困难影响投资积极性

制造业是甘肃省工业投资规模最大的行业，但受国内外经济下行压力影响，有色、冶金、装备制造等主要制造行业的企业生产经营十分困难，企业将更多资金用以保障生产经营，导致项目投资热情减少。2013年，甘肃省制造业完成投资1111.67亿元，占工业固定资产投资的47.62%，但增速仅为19.45%，低于工业投资平均增速4.05个百分点。

（三）受国家产业政策调整影响

甘肃省谋划实施的一批重大工业项目，主要以石油化工、有色冶金、煤化工等产业为主，这些项目都是国家产业政策调整特别是化解产能过剩矛盾的重点行业，国家对项目审核非常严格，致使项目前期工作进展缓慢，不能按期落地建设。

（四）企业投资环境有待改善

一些地方不作为、乱作为、慢作为现象仍然存在，一些部门恶意刁难、效能低下的行为比较突出，投资软环境尚不宽松。企业融资环境偏紧，很难得到银行贷款，有些企业甚至不得不借高利贷来解决项目建设资金，贷款难、融资贵问题严重制约着重大项目建设进度。

三、2014年目标任务

2014年，甘肃省工业固定资产投资增长25%。

（一）利用高新技术改造提升传统产业

落实2014年高新技术改造提升传统产业投资项目导向计划，重点支持1000个重点企业技术装备提升、主导产品升级换代、循环经济和资源综合利用、信息技术和制造技术融合等技术改造项目。推动白银市、天水市、嘉峪关市、金昌市、平凉市和庆阳市等老工业基地产业结构优化升级，谋划200个投资5亿元以上的重大技术改造项目，重点推进白银公司20万吨高纯阴极铜锌冶炼资源综合利用、刘化集团25万吨硝基复合肥、天水星火数控重型机床及大型机床铸件、酒钢公司循环经济和结构调整及1000万吨煤炭分质利用、金川公司40万吨离子膜烧碱（二期）和30

万吨PVC、平凉华泓汇金公司70万吨烯烃、庆阳石化600万吨炼油升级改造、金浦集团6万吨丁基橡胶等项目,争取早日建成投产。

(二)加快发展战略性新兴产业

实施827个总投资1314亿元的战略性新兴产业项目,加快建设嘉峪关特种钢材(不锈钢)、酒泉新能源装备制造、金昌有色金属新材料、兰州军民结合产业、兰州石化新材料、兰州生物产业、白银有色(稀土)新材料、白银军民结合化工新材料、定西国家中药原料生产供应保障、天水机械电子装备制造等十大战略性新兴产业示范基地,实施真空装备产品研发制造能力改造提升、数控重型机床制造基地二期、甲醇燃料新能源汽车及零部件、高效煤粉锅炉推广应用、新材料产业化、现代中药产业升级技术改造、云计算服务平台等30项重大创新发展工程和应用示范工程。制定出台《做优做强陇药产业实施方案》,推动甘肃省中药材面积达到370万亩,其中6大陇药品种规范化生产基地30万亩,支持兰州生物制品研究所有限责任公司、甘肃独一味生物制药股份有限公司等10户企业25个新药及保健品研发项目。2014年,甘肃省规模以上陇药制造业实现主营业务收入96亿元,中药材市场销售额达到280亿元。

(三)培育延伸一批重大循环经济产业链

着力培育10条千亿级循环经济产业链,并围绕10条千亿级循环经济产业链缺失和薄弱环节,组织启动一批延链、补链配套项目,推进上下游和关联产业配套协作,促进钢铁、水泥、电解铝、玻璃、煤炭、电石等向下游终端产品延伸发展,推动钢结构、绿色建材、新型铝材、精细化工等产品的广泛应用,化解部分过剩产能。

(四)以承接产业转移促进增量调整

围绕打造"丝绸之路经济带"甘肃黄金段,加强与新疆、青海、宁夏、西藏等省区在矿产资源开发利用、农副产品深加工、民族用品等领域的产业对接,组织相关市(州)赴闽东南地区开展电子信息、轻工食品、纺织服装等产业对接活动。摸底提出今年省级层面重点产业、重点项目招商单,制定招商引资目录,重点加强与国内外500强企业对接,做好与江苏金浦集团、中国北车集团、中国石油集团、中国石化集团、吉利汽车集团、新疆广汇集团、重庆彬立集团等大企业的精准对接。支持兰州市企业出城入园搬迁改造,兰州新区承接石油化工、高新技术、装备制造、生物医药、电子信息、现代物流等产业,协调推进65个续建项目完成投资80亿元以上,严格把好入驻兰州新区项目产业政策关、投资强度关、环境保护关。2014年,甘肃省承接产业转移引进资金到位额达到2200亿元,增长20%。

(五)协调加快信息基础设施建设

落实甘肃省人民政府与中国电信甘肃分公司、中国移动甘肃分公司、中国联通甘肃分公司三大通信运营商战略合作框架协议,加大信息基础设施投资力度,重点推进第四代移动通信(4G)网络建设,完成信息基础设施投资65亿元。继续推进农村信息公共服务网络二期工程,建设完成1000个乡村信息点。加快电信广电业务双向进入,在兰州市试点的基础上逐步向全省推开,支持多媒体广播电视、互联网电视等三网融合产业发展,推进云计算、移动互联网、物联网等新一代信息技术的应用。2014年,甘肃省城市20兆宽带接入能力覆盖面达到70%,农村4兆宽带接入能力覆盖面达到55%,有线电视网络互联互通平台覆盖有线电视网络用户比例达到45%,通信业务总量达到234亿元,主营业务收入达到167亿元。

(撰稿人　政策法规与产业投资处曹雅宁)

附表

2013年各市(州)工业固定资产投资完成情况

指标 / 市(州)	实际完成投资/万元	增速/%
全　省	23342073	23.50
兰州市	3564878	25.83
嘉峪关市	683839	29.05
金昌市	1380790	18.08
白银市	1521948	13.60
天水市	1420355	39.49
武威市	2217707	30.59
张掖市	872514	24.96
平凉市	1583425	18.19
酒泉市	4923353	14.62
庆阳市	2119729	37.94
定西市	1000463	13.92
陇南市	1318422	42.96
临夏回族自治州	386791	10.03
甘南藏族自治州	347859	20.34

工业节能节水和循环经济

一、总体情况

2013年，甘肃省规模以上工业能源消费量5066.75万吨标准煤，增长5.02%，增速分别较2012年和2011年回落4.40和6.33个百分点，为“十二五”以来的最低增幅。甘肃省万元工业增加值能耗同比下降7.25%，超计划指标3.65个百分点（“十二五”期间单位工业增加值能耗情况见附表1，2013年甘肃省主要工业产品能耗指标见附表2）。

2013年，年用能10万吨及以上的56户重点用能企业，实现节能量121.7万吨标准煤。其中，53户企业完成主要产品单位能耗目标，金川集团有限责任公司、酒泉钢铁集团有限公司、白银有色集团股份有限公司、中石油玉门油田分公司、平凉海螺水泥有限责任公司、中石油庆阳石化分公司、华亭煤业集团有限责任公司、甘肃刘化集团有限责任公司等17户企业，超额完成了“十二五”节能目标任务。甘肃电投张掖发电有限责任公司、中国水电华亭发电公司和天水中材水泥有限公司3户企业，没有完成节能目标任务。

2013年，甘肃省工业取水总量15.27亿立方米（不含庆阳市石油开采业），比2012年减少新水量0.27亿立方米；工业用水重复利用率达到80.2%，比2012年提高4.1个百分点；实现节水量1.797亿立方米，比2012年多节水0.139亿立方米；甘肃省万元工业增加值用水量68.72立方米/万元，比2012年下降9.7%，超额完成计划下降6.1%的目标任务。嘉峪关市、金昌市、白银市、天水市、陇南市、甘南藏族自治州和临夏回族自治州7个市（州）万元工业增加值用水量低于甘肃省平均值（2013年全省工业增加值及取水量见附表3）。

（一）工业循环经济稳步推进

1.加强工业循环经济专题研究

制定了《落实国家〈循环经济发展战略及近期行动计划〉实施方案》，从示范工业园区建设、主导产业链构建、示范企业建设、循环经济项目建设、保障措施五个方面，提出了工业循环经济发展的工作目标。进一步健全完善适合基地、园区、企业产业特点的工业循环经济发展模式、适用范围、主要内容、重点任务、目标体系和保障体系规划，建立发展循环经济战略目标及分阶段推进计划。组织开展了总体规划工业循环经济中期评估工作，中期评估结果表明，甘肃省工业循环经济工作取得了阶段性成效。

2.建设循环经济试点示范园区

实施“3622”工业循环经济载体建设工程，累计认定示范园区32个、示范企业66户。充分发挥园区产业集聚发展、企业集中布局、土地集约使用、污染集中处理和废弃物循环使用的功能，促进园区内各类产业和企业进行废弃物交换利用、能量梯级利用、土地集约利用、水资源逐级利用和循环利用，共同使用基础设施和其他公共设施。

3.深入推行清洁生产

引导企业实行产品绿色设计和生产过程全控制，优先选择无毒、低毒、少污染的原辅材料替代原有毒性较大的原辅材料。鼓励企业引进先进的清洁生产技术和设备，开展清洁生产技术交流与合作。对使用有毒有害的原材料进行生产或在生产过程中排放有毒害物质的企业，依法实施强制性清洁生产审核。大力推进自愿性清洁生产审核，形成激励有效、约束有力、有序开展清洁生产的良好工作氛围。

（二）工业节能降耗扎实开展

1.落实工作责任

14个市（州）工信委都与县市区工信局和重点用能企业签订了目标责任书，将省上下达的年度节能目标任务逐级分解落实到县市区和重点用能企业。

2.加强节能管理

开展能效对标达标，重点企业普遍通过与先进企业对标，找差距、挖潜力，努力降低能耗；组织推广节能新技术、新工艺和新设备，制定下发了《甘肃省工业高效节能技术（装备）推广应用管理办法》，引导用能单位采用先进的节能新技术、新工艺和新设备，提高能源利用效率；开展重点用能企业能源利用状况报告制度执行情况专项监察，督促企业制定并落实整改方案；强化能耗统计监测，督促企业建立健全管理制度。

3.淘汰落后产能

各市（州）将淘汰落后产能重点任务分解到各部门、单位和重点企业，明确目标任务、工作内容和具体措施，并对项目逐一进行了监督检查。2013年，14个市（州）实施了130个淘汰落后产能项目（中央65个、省级65个），超额完成了国家下达甘肃省的淘汰落后产能目标任务。

4.促进资源综合利用

2013年，甘肃省共有136户企业的产品通过资源综合利用产品认定，资源综合利用企业消纳各类固体废渣1560万吨，通过资源综合利用生产水泥2700万吨、墙材330万立方米、电力11.7亿千瓦时，实现资源综合利用产品产值78亿元，享受税收减免5亿元。

5.注重能力建设

截至2013年底，甘肃省14个市（州）全部成立了节能监察中心（或节能监察支队），67个县（市、区）也都成立了节能监察大队，获得中央预算内节能监察机构能力建设项目资金支持近1亿元，机构设置、人员设备配备、经费支持等方面得到加强。

（三）工业节水工作不断加强

1.加强机制建设和政策引导

市、县两级政府均成立工业节水领导小组，建立健全了部门联席会议制度；市（州）政府分别与县区政府及重点耗水企业签订了目标管理责任书，将工业节水纳入年度考核体系；平凉市、张掖市、陇南市和嘉峪关市分别出台了水资源可持续利用规划、用水效率控制指标方案等规范性文件，逐步构建激励约束机制。

2.提升基础管理水平

分解下达了水平衡测试、水计量器具配备与管理、用水定额对标、节水型企业创建四项重点节水基础管理工作年度目标任务，加快建设工业节水统计监测系统，在食品、造纸、酿酒、石化、钢铁、有色、建材、火力发电等行业的54户工业用水重点企业，分阶段开展水平衡测试试点工作。

3.推进高耗水企业技术创新

白银有色集团有限责任公司实施了第三冶炼厂重金属酸性废水处理及回用集成示范工程等项目，实现年节水500多万立方米，第三冶炼厂实现“零排放”。中国铝业华鹭铝业公司通过废污水处理回用和循环水系统改造等措施，全年新水消耗同比下降35.73%。青岛啤酒武威有限责任公司采用新工艺技术，实现了CO_2、冷凝水、糖化蒸汽二次利用。

4.培育新典型强化示范引领

组织开展了工业节水型企业创建活动，推荐酒钢集团公司、金川集团公司、白银有色集团公司3户企业典型节水案例列入国家备选支持计划，酒钢集团公司、金昌铁业集团、中国石油庆阳石化分公司3户企业申报国家节水型企业。

5.强化对重点行业监督检查

各地都实施取水许可管理，核定下达用水量指标，建立健全了工业节水统计制度和工业用水进度季报制度。把工业用水量评估纳入工业固定资产投资项目节能评估，控制用水总量，保障重大工业项目用水需求。兰州市、白银市、金昌市和嘉峪关市对化工、钢铁、有色等行业企业进行了专项监察，平凉市查处各类水事违法案件72起。

二、存在问题

(一)工业循环经济体系建设

1.促进循环经济发展环境有待进一步改善

《甘肃省循环经济总体规划》中确定的支持循环经济发展的价格政策、财政政策、投融资政策等都没有完全建立起来,相关激励政策难以适应不同层面的利益需求,各部门齐抓共管机制还需加强。

2.资源循环利用缺乏强有力的技术支撑

大部分企业科技基础薄弱,创新能力不足,产品的消耗比同行业相对偏高,加之受体制约束、行业分割,重大项目行业间衔接存在一定障碍,缺乏循环经济发展的关键技术和相关配套支撑体系,对发展循环经济的带动作用发挥不够。

3.发展循环经济资金短缺

循环经济多数产业投资大、见效慢,企业大规模实施社会效益好、资源再生利用率高的循环经济项目,面临很大的资金缺口,有的企业虽然引进了比较先进的循环技术和设备,但后续资金短缺,制约了企业循环经济发展。

4.现有统计和考核评价体系有待规范

甘肃省还没有实行循环经济统计报表制度,缺乏对有关工艺和产品的量化数据。循环经济监测管理机制和评估考核体系还未形成,无法综合反映循环经济发展水平。各市(州)和相关企业对中期评估的考评指标无所适从,填报各类报表存在很多问题。

5.公众参与国家循环经济示范区建设意识不强

公众对循环经济概念的了解,仅局限于“纸上谈兵”,没有认识到发展循环经济的重要性和迫切性,参与意识和社会责任感不强。在经济发展中,“减量化、再利用、资源化,减量化优先”的原则贯彻不到位,追求增长速度和规模扩张的理念,仍然普遍存在。

(二)工业节能降耗

1.节能空间有限

各重点用能企业经过多年实施节能技术改造、淘汰落后产能、推行能效对标等措施,多数已达到或接近产品单耗和污染排放先进水平,有的指标代表了世界先进水平,进一步通过管理和技术节能的空间有限。

2.部分企业工艺落后、能耗偏高

如红古祁连山水泥有限公司和甘肃华明电力股份有限公司华亭电厂等企业装备落后,能耗指标高于全省平均水平,其中华明电力火力发电机组容量只有2×25

兆瓦，设计早、规模小，属于淘汰机组但仍在使用。

3.完成节能目标进度不平衡

多数火电企业受煤质下降和发电小时数下降双重影响，节能潜力有限，部分企业火力供电煤耗不降反升，未能完成节能目标。

4.节能新技术新设备推广难度较大

部分企业受生产经营效益差、融资困难大等影响，应用先进装备进行节能技术改造的进展不平衡。

(三)工业节水

1.水资源压力进一步加剧

2013年，甘肃省工业用水量仅占全省总用水量的11.89%，约为全国平均工业用水量占总用水量比例的一半，节水空间日益缩小。

2.市(州)工业取水量差异明显

2013年，兰州市、酒泉市和武威市工业取水总量超过1亿立方米，合计占甘肃省总取水量的59%；白银市、平凉市、庆阳市、金昌市、嘉峪关市和张掖市取水量超过6000万立方米，合计占甘肃省的32.45%，其他5个市(州)工业总取水量仅占全省的8.55%，且这种趋势正在进一步加剧。

3.部分企业计量设施不完善

少数使用地表水和自备水源井的企业只安装了一级水表，第三级用水计量仪表安装率较低。个别企业甚至未安装取水计量设施，存在随意取水行为，导致用水数据资料失真，有效监管还不到位。

三、2014年目标任务

(一)工业循环经济

1.总结发布甘肃省工业循环经济典型案例(第二批)

按照《甘肃省工业落实国务院<循环经济发展战略及近期行动计划>实施方案》要求，2014年将对近年来甘肃省工业循环经济发展情况进行总结，发布第二批循环经济典型案例。

2.继续培育循环经济示范企业

2014年拟认定24户循环经济示范企业，循环经济示范企业总数达到90户。

3.启动兰州市区域工业绿色转型发展试点

按照工信部统一部署，积极支持兰州市开展区域工业绿色低碳转型发展试点工作。

4.继续推进可持续清洁生产工作

积极开展自愿清洁生产审核、创建清洁生产示范企业等活动，在200户企业组织开展自愿清洁生产审核试点工作。

5.编写企业清洁生产社会责任报告

组织57户重点用能企业编写2013年度企业清洁生产社会责任报告,并向全社会公布。

(二)工业节能减排

1.组织开展2013年度工业节能目标责任考核

组织甘肃省节能监察中心对14个市(州)和56户年耗能10万吨以上的重点用能企业的2013年工业节能目标责任进行考核。

2.组织落实淘汰落后产能任务

组织上报2014年中央淘汰落后产能和省级淘汰落后产能计划,完成工业领域淘汰落后产能200万吨的目标任务。

3.组织开展能效达标活动

在钢铁、有色金属、建材、化工、电力等行业,组织200户企业开展能效对标活动。

(三)工业节水

1.加强工业节水基础管理

做好2014年计划用水指标考核和2015年计划用水指标核定工作,加强水平衡测试试点、水计量器具配备管理、用水定额对标、节水型企业创建、节水示范项目建设和统计信息平台系统建设6项工作。

2.调整用水结构

积极鼓励各级各类工业园区采取统一供水、废水集中治理模式,实施专业化运营。大力推进再生水、雨水、矿井水等非常规水资源的利用。完成54户年取水量100万立方米以上重点用水企业水平衡测试试点工作,通过以奖代补资金支持一批水资源高效利用建设项目。

3.开展节水型企业创建工作

在钢铁、有色、造纸、石油炼制等重点用水行业,继续组织开展节水型企业创建活动,树立行业节水标杆企业典范,引导其他企业对标达标。

4.提升工业节水统计监测水平

进一步修订完善工业用水信息统计季报系统,2014年力争实现在线报送工业节水信息,逐步使工业用水统计和分析工作常态化。

(撰稿人　循环经济处曹志刚)

附表1

“十二五”期间工业增加值能耗情况

市（州）	2011年 实际下降率/%	2012年 实际下降率/%	2013年 实际下降率/%
全 省	-1.96	-8.10	-7.25
兰州市	-5.66	-4.22	-6.73
嘉峪关市	-4.99	-10.89	-10.55
金昌市	-7.05	-14.74	-16.38
白银市	-6.16	-8.56	-14.15
天水市	-4.60	-4.61	-6.78
武威市	-6.01	-6.97	-4.35
张掖市	-7.15	-21.07	-10.84
平凉市	35.90	-7.62	-12.33
酒泉市	-9.95	-3.22	-13.99
庆阳市	-6.60	-3.85	-20.74
定西市	-1.84	-3.44	-5.75
陇南市	-3.97	-7.20	-10.12
临夏回族自治州	-3.50	-13.68	-7.67
甘南藏族自治州	-3.86	-4.11	3.21

附表2

2013年甘肃省主要工业产品能耗指标

行业	单位产品能耗指标	单 位	指标值
电力	火力发电标准煤耗	克标准煤/千瓦时	307.86
电力	火力供电标准煤耗	克标准煤/千瓦时	328.36
石化	原油加工单位耗电	千瓦时/吨	52.46
石化	原油加工单位综合能耗	千克标准油/吨	64.95
石化	单位合成氨生产综合能耗	千克标准煤/吨	1296.31
钢铁	吨钢综合能耗	千克标准煤/吨	574.89
钢铁	硅铁单位电耗	千瓦时/吨	8575.92
有色	铜冶炼综合能耗	千克标准煤/吨	568.39
有色	单位电解铝综合能耗	千克标准煤/吨	1752.86
建材	吨水泥综合能耗	千克标准煤/吨	110.78
建材	每重量箱平板玻璃综合能耗	千克标准煤/重量箱	17.05

附表3

2013年全省工业增加值及取水量

市(州)	工业增加值/亿元	取水量/万立方米	重复利用量/万立方米	节水量/万立方米
全　省	2133.09	152738	578731.15	17970.00
武威市	119.40	14205	22245.00	1447.00
平凉市	114.20	9528	34500.00	912.50
嘉峪关市	163.30	7774	101179.00	570.00
金昌市	158.70	7824	80152.39	2399.17
白银市	212.90	9679	100957.02	1121.00
张掖市	88.50	6135	1596.00	885.00
酒泉市	285.60	24626	105020.00	3821.42
兰州市	614.50	51402	97800.00	4731.00
陇南市	51.70	2600	4527.00	197.20
庆阳市	108.09	8465	17882.10	1025.00
定西市	40.00	4324	5500.00	634.00
天水市	121.30	3533	3009.80	96.80
临夏回族自治州	29.20	1959	65.36	120.55
甘南藏族自治州	25.70	684	4297.48	9.36

中小企业发展

一、总体情况

2013年，甘肃省有工业中小微企业59240户（含个体工业企业），其中规模以上1770（中型企业279户，小型企业1395户，微型企业96户），规模以下57470户。从业人员75.18万人，其中规模以上企业29.77万人，规模以下企业45.41万人。实现工业增加值933.07亿元，增长20.10%，其中规模以上企业实现工业增加值753.06亿元，增长20.60%；规模以下企业实现工业增加值180亿元，增长12.40%。规模以上工业中小微型企业实现主营业务收入2186.56亿元，增长19.11%；实现利润92.59亿元，增长13.25%；上缴税金64.90亿元，增长6.83%。总体看，甘肃省中小微型企业保持平稳较快发展势头，主要指标增速有明显提高[2013年规模以上工业中小企业主要指标见附表1，2013年规模以下工业中小企业主要指标见附表2，2013年规模以上工业中小微企业主要效益指标（一）见附表3，2013年规模以上工业中小微企业主要效益指标（二）见附表4，2013年规模以上工业中小微企业主要效益指标（三）见附表5，2013年规模以上工业中小微企业分行业主要效益指标（一）见附表6，2013年规模以上工业中小微企业分行业主要效益指标（二）见附表7，2013年规模以上工业中小微企业分行业主要效益指标（三）见附表8，2013年规模以上工业中小微企业分行业主要效益指标（四）见附表9，2013年规模以上工业中小微企业分行业主要效益指标（五）见附表10，2013年规模以上工业中小微企业分行业主要效益指标（六）见附表11]。

（一）优化中小微企业发展环境

1.营造良好外部环境

组织实施了“扶助小微企业专项行动”，重点开展政策咨询、投资融资、创业创新、转型升级、管理提升、舆论宣传6个方面的服务活动，推动创新型、创业型和劳动密集型“三型”小微企业发展和“专精特新”企业发展。2013年，中小企业专项资金贴息支持了172户“三型”小微企业。

2.强化招商引资

充分利用中国中小企业博览会、APEC中小企业展会、兰州投资贸易洽谈会，广泛宣传和推介成长性好、发展潜力大、市场竞争力强的中小微型企业和项目，吸引各类投资主体来甘肃投资建设。

3.加强中小企业运行监测

提前超额完成了工业和信息化部下达的全国中小企业生产经营运行监测平台“十二五”末400户的监测企业任务目标，按季度发布《甘肃省工业中小企业运行监测》，实时监控企业基本情况。

（二）加快推进中小企业公共服务体系建设

1.网络平台建设全面展开

甘肃省工业和信息化委员会、甘肃省财政厅联合批复了《甘肃省中小企业公共服务平台网络体系建设方案》，全面加快以1个省级综合服务平台为“枢纽”、14个市（州）及7个产业开发区（集聚区、循环经济区）综合服务平台为“窗口”、重点县（市、区）综合服务平台为“触角”的中小企业公共服务平台网络体系。2013年，开工建设的9个市（州）综合窗口、4个产业集聚区窗口服务平台全部建成。

2.服务机构管理有序推进

制定了《甘肃省中小企业公共服务示范平台认定和管理暂行办法》（甘工信发〔2013〕414号）和《甘肃省中小企业公共服务示范平台考核细则》（甘工信发〔2013〕415号），累计认定省级中小企业公共服务示范平台82家，国家级中小企业公共服务示范平台10家。建立了服务机构统计监测库，入库的市（州）级服务机构662户（国家级和省级中小企业公共服务示范平台见附表12）。

（三）扶持中小微企业技术改造

1.加大技术改造支持

2013年，争取国家资金13934万元，支持了114个中小企业项目；安排省级中小企业发展专项资金5000万元，支持了65个项目。

2.强化项目管理

组织验收各市（州）2009年以来获得国家和省上中小企业专项资金支持的项目，2012年以前支持的中小企业专项资金项目绝大多数已完成竣工验收工作。

3.实施中小企业成长工程

督促主营业务收入在500万元～2000万元的中小企业，通过技术改造、管理水平提升等多种措施，实现主营业务收入在2000万元以上。2013年，共有246户工业小微型企业达到规模以上。

二、存在问题

（一）政策落实方面

部分政策设置不尽合理、条件门槛高；政策条款细化不足、实际操作性低；个别部门服务意识不强，政策水平有待提高；政策知晓率偏低；涉及企业隐性收费有增多、增重趋势。

（二）融资贷款方面

缺少资金、融资困难依然是中小微型企业目前面临的最大难题。国有银行贷款风险控制严、门槛高、需抵押，导致银行对中小微型企业融资积极性偏低，相应门槛设置过高，企业很难贷到款；小微企业的实际贷款成本接近银行基准利率的两倍甚至更高，增大了经营风险。

（三）技术创新和合作方面

企业研发投入能力有限，制约技术创新、转型升级；产学研体制不完善、融合度不够，院企、校企融合合作欠缺，企业技术中心与社会合作度低，相关平台少；由于担心与外界合作影响自身业务、技术外泄、人员流失等，中小企业社会合作意愿不强烈。

（四）人才用工方面

企业用工难、招工难、留工难，人员流动性加大；小微型企业的人工培训成本较高，但工人没有辞工成本；特色技能人才青黄不接，相关人才的职业技能认定、职称评定未纳入政府职业认定范围。

（五）企业经营运行方面

生产成本高，原材料、能源价格、物流成本、劳动者工资等生产成本的大幅上涨，产品市场价格倒挂，多数中小微型企业经营压力加大；税费负担重，各种税收、行政事业性收费和其他"隐性费用"，挤占了中小微型企业本已微薄的利润空间；企业内部管理落后，亟须提升管理水平；受大企业效益下滑影响，与大企业协作配套的中小微型企业资金被拖欠，致使企业发展困难。

（六）公共服务方面

服务机构整体水平较低，服务手段少，企业接受度低。统计体系不完善，全口径的中小微型企业统计体系还未建立，分析监测比较困难。

三、2014年目标任务

（一）继续开展扶助小微企业专项行动

1.加强政策宣传

在甘肃省主要媒体重点宣传营造中小微企业发展软硬环境的政策措施，督促各市（州）"窗口"平台组织不少于1次的中小微型企业政策宣讲活动。

2.帮助企业提高管理水平

督促各市（州）确定10～20家成长性好的企业作为管理提升重点帮扶企业，组织各市（州）中小企业服务机构培训员工不少于1000人次，在甘肃省树立10家管理提升显著的典型宣传推广。

3.加大对中小微企业扶持力度

制定出台《甘肃省“专精特新”中小企业认定管理办法》，每年认定20户左右行业排头兵的“专精特新”企业，支持创新型、创业型、劳动密集型及“专精特新”企业100户以上。支持300户规模以下企业转为规模以上，并按有关规定给予贴息支持。

4.做好招商引资及产品推介活动

以定西陇药、薯都为题材，以甘南、临夏少数民族用品为特色，办好第八届APEC中小企业技展会。

（二）加快完善中小企业公共服务平台网络建设

1.加强服务平台网络建设

全面建成“以1个省级服务平台为枢纽，14个市（州）和7个产业窗口服务平台为节点，重点县（区、市产业集聚区）综合服务平台为触角，100个省级中小企业公共服务示范平台为支撑”的甘肃省中小企业公共服务体系，制定甘肃省中小企业公共服务平台网络行为规范、工作流程、统一标识，完成产业窗口服务平台和省级示范平台的服务内容、工作量、线上线下服务、服务质量等信息化监督管理。

2.加强服务平台考核

加强对已认定的82个省级中小企业公共服务示范平台考核，新认定一批省级示范平台，再申报2户以上国家级平台，总结推广1～2户优质服务示范平台经验。

（三）加强中小微企业运行监测

会同甘肃省统计局、甘肃省调查总队，按季度发布《甘肃省工业中小企业运行监测》，将纳入国家监测企业总数由523户提高为600户以上，对确定的由规模以下企业转为规模以上企业实行季度监测。全年确保规模以上中小微企业实现工业增加值不低于20%。

（撰稿人　中小企业处周鹏）

附表1

2013年规模以上工业中小企业主要指标

指标名称	企业单位数/户	工业增加值（现价）/千元		同比增长/%	
		12月	12月止累计	12月	12月止累计
规模以上工业中小企业	1770	7046999.4	75306699.7	16.5	20.6
中型企业	279	2738471.1	26953396.5	11.3	12.1
小型企业	1395	4212610.8	47077469.1	20.3	26.6
微型企业	96	95917.5	1275834.1	19.9	12.3

附表2

2013年规模以下工业中小企业主要指标

指标名称	企业单位数/户	总产值/亿元	增加值/亿元	可比价速度/%	从业人数/人
规模以下工业企业	57470	553.32	180	12.40	45.41

附表3

2013年规模以上工业中小微企业主要效益指标表(一)

指标名称	企业单位数	亏损企业			应收账款			存货		
	1～12月/个	1～12月/个	上年同期/个	增减/%	1～12月/万元	上年同期/万元	增减/%	1～12月/万元	上年同期/万元	增减/%
总计	1770	503	445	13.03	3480998.90	3076676.60	13.14	4038860.50	3559199.40	13.48
在总计中:1国有企业	158	47	50	-6.00	386940.20	394436.00	-1.90	307796.30	288141.70	6.82
2集体企业	63	21	13	61.54	71207.40	69945.00	1.80	90098.90	93135.30	-3.26
3股份合作制企业	26	9	5	80.00	27372.40	21746.90	25.87	49999.00	37996.80	31.59
4股份制企业	1345	386	341	13.20	3893445.70	3592505.10	8.38	12563372.70	11392275.70	10.28
5外商及港澳台投资企业	48	7	11	-36.36	141407.20	151231.10	-6.50	182283.80	141076.70	29.21
在总计中:亏损企业	158	47	50	-6.00	386940.20	394436.00	-1.90	307796.30	288141.70	6.82
在总计中:国有控股企业	334	100	97	3.09	1321491.50	1199032.10	10.21	1122218.50	1115469.60	0.61
其中:亏损企业	100	100	68	47.06	259263.40	256650.90	1.02	362014.70	357820.50	1.17
其中:中央企业	21	21	17	23.53	93388.50	115948.60	-19.46	79315.50	76518.30	3.66
在总计中:新建企业	118	23	5	360.00	144542.20	19664.20	635.05	123676.30	28802.40	329.40
在总计中:中型工业	279	84	82	2.44	1246815.60	1032924.20	20.71	1605275.30	1509286.70	6.36
小型工业	1395	383	332	15.36	2149118.70	1952303.60	10.08	2401008.60	2012728.70	19.29
微型工业	96	36	31	16.13	85064.60	91448.80	-6.98	32576.60	37184.00	-12.39
其中:国有控股企业	121	34	38	-10.53	581086.30	551117.90	5.44	686119.50	726394.00	-5.54
其中:亏损企业	34	34	25	36.00	104046.80	112171.40	-7.24	193687.90	209055.50	-7.35
在总计中:1国有控股	334	100	97	3.09	1321491.50	1199032.10	10.21	1122218.50	1115469.60	0.61
2集体控股	141	46	40	15.00	226721.90	249686.10	-9.20	348798.00	300654.00	16.01
3私人控股	1149	315	271	16.24	1453374.40	1382139.10	5.15	2185646.80	1826773.90	19.65
4港澳台商控股	13	3	4	-25.00	43498.50	38113.30	14.13	46490.00	39992.50	16.25
5外商控股	12	1	1	0.00	23153.40	21791.80	0.00	74864.40	68924.00	0.00
6其他	121	38	32	0.00	412759.20	185914.20	0.00	260842.80	207385.40	0.00

附表4

2013年规模以上工业中小微企业主要效益指标表(二)

指标名称	其中:产成品			主营业务收入			利润总额		
	1～12月/万元	上年同期/万元	增减/%	1～12月/万元	上年同期/万元	增减/%	1～12月/万元	上年同期/万元	增减/%
总计	1908677.80	1635053.60	16.73	21865628.80	18356912.60	19.11	925950.50	817604.30	13.25
在总计中:1国有企业	121591.30	104468.10	16.39	2476193.80	2355773.20	5.11	115116.40	34384.00	234.80
2集体企业	42878.70	36272.40	18.21	464632.80	453174.70	2.53	12650.80	36368.40	-65.21
3股份合作制企业	17436.50	15637.10	11.51	262548.40	185186.00	41.78	5996.70	16177.60	-62.93
4股份制企业	3256811.50	4087702.50	-20.33	52826980.60	47854567.50	10.39	845800.40	611471.60	38.32
5外商及港澳台投资企业	63896.40	45975.60	38.98	1077650.80	970654.80	11.02	86391.60	71030.30	21.63
在总计中:亏损企业	121591.30	104468.10	16.39	2476193.80	2355773.20	5.11	115116.40	34384.00	234.80
在总计中:国有控股企业	404498.40	353924.00	14.29	7249700.00	6834106.40	6.08	366855.10	252701.70	45.17
其中:亏损企业	120855.70	127654.80	-5.33	1350285.00	1375622.90	-1.84	-172374.80	-153662.10	12.18
其中:中央企业	15726.90	21596.50	-27.18	594529.40	583640.00	1.87	-84178.30	-99174.50	-15.12
在总计中:新建企业	53486.20	8173.90	554.35	853637.00	38742.30	2103.37	62837.40	1697.10	3602.63
在总计中:中型工业	611868.20	545878.10	12.09	8246328.90	7629045.20	8.09	341804.70	268015.00	27.53
小型工业	1276970.10	1064816.10	19.92	13282763.40	10436086.80	27.28	560340.90	529566.70	5.81
微型工业	19839.50	24359.40	-18.56	336536.50	291780.60	15.34	23804.90	20022.60	18.89
其中:国有控股企业	258508.40	223245.50	15.80	3962891.10	3848502.80	2.97	158164.70	30050.20	426.33
其中:亏损企业	85449.40	79091.90	8.04	789056.00	823354.20	-4.17	-117850.40	-108360.90	8.76
在总计中:1国有控股	404498.40	353924.00	14.29	7249700.00	6834106.40	6.08	366855.10	252701.70	45.17
2集体控股	146199.50	118358.70	23.52	1465150.80	1156989.30	26.63	40809.90	78535.90	-48.04
3私人控股	1173858.90	1019938.90	15.09	11018068.80	8614957.70	27.89	368722.60	345609.20	6.69
4港澳台商控股	17025.10	20173.30	-15.61	201308.50	171465.00	17.41	20901.30	19745.40	5.85
5外商控股	23585.60	16170.40	0.00	362313.00	332721.00	0.00	26140.60	21966.30	0.00
6其他	143510.30	106488.30	0.00	1569087.70	1246673.20	0.00	102521.00	99045.80	0.00

附表5

2013年规模以上工业中小微企业主要效益指标表(三)

指标名称	亏损企业亏损总额			税金总额			本年应付职工薪酬			从业人员平均人数		
	1～12月/万元	上年同期/万元	增减/%	1～12月/万元	上年同期/万元	增减/%	1～12月/万元	上年同期/万元	增减/%	1～12月/人	上年同期/人	增减/%
总计	375394.70	432190.60	-13.14	649032.60	607556.10	6.83	1218811.60	1098283.10	10.97	297790.00	270362.00	10.14
在总计中:1国有企业	103707.70	138504.00	-25.12	118032.60	102566.70	15.08	223117.30	197174.60	13.16	44839.00	41798.00	7.28
2集体企业	5016.60	2457.00	104.18	19429.10	24573.50	-20.93	41844.50	41854.50	-0.02	8750.00	11597.00	-24.55
3股份合作制企业	5897.20	2958.20	99.35	6280.00	9821.80	-36.06	14750.00	15629.70	-5.63	3750.00	3666.00	2.29
4股份制企业	683251.50	926158.20	-26.23	3023106.20	3001191.90	0.73	2152278.70	2011630.80	6.99	389608.00	360848.00	7.97
5外商及港澳台投资企业	5627.20	6920.40	-18.69	51392.40	49377.50	4.08	77272.70	73426.40	5.24	12509.00	12204.00	2.50
在总计中:亏损企业	103707.70	138504.00	-25.12	118032.60	102566.70	15.08	223117.30	197174.60	13.16	44839.00	41798.00	7.28
在总计中:国有控股企业	172374.80	264824.00	-34.91	305345.30	270426.50	12.91	578704.80	509051.10	13.68	102295.00	96868.00	5.60
其中:亏损企业	172374.80	174919.30	-1.45	41445.40	41979.70	-1.27	137180.00	135649.30	1.13	30626.00	28061.00	9.14
其中:中央企业	84178.30	100891.10	-16.57	21246.50	18481.70	14.96	53819.60	52649.40	2.22	12403.00	8646.00	43.45
在总计中:新建企业	7186.30	2319.40	209.83	21620.40	951.10	2173.20	36291.60	2529.20	1334.90	10229.00	0.00	0.00
在总计中:中型工业	198695.30	259858.70	-23.54	344050.10	300197.70	14.61	712075.00	663170.00	7.37	154157.00	149801.00	2.91
小型工业	163838.10	164687.70	-0.52	299474.90	299507.00	-0.01	498855.00	423533.20	17.78	141759.00	116580.00	21.60
微型工业	12861.30	7644.20	68.25	5507.60	7851.40	-29.85	7881.60	11579.90	-31.94	1874.00	3981.00	-52.93
其中:国有控股企业	117850.40	194805.30	-39.50	201889.10	156765.20	28.78	427887.60	393818.10	8.65	77116.00	73350.00	5.13
其中:亏损企业	117850.40	113621.60	3.72	27655.70	29559.10	-6.44	98981.60	98978.90	0.00	23131.00	20661.00	11.95
在总计中:1国有控股	172374.80	264824.00	-34.91	305345.30	270426.50	12.91	578704.80	509051.10	13.68	102295.00	96868.00	5.60
2集体控股	25977.70	24398.20	6.47	42776.10	56284.50	-24.00	103676.30	105949.90	-2.15	27291.00	31053.00	-12.11
3私人控股	150237.50	124344.80	20.82	218151.00	206595.20	5.59	402624.30	365021.10	10.30	138691.00	119287.00	16.27
4港澳台商控股	927.30	1482.90	-37.47	11940.40	8270.70	44.37	12174.60	10285.20	18.37	2394.00	2270.00	5.46
5外商控股	1817.40	1316.00	0.00	15446.10	15383.10	0.00	25089.10	24405.70	0.00	3641.00	3532.00	0.00
6其他	24060.00	15824.70	0.00	55373.70	50596.10	0.00	96542.50	83570.10	0.00	23478.00	17352.00	0.00

附表6

2013年规模以上工业中小微企业分行业主要效益指标表(一)

行业名称	企业单位数	亏损企业			应收账款			存货			其中:产成品		
	1～12月/个	1～12月/个	上年同期/个	增减/%	1～12月/万元	上年同期/万元	增减/%	1～12月/万元	上年同期/万元	增减/%	1～12月/万元	上年同期/万元	增减/%
总　计	1770	503	445	13.03	3480998.90	3076676.60	13.14	4038860.50	3559199.40	13.48	1908677.80	1635053.60	16.73
煤炭开采和洗选业	80	36	18	100.00	87869.70	73499.70	19.55	96557.10	81575.40	18.37	73984.50	60346.30	22.60
石油和天然气开采业	2	0	0	0.00	1589.00	2773.30	-42.70	2711.40	3870.10	-29.94	0.00	0.00	0.00
黑色金属矿采选业	38	14	15	-6.67	57533.10	35138.00	63.73	122330.40	41122.00	197.48	107146.30	28614.40	274.45
有色金属矿采选业	50	12	8	50.00	107753.50	76868.40	40.18	152130.80	130992.30	16.14	91793.20	88495.10	3.73
非金属矿采选业	26	7	6	16.67	21963.50	20783.80	5.68	26787.70	35792.20	-25.16	18365.60	14504.00	26.62
开采辅助活动	9	1	1	0.00	13151.70	6025.20	118.28	1966.00	822.60	139.00	360.10	124.70	188.77
其他采矿业	0	0	0	0.00	0.00	0.00	0.00	0.00	0.00	0.00	0.00	0.00	0.00
农副食品加工业	252	59	46	28.26	253700.60	218243.70	16.25	665860.50	550407.60	20.98	402653.00	367157.10	9.67
食品制造业	67	18	18	0.00	55182.30	36817.80	49.88	99040.70	80201.60	23.49	48317.90	43861.10	10.16
酒、饮料和精制茶制造业	76	23	25	-8.00	105402.90	94369.00	11.69	313836.50	318160.30	-1.36	137380.80	132947.30	3.33
烟草制品业	1	1	1	0.00	911.60	587.90	55.06	450.30	1007.50	-55.31	207.00	525.20	-60.59
纺织业	23	4	4	0.00	43420.30	35493.70	22.33	51520.40	38890.80	32.47	16176.80	13573.40	19.18
纺织服装、服饰业	8	1	0	0.00	4676.50	1856.60	151.89	6203.00	3520.50	76.20	4771.60	2210.60	115.85
皮革、毛皮、羽毛及其制品和制鞋业	10	1	1	0.00	30762.30	32463.70	-5.24	173916.60	98210.40	77.09	6481.60	7582.70	-14.52
木材加工和木、竹、藤、棕、草制品业	2	1	1	0.00	348.10	87.40	298.28	2463.10	961.30	156.23	682.00	250.70	172.04
家具制造业	3	1	1	0.00	1538.50	1184.90	29.84	1868.80	1815.80	2.92	1104.90	973.00	13.56
造纸和纸制品业	23	4	2	100.00	8332.20	7409.50	12.45	38799.00	30346.80	27.85	21335.80	23305.90	-8.45
印刷和记录媒介复制业	7	2	2	0.00	6211.80	10134.00	-38.70	15823.70	14721.70	7.49	9137.80	7638.00	19.64
文教、工美、体育和娱乐用品制造业	6	1	1	0.00	1516.70	2349.80	-35.45	1972.40	7230.90	-72.72	1060.40	981.30	8.06
石油加工、炼焦和核燃料加工业	14	4	2	100.00	8627.30	12898.30	-33.11	105482.60	119763.40	-11.92	50146.00	42720.70	17.38
化学原料和化学制品制造业	121	43	35	22.86	154124.60	135904.80	13.41	282496.60	273335.30	3.35	126217.40	126347.50	-0.10

附表7

2013年规模以上工业中小微企业分行业主要效益指标表(二)

行业名称	企业单位数	亏损企业			应收账款			存货			其中:产成品		
	1～12月/个	1～12月/个	上年同期/个	增减/%	1～12月/万元	上年同期/万元	增减/%	1～12月/万元	上年同期/万元	增减/%	1～12月/万元	上年同期/万元	增减/%
医药制造业	66	8	6	33.33	178864.60	315732.80	-43.35	215225.40	179379.10	19.98	104499.60	90106.70	15.97
化学纤维制造业	2	1	1	0.00	7108.10	7151.40	-0.61	8463.50	3943.50	114.62	5483.10	2573.30	113.08
橡胶和塑料制品业	60	13	10	30.00	75463.50	70148.20	7.58	72106.30	59841.50	20.50	41024.30	37467.80	9.49
非金属矿物制品业	254	61	78	-21.79	469871.40	378184.90	24.24	327454.80	329910.40	-0.74	153297.10	149278.00	2.69
黑色金属冶炼和压延加工业	97	52	52	0.00	105371.70	116125.80	-9.26	270983.60	259772.90	4.32	164640.00	145306.10	13.31
有色金属冶炼和压延加工业	54	16	12	33.33	100295.60	102748.50	-2.39	202476.50	159742.00	26.75	102890.90	70256.20	46.45
金属制品业	59	9	13	-30.77	103716.20	69068.50	50.16	110184.10	77395.30	42.37	32593.60	27713.20	17.61
通用设备制造业	32	12	9	33.33	100228.80	86156.90	16.33	109719.80	94971.80	15.53	36787.10	21778.60	68.91
专用设备制造业	47	13	7	85.71	194094.60	160913.00	20.62	133306.70	111576.50	19.48	43093.70	31374.80	37.35
汽车制造业	5	2	2	0.00	21391.50	17039.00	25.54	7918.40	8477.50	-6.60	875.40	2494.70	-64.91
铁路、船舶、航空航天和其他运输设备制造业	4	0	0	0.00	49439.30	43786.90	12.91	33797.10	39076.30	-13.51	11232.30	11058.00	1.58
电气机械和器材制造业	53	22	14	57.14	310951.30	253042.80	22.88	207222.40	198258.60	4.52	46304.00	39091.60	18.45
计算机、通信和其他电子设备制造业	9	0	1	-100.00	82241.10	56031.00	46.78	82205.50	75202.70	9.31	33141.00	25312.90	30.93
仪器仪表制造业	8	3	2	50.00	13509.10	16123.10	-16.21	9722.80	9725.50	-0.03	3327.80	3183.20	4.54
其他制造业	2	2	0	0.00	6707.60	7126.10	-5.87	2851.70	5190.10	-45.06	1563.70	4411.10	-64.55
废弃资源综合利用业	7	0	0	0.00	9935.10	5680.60	74.90	8115.10	8774.30	-7.51	6371.00	4637.80	37.37
金属制品、机械和设备修理业	3	0	0	0.00	7763.00	7313.10	6.15	12314.30	9619.50	28.01	1780.50	2973.00	-40.11
电力、热力生产和供应业	171	46	44	4.55	666477.70	540297.30	23.35	58739.60	92329.10	-36.38	324.40	2228.50	-85.44
燃气生产和供应业	8	2	1	100.00	4574.00	6527.40	-29.93	2621.10	2147.80	22.04	1827.20	1371.50	33.23
水的生产和供应业	11	8	6	33.33	8378.50	12589.80	-33.45	1214.20	1116.50	8.75	298.40	277.60	7.49

附表 8

2013年规模以上工业中小微企业分行业主要效益指标表(三)

行业名称	主营业务收入			利润总额			亏损企业亏损总额		
	1～12月/万元	上年同期/万元	增减/%	1～12月/万元	上年同期/万元	增减/%	1～12月/万元	上年同期/万元	增减/%
总　计	21865628.80	18356912.60	19.11	925950.50	817604.30	13.25	375394.70	432190.60	-13.14
煤炭开采和洗选业	549983.10	579310.20	-5.06	5091.20	38696.40	-86.84	24133.60	17025.90	41.75
石油和天然气开采业	85359.00	70273.40	21.47	3200.80	2251.10	42.19	0.00	0.00	0.00
黑色金属矿采选业	563103.20	313054.60	79.87	15188.40	18467.90	-17.76	9337.90	8745.80	6.77
有色金属矿采选业	591384.50	475287.90	24.43	55034.30	64920.90	-15.23	11595.20	5760.10	101.30
非金属矿采选业	317408.80	239420.80	32.57	28093.50	31882.50	-11.88	1692.60	1734.90	-2.44
开采辅助活动	130401.80	35695.00	265.32	9978.70	5404.60	84.63	264.50	219.10	20.72
其他采矿业	0.00	0.00	0.00	0.00	0.00	0.00	0.00	0.00	0.00
农副食品加工业	2806387.10	2385639.00	17.64	114259.80	112240.90	1.80	17962.50	14399.70	24.74
食品制造业	475225.80	405142.40	17.30	12694.10	16161.30	-21.45	9216.60	7259.60	26.96
酒、饮料和精制茶制造业	1068648.30	923400.90	15.73	33851.70	38668.50	-12.46	10699.40	9620.00	11.22
烟草制品业	9004.70	9613.00	-6.33	-209.20	-180.70	15.77	209.20	180.70	15.77
纺织业	201890.40	209196.40	-3.49	1359.70	4256.70	-68.06	4363.90	3142.00	38.89
纺织服装、服饰业	68799.00	32270.40	113.20	4181.70	1785.80	134.16	88.70	0.00	0.00
皮革、毛皮、羽毛及其制品和制鞋业	198185.40	156155.70	26.92	23485.00	15205.50	54.45	577.90	86.50	568.09
木材加工和木、竹、藤、棕、草制品业	421.40	1314.20	-67.93	-37.20	-48.00	-22.50	109.50	48.00	128.13
家具制造业	6447.50	5840.10	10.40	173.40	25.60	577.34	5.80	233.50	-97.52
造纸和纸制品业	176320.00	145514.40	21.17	5797.00	6898.90	-15.97	489.10	319.40	53.13
印刷和记录媒介复制业	54102.80	49091.20	10.21	1869.30	1262.30	48.09	1165.70	966.10	20.66
文教、工美、体育和娱乐用品制造业	27117.90	26477.50	2.42	642.60	456.80	40.67	525.90	570.00	-7.74
石油加工、炼焦和核燃料加工业	462540.70	427727.80	8.14	34966.20	14354.90	143.58	1784.50	1203.60	48.26
化学原料和化学制品制造业	1740186.60	1791046.30	-2.84	-31041.70	-12454.70	149.24	77825.20	69634.00	11.76

附表9

2013年规模以上工业中小微企业分行业主要效益指标表（四）

行业名称	主营业务收入			利润总额			亏损企业亏损总额		
	1～12月/万元	上年同期/万元	增减/%	1～12月/万元	上年同期/万元	增减/%	1～12月/万元	上年同期/万元	增减/%
医药制造业	739791.50	576673.10	28.29	101699.40	70087.00	45.10	1613.40	2643.10	−38.96
化学纤维制造业	42876.60	29530.40	45.19	350.40	28.90	1112.46	8.20	606.10	−98.65
橡胶和塑料制品业	410557.50	383476.90	7.06	9369.90	12396.60	−24.42	4840.80	1160.10	317.27
非金属矿物制品业	2471835.10	1814589.70	36.22	139913.30	65021.30	115.18	31740.30	40537.40	−21.70
黑色金属冶炼和压延加工业	1084106.90	927450.00	16.89	−24987.90	−16376.60	52.58	34953.40	28932.40	20.81
有色金属冶炼和压延加工业	1679077.40	1067129.20	57.35	21839.90	66283.70	−67.05	29485.50	25766.60	14.43
金属制品业	489596.30	304974.80	60.54	13202.70	11633.60	13.49	3350.10	4593.60	−27.07
通用设备制造业	345141.40	283598.20	21.70	16286.60	10976.20	48.38	3025.00	4862.70	−37.79
专用设备制造业	450014.80	418522.80	7.52	19971.60	16959.80	17.76	5772.70	6484.20	−10.97
汽车制造业	85582.50	94086.60	−9.04	1153.70	522.60	120.76	421.70	666.00	−36.68
铁路、船舶、航空航天和其他运输设备制造业	82990.40	80297.20	3.35	11912.70	8916.80	33.60	0.00	0.00	0.00
电气机械和器材制造业	1259341.50	1132884.00	11.16	7280.60	78254.30	−90.70	6348.50	7766.60	−18.26
计算机、通信和其他电子设备制造业	101084.10	111330.00	−9.20	3111.20	9578.10	−67.52	0.00	34.80	−100.00
仪器仪表制造业	25387.90	29957.50	−15.25	55.20	635.60	−91.32	630.90	147.00	329.18
其他制造业	72903.70	43884.30	66.13	−51.90	5152.90	−101.01	51.90	0.00	0.00
废弃资源综合利用业	77037.70	54397.70	41.62	2368.00	1717.20	37.90	0.00	0.00	0.00
金属制品、机械和设备修理业	35267.50	34434.60	2.42	792.50	795.90	−0.43	0.00	0.00	0.00
电力、热力生产和供应业	2737494.10	2552115.10	7.26	270811.90	102945.70	163.06	76109.50	161247.00	−52.80
燃气生产和供应业	66791.70	59736.40	11.81	8787.00	6892.00	27.50	1303.30	1342.90	−2.95
水的生产和供应业	75832.20	76372.90	−0.71	3504.40	4925.50	−28.85	3691.80	4251.20	−13.16

附表10

2013年规模以上工业中小微企业分行业主要效益指标表(五)

行业名称	税金总额			本年应付职工薪酬			从业人员平均数		
	1～12月/万元	上年同期/万元	增减/%	1～12月/万元	上年同期/万元	增减/%	1～12月/人	上年同期/人	增减/%
总　计	649032.60	607556.10	6.83	1218811.60	1098283.10	10.97	297790.00	270362.00	10.14
煤炭开采和洗选业	35295.20	45773.80	-22.89	80622.60	91959.70	-12.33	16539.00	19343.00	-14.50
石油和天然气开采业	9208.20	7669.70	20.06	28.70	19.60	46.43	1187.00	222.00	434.68
黑色金属矿采选业	19297.90	23459.50	-17.74	19538.00	18117.60	7.84	5519.00	4299.00	28.38
有色金属矿采选业	32106.90	29330.70	9.47	31946.90	27801.80	14.91	9362.00	8943.00	4.69
非金属矿采选业	17991.50	18398.90	-2.21	11885.40	14771.30	-19.54	3901.00	3433.00	13.63
开采辅助活动	7498.80	538.00	1293.83	9111.60	2031.70	348.47	993.00	476.00	108.61
其他采矿业	0.00	0.00	0.00	0.00	0.00	0.00	0.00	0.00	0.00
农副食品加工业	16118.60	18841.70	-14.45	76695.40	72287.30	6.10	25697.00	21466.00	19.71
食品制造业	9379.30	9996.30	-6.17	23635.70	19677.80	20.11	10949.00	8305.00	31.84
酒、饮料和精制茶制造业	51834.70	55044.30	-5.83	51453.30	47949.40	7.31	13652.00	14269.00	-4.32
烟草制品业	1139.30	1075.70	5.91	3266.00	3029.10	7.82	401.00	406.00	-1.23
纺织业	2961.60	2801.70	5.71	16717.00	17618.80	-5.12	6089.00	6622.00	-8.05
纺织服装、服饰业	3413.40	711.10	380.02	7193.90	3089.00	132.89	2367.00	1103.00	114.60
皮革、毛皮、羽毛及其制品和制鞋业	3933.30	3244.10	21.24	5167.10	4807.20	7.49	1825.00	1746.00	4.52
木材加工和木、竹、藤、棕、草制品业	62.10	120.40	-48.42	199.70	249.30	-19.90	105.00	90.00	16.67
家具制造业	195.50	596.30	-67.21	1188.10	989.00	20.13	314.00	280.00	12.14
造纸和纸制品业	2814.30	2779.60	1.25	11591.30	11268.70	2.86	4328.00	4107.00	5.38
印刷和记录媒介复制业	2881.90	2707.70	6.43	14381.40	13713.10	4.87	3625.00	3560.00	1.83
文教、工美、体育和娱乐用品制造业	373.70	402.80	-7.22	1886.80	1710.90	10.28	876.00	816.00	7.35
石油加工、炼焦和核燃料加工业	17152.90	6158.90	178.51	12946.80	9617.20	34.62	2009.00	1092.00	83.97
化学原料和化学制品制造业	37884.40	43678.40	-13.27	114409.70	102790.10	11.30	28811.00	23879.00	20.65

附表11

2013年规模以上工业中小微企业分行业主要效益指标表(六)

行业名称	税金总额			本年应付职工薪酬			从业人员平均数		
	1～12月/万元	上年同期/万元	增减/%	1～12月/万元	上年同期/万元	增减/%	1～12月/人	上年同期/人	增减/%
医药制造业	30003.20	24505.00	22.44	45030.70	35783.70	25.84	10670.00	9159.00	16.50
化学纤维制造业	570.20	315.30	80.84	668.00	446.10	49.74	364.00	320.00	13.75
橡胶和塑料制品业	6916.10	6248.80	10.68	21918.50	20169.30	8.67	6985.00	6240.00	11.94
非金属矿物制品业	105777.30	77128.70	37.14	122398.80	106089.30	15.37	35598.00	31492.00	13.04
黑色金属冶炼和压延加工业	11189.60	14081.50	-20.54	41647.70	38718.30	7.57	11331.00	12006.00	-5.62
有色金属冶炼和压延加工业	18721.40	18471.00	1.36	58683.90	45452.30	29.11	11768.00	10800.00	8.96
金属制品业	10413.00	9985.60	4.28	25999.90	22772.60	14.17	7229.00	5335.00	35.50
通用设备制造业	6186.60	5435.90	13.81	32906.70	34387.10	-4.31	8941.00	8684.00	2.96
专用设备制造业	17579.20	15428.50	13.94	54228.90	51348.40	5.61	10486.00	10803.00	-2.93
汽车制造业	1431.50	1467.50	-2.45	4452.50	4379.20	1.67	1056.00	1138.00	-7.21
铁路、船舶、航空航天和其他运输设备制造业	926.50	660.00	40.38	19381.60	18097.30	7.10	3122.00	3300.00	-5.39
电气机械和器材制造业	7347.60	23110.60	-68.21	28738.30	25653.90	12.02	8670.00	7883.00	9.98
计算机、通信和其他电子设备制造业	417.20	1642.40	-74.60	12321.60	14844.60	-17.00	4319.00	4702.00	-8.15
仪器仪表制造业	1108.40	1792.40	-38.16	4162.00	4226.40	-1.52	1363.00	1275.00	6.90
其他制造业	643.40	1215.40	-47.06	996.70	2463.40	-59.54	179.00	543.00	-67.03
废弃资源综合利用业	2132.60	1919.20	11.12	4146.60	5246.90	-20.97	1314.00	845.00	55.50
金属制品、机械和设备修理业	1285.20	1352.40	-4.97	9271.20	8099.50	14.47	2386.00	2689.00	-11.27
电力、热力生产和供应业	147162.30	122102.50	20.52	202918.80	165772.10	22.41	26486.00	24189.00	9.50
燃气生产和供应业	3145.00	2494.40	26.08	9205.80	7306.20	26.00	2599.00	396.00	556.31
水的生产和供应业	4532.80	4869.40	-6.91	25868.00	23527.90	9.95	4375.00	4106.00	6.55

附表12

国家级和省级中小企业公共服务示范平台表

序号	平台名称	时间	备注
2013年国家级中小企业公共服务示范平台名单(10家)			
1	甘肃省轻工研究院	2010年	
2	甘肃省机械科学研究院	2010年	
3	甘肃省化工研究院	2012年	
4	兰州理工大学高新技术成果推广转化中心	2012年	
5	甘肃省科学院生物研究所	2012年	
6	武威鸿泰科技发展有限责任公司	2012年	
7	甘肃高科投资管理有限公司	2012年	
8	甘肃省建材科研设计院	2013年	
9	兰州高新技术产业开发区创业服务中心	2013年	
10	兰州交通大学科技园有限责任公司	2013年	
2013年省级中小企业公共服务示范平台名单(82家)			
1	甘肃省轻工研究院	2013年	
2	甘肃省节能监察中心	2013年	
3	甘肃省陇药产业协会	2013年	
4	兰州中小企业服务中心	2013年	
5	甘肃省化工研究院	2013年	
6	甘肃省机械科学研究院	2013年	
7	甘肃省科学院生物研究所	2013年	
8	甘肃省建材科研设计院	2013年	
9	甘肃省工业和信息化委员会教育培训中心	2013年	
10	甘肃高科投资管理有限公司	2013年	
11	兰州西湖维拓科技有限公司	2013年	
12	甘肃省知识产权事务中心	2013年	
13	兰州陇星沃尔凯采暖设备制造有限公司	2013年	
14	兰州金桥专利技术展示交易中心	2013年	
15	甘肃省无线电管理委员会办公室培训中心	2013年	
16	甘肃联创科技孵化园股份有限公司	2013年	
17	兰州大学科技园有限责任公司	2013年	
18	兰州市城关区科技创业服务中心	2013年	

续附表12

序号	平台名称	时间	备注
19	兰州交通大学科技园有限责任公司	2013年	
20	兰州理工大学高新技术成果推广转化中心	2013年	
21	兰州高新技术产业开发区创业服务中心	2013年	
22	甘肃省高科技创业服务中心	2013年	
23	兰州创意文化产业园有限公司	2013年	
24	兰州南特数码集团	2013年	
25	张掖市中小企业服务中心	2013年	
26	张掖时代网络科技有限责任公司	2013年	
27	张掖市万盛中小企业服务有限责任公司	2013年	
28	嘉峪关市中小企业服务中心	2013年	
29	酒泉市酒嘉国际物流有限公司	2013年	
30	甘肃省理工中等专业学校	2013年	
31	武威鸿泰科技发展有限责任公司	2013年	
32	民勤县小企业创业孵化基地	2013年	
33	白银鑫盛能源技术服务有限公司	2013年	
34	甘肃惠森药业发展有限公司	2013年	
35	天水市中小企业服务中心	2013年	
36	天水长城中小企业创业孵化辅导中心	2013年	
37	庆阳市恒立中小企业服务有限公司	2013年	
38	临夏州中小企业服务平台	2013年	
39	兰州市节能监察中心	2013年	
40	兰州纬易生物科技开发有限责任公司	2013年	
41	兰州西北技术交易市场有限公司	2013年	
42	兰州陇海绿色产业集团有限公司	2013年	
43	皋兰县中小企业创业孵化基地	2013年	
44	金昌市中小企业公共检测服务中心	2013年	
45	金昌久略技术咨询服务有限公司	2013年	
46	甘肃圣大方舟马铃薯变性淀粉有限公司	2013年	
47	定西市节能监察中心	2013年	
48	天水现代人才培训基地	2013年	
49	天水众晓企业服务有限公司	2013年	
50	天水秦州区中小企业服务中心	2013年	

续附表12

序号	平台名称	时间	备注
51	清水县循环经济产业园区管理服务公司	2013年	
52	平凉市节能监察中心	2013年	
53	平凉市生产力促进中心	2013年	
54	临夏华羚酪蛋白有限公司	2013年	
55	临夏经济园区开发有限公司	2013年	
56	张掖市科创环保科技咨询有限责任公司	2013年	
57	张掖市节能监察中心	2013年	
58	张掖六通工贸有限责任公司	2013年	
59	嘉峪关市节能监察中心	2013年	
60	酒泉市聚馨信息科技有限公司	2013年	
61	酒泉千百度文化传播有限责任公司	2013年	
62	酒泉市节能监察大队	2013年	
63	甘肃酒泉工业园区管委会	2013年	
64	玉门高新园建设管理服务有限公司	2013年	
65	陇南市中小企业人才培训中心	2013年	
66	兰州市安宁区科技创业服务中心	2013年	
67	甘肃万维信息技术有限责任公司	2013年	
68	兰州佑生信息技术有限责任公司	2013年	
69	甘肃上元甲子文化传媒有限责任公司	2013年	
70	兰州鑫标管理咨询有限公司	2013年	
71	甘肃巨龙供销集团股份有限公司	2013年	
72	酒泉中豪商贸有限公司	2013年	
73	标网信息咨询有限公司	2013年	
74	嘉峪关市嘉华职业技能培训学校	2013年	
75	平凉市中小企业服务中心	2013年	
76	武威市中小企业服务中心	2013年	
77	甘肃新一工程咨询有限公司	2013年	
78	甘肃威龙葡萄酒专修学院	2013年	
79	陇南市中小企业服务中心	2013年	
80	陇南佳信商贸有限责任公司	2013年	
81	甘南中小企业服务中心	2013年	
82	甘南藏族综合专业学校	2013年	

企业技术创新

一、总体情况

截至2013年底，甘肃省有国家级企业技术中心17户，省级企业技术中心163户，行业技术中心22户，技术创新产业联盟7个，国家级技术创新示范企业5户，省级技术创新示范企业52户，省级以上企业技术中心新产品销售收入占销售收入比重达26%。

（一）省级以上企业技术中心运行良好

2013年，17户国家认定企业技术中心科技活动人员16287人，其中研究与试验发展人员11049人；高级技术职称人员2093人；拥有博士学位人员122人。科技活动经费筹集总数88039亿元，支出总额81.28亿元，其中研究与试验发展经费支出39.09亿元。新产品销售收入605.32亿元。科技项目1575项，其中研究与试验发展项目936项；专利申请1110项，其中发明专利295项；拥有发明专利365项，其中拥有国际发明专利5项；享受研究开发费用加计扣除减免税10369万元；技术贸易收入5860万元（国家级企业技术中心基本情况见附表1）。

2013年，新认定省级企业技术中心30户，累计达到163户。省级企业技术中心科技活动人员31022人，其中研究与试验发展人员13590人；高级技术职称人员5553人；拥有博士学位人员417人。科技活动经费筹集总数28.73亿元，支出总额24.67亿元，其中研究与试验发展经费支出20.20亿元。新产品销售收入158.13亿元。科技项目数2191项，其中研究与试验发展项目1387项；专利申请数1257项，其中发明专利495项；拥有发明专利787项，其中拥有国际发明专利11项；享受研究开发费用加计扣除减免税9086万元；技术贸易收入15982万元（省级企业技术中心基本情况见附表2，省级行业技术中心名单见附表3）。

（二）加大新产品新技术研发力度

2013年，完成省级鉴定新产品新技术142项。1万吨/年气动流化塔式连续液相氧化法制取重铬酸钠技术、ZJ80/5850D直流电驱动超深井钻机、CK8015数控摩擦式车轮车床、超低温智能石油钻机电传动系统装置、5000KN电解铝预焙阳极导电装置专用摩擦焊机、多圈AAQFN封装技术等44项达到国际先进水平。TK2140数控深孔钻镗床、JZFS-150-0-J型DC/DC变换器、起重机用高精度大型圆锥滚子轴承系列、水性丙烯酸改性醇酸树脂及涂料、BBM-360矿用隔爆型无功功率自动补偿装置、TA630A型潜空冲击器等达到国内领先水平(2013年省级鉴定新产品新技术名单见附表4)。

(三)推进实施重大技术创新项目

2013年,组织实施省级技术创新项目477项,其中,中央在甘肃及省属企业178项,投资40.14亿元;市(州)项目299项,投资92.83亿元。白银公司闪速炉短流程一步炼铜工艺技术、天华研究设计院利用焦炉尾气分级的新型蒸汽管回转圆筒干燥法煤调湿技术、金昌万隆公司利用冶炼热熔废渣生产新型无机纤维技术、敦煌西域特种新材公司高分子新材料聚苯硫醚生产技术4个国家重大科技成果转化项目获国家支持资金2800万元。利用省级技术创新专项资金,支持了34个以省级企业技术中心创新团队为主的项目。

(四)促进产学研合作

2013年,组织兰州理工大学、兰州城市学院、兰州工业学院和省工信委所属7所职业学校,以及酒泉钢铁集团有限公司、金川集团有限公司、天水星火机床有限公司等相关企业,在有色冶金、装备制造、医药食品、信息化、生产性服务业、新材料、新能源等重点领域编制实施了100项产学研合作技术创新项目,采取产品技术研发、科技成果转化、创新团队建设等多种合作方式,与国家工业和信息化部所属的北京航空航天大学等7所高校开展现场参观考察和合作对接。组织征集聚硅氧烷涂料研究、高性能稀土抛光液制备等58项企业技术需求,通过省工信委网站予以公布,促进供需双方合作对接,做好跟踪落实和协调服务。

(五)培育技术创新示范企业

2013年,天水星火机床公司被工业和信息化部、财政部认定为国家技术创新示范企业。省工信委、省财政厅新认定甘肃省技术创新示范企业21家,省级技术创新示范企业总数52家(技术创新产业联盟名单见附表5,国家级和省级技术创新示范企业名单见附表6)。

二、存在问题

(一)认识有待进一步提高

不少企业对科技创新工作仍缺乏应有的重视,没有将其作为转变发展方式、提高市场竞争力的根本举措列入重要议事日程,缺乏相应的投入,难以适应当前形势需要。

(二)研发活动亟须进一步加强

全省工业企业中开展研发活动的有10%左右,80%左右的大中型工业企业没有开展研发活动,与发挥企业技术创新决策、研发投入、科研组织和成果转化主体作用的要求存在较大差距。

(三)创新能力亟待进一步提高

2012年全省研发经费投入强度1.07%,仅为全国平均水平1.98%的54%。多数企业研发资金投入不足,仪器设备有限,部分研发设备使用时间长,技术水平落后,新型仪器设备更新换代不足,难以满足实际需要。

(四)人才队伍建设需进一步加强

科技人才总量小,特别是高层次科技人才偏少。特殊专业人才缺乏,多数高新技术领域学术带头人匮乏。人才队伍创新能力不强,特别是缺乏具有原创性创新能力的高层次人才。

三、2014年目标任务

2014年,企业技术创新工作围绕强化企业技术创新主体地位、引导创新要素向企业集聚的工作重点,建立健全政策措施,完善创新服务平台,组织实施重大项目,推动科技成果转化和产业化,为促进转型跨越发展发挥应有的支撑和引领作用。省级以上企业技术中心总数在200家以上,行业技术中心总数在25个以上,技术创新产业联盟总数在10个以上,省级技术创新示范企业在65家以上,组织实施技术创新项目450项以上,省级以上企业技术中心新产品销售收入比重达到26%。

(撰稿人　技术创新处邓乐)

附表1

国家级企业技术中心基本情况

企业名称	科技活动人员/人	高级技术职称人员/人	科技活动经费支出总额/万元	新产品销售收入/万元	全部科技项目数/项	专利申请数/件	拥有发明专利数/件
天水风动机械有限责任公司	310	27	5013	46321	123	5	2
白银有色集团股份有限公司	1380	374	85118	722650	152	175	47
甘肃华羚乳品集团公司	190	9	1980	27600	23	16	13
甘肃蓝科石化高新装备股份有限公司	536	164	5120	69900	34	136	12
甘肃稀土集团有限责任公司	452	26	16142	99086	25	3	4
甘肃银光化学工业集团有限公司	1350	242	21941	130113	153	34	27
金川集团有限公司	3250	58	170000	1490000	69	243	148
酒泉钢铁(集团)有限责任公司	4314	592	435011	2849500	207	207	6
兰州兰电电机有限公司	440	55	5394	20223	53	12	5
兰州兰石集团有限公司	770	92	19573	119698	85	23	1
兰州生物制品研究所	331	142	9360	38812	30	2	12
天华化工机械及自动化研究设计院	661	167	3080	60563	144	39	30
天水长城开关厂有限公司	457	70	4221	42036	153	32	3
天水锻压机床有限公司	295	55	6290	59130	132	26	9
天水华天电子集团	842	74	17422	212943	122	95	26
天水星火机床有限责任公司	287	25	2965	37646	22	50	13
西北永新涂料集团公司	422	21	4215	27016	48	12	7

附表2

省级企业技术中心基本情况

企业名称	科技活动人员/人	高级技术职称人员/人	科技活动经费支出总额/万元	新产品销售收入/万元	全部科技项目数/项	专利申请数/件	拥有发明专利数/件
一、兰州市							
八冶建设集团有限公司	318	117	1598	223	11	7	5
长风信息集团	680	150	3399	29771	15	28	2
大唐甘肃发电有限公司	1252	365	650	0	15	39	0
甘肃泛植生物科技有限公司	58	8	600	0	9	0	2
方大炭素新材料科技股份有限公司	177	29	6159	48089	16	2	7
甘肃工大舞台技术工程有限公司	140	21	300	2450	1	2	6
甘肃鸿翼烟草技术中心	109	8	2279	3607	10	1	1
甘肃宏宇变压器有限公司	95	1	675	4970	8	0	0
甘肃金盾化工有限责任公司	50	20	23	359	5	2	1
甘肃金桥给水排水设计与工程(集团)有限公司	88	27	501	7038	10	10	21
甘肃陇神戎发药业股份有限公司	56	4	852	20407	8	5	5
甘肃路桥建设集团有限公司	352	255	630	4048	15	16	1
甘肃祁连山水泥集团股份有限公司	665	52	1239	0	118	0	0
甘肃省建设投资(控股)集团总公司	2715	897	1580	1951	74	40	1
甘肃万维信息技术有限责任公司	348	23	1660	3062	30	16	56
甘肃新兰药业有限公司	65	5	648	14500	7	4	2
甘肃新网通科技信息有限公司	23	3	396	139	2	4	11
甘肃紫光智能交通与控制技术有限公司	195	30	1663	8214	13	48	46
际华三五一二皮革服装有限公司	204	8	1530	2860	13	13	5
兰州北科维拓科技股份有限公司	131	30	1425	3887	8	0	0
兰州大成科技股份有限公司	202	29	2431	2975	14	63	21
兰州大得利生物化学制药(厂)有限公司	19	5	198	1790	12	0	2
兰州飞行控制有限责任公司	319	43	6950	0	31	15	30
兰州佛慈制药厂	70	10	1089	6112	10	0	9
兰州高压阀门有限公司	249	12	1400	18101	8	7	1
兰州海红技术股份有限公司	76	0	480	5840	21	29	2
兰州海默科技股份有限公司	70	2	988	14360	7	19	8
兰州航空万里机电有限责任公司	296	60	4475	558	161	1	1
兰州宏祥电力技术开发有限责任公司	67	23	820	5300	6	17	13
兰州黄河啤酒有限公司	55	8	462	2378	7	0	0
兰州机床厂	420	4	238	1205	2	0	0
兰州节能环保工程有限责任公司	78	5	244	7248	6	4	2
兰州陇星散热器有限公司	120	63	633	6728	10	4	20
兰州南特数码科技股份有限公司	182	11	860	1140	1	6	3

续附表2

企业名称	科技活动人员/人	高级技术职称人员/人	科技活动经费支出总额/万元	新产品销售收入/万元	全部科技项目数/项	专利申请数/件	拥有发明专利数/件
兰州普兰太电光源有限责任公司	125	12	131	4727	17	2	7
兰州瑞德实业集团有限公司	0	0	0	0	0	0	0
兰州三毛实业股份有限公司	118	18	449	8456	10	0	1
兰州太宝制药有限公司	52	5	408	1633	1	0	4
兰州通用机器制造有限公司	195	9	1406	2591	18	0	4
兰州威立雅水务(集团)有限责任公司	471	57	92	0	9	4	2
兰州真空设备有限责任公司	84	16	683	4665	8	2	0
兰州众邦电线电缆集团有限公司	128	7	4200	9200	4	5	1
兰州助剂厂	39	12	266	705	4	1	1
兰州庄园乳业有限责任公司	110	4	150	18000	6	0	0
腾达西北铁合金有限责任公司	169	25	545	0	3	0	0
西部中大建设集团有限公司	260	36	1627	451	8	7	13
窑街煤电集团有限公司	401	320	5900	54500	43	1	1
中国铝业股份有限公司兰州分公司	458	56	20931	0	12	4	7
中国铝业股份有限公司连城分公司	240	19	10200	0	8	4	4
中核动力设备有限公司	14	4	209	0	13	0	0
中农威特生物科技股份有限公司	122	39	4500	20000	128	42	3
中铁二十一局集团有限公司	5408	619	31558	0	64	10	10
中铁西北科学研究院有限公司	102	67	963	45138	68	27	20
中昊北方涂料工业研究设计院有限公司	65	29	1107	1229	30	6	12
二、天水市							
甘肃成纪生物药业有限公司	76	12	903	14455	21	62	0
甘肃福雨塑业有限责任公司	80	18	200	5250	9	8	2
甘肃海林中科科技股份有限公司	451	9	2529	15491	80	9	0
天水昌盛食品有限公司	68	8	277	3085	9	9	1
天水长城成套开关股份有限公司	56	7	174	671	30	0	0
天水长城电工开关有限公司	85	2	560	3687	7	7	2
天水长城果汁集团有限公司	80	7	290	1930	2	3	0
天水长城控制电器有限责任公司	94	6	450	2709	6	9	1
天水电气传动研究所	196	53	1935	11824	11	3	4
天水二一三电器有限公司	484	44	3470	31766	41	6	1
天水红山试验机有限公司	54	19	120	6031	22	5	9
天水华圆制药设备科技有限责任公司	256	17	594	6329	8	38	127
天水庆华电子科技有限公司	108	10	95	1020	3	0	3
天水天宝塑业有限责任公司	87	4	538	1005	16	6	5

续附表2

企业名称	科技活动人员/人	高级技术职称人员/人	科技活动经费支出总额/万元	新产品销售收入/万元	全部科技项目数/项	专利申请数/件	拥有发明专利数/件
天水天光半导体有限责任公司	97	15	609	2259	8	21	12
天水铁路电缆有限责任公司	251	11	1031	8694	5	0	1
天水中铁天工制造有限责任公司	41	4	90	65	5	1	0
天水众兴菌业有限责任公司	67	4	390	13884	2	31	0
三、白银市							
白银阳明银光化工有限公司	61	7	830	7509	12	5	5
甘肃郝氏碳纤维有限公司	63	11	1800	1210	2	4	7
甘肃康视达科技集团有限公司	58	4	813	1256	10	18	1
甘肃省白银风机厂有限责任公司	55	15	180	1886	7	3	1
甘肃西北大磨坊食品工业有限公司	68	11	208	615	2	1	2
靖远煤业有限责任公司	1417	175	10458	0	18	0	0
四、嘉峪关市							
甘肃酒钢集团西部重工股份有限公司	77	6	634	4185	16	4	5
甘肃紫轩酒业有限公司	62	6	336	875	8	0	0
嘉峪关大友企业公司	215	14	3579	10350	12	16	0
嘉峪关宏丰实业有限责任公司	185	2	861	6989	16	0	0
嘉峪关索通预焙阳极有限公司	51	5	4578	1548	7	1	0
酒钢(集团)宏达建材有限责任公司	56	2	986	2627	5	3	2
五、酒泉市							
敦煌西域特种新材股份有限公司	86	62	904	5206	18	1	5
甘肃大禹节水股份有限公司	281	20	1500	11480	35	60	7
甘肃巨龙供销集团股份有限公司企业技术中心	132	9	2279	8569	23	3	3
甘肃省敦煌种业股份有限公司	136	12	1200	55163	22	12	10
甘肃西部草王牧业有限公司	75	16	222	1120	15	0	2
酒泉奥凯种子机械股份有限公司	90	17	2253	11061	15	46	10
酒泉奥泰开关有限公司	66	6	296	1865	5	10	15
酒泉华杰电气有限公司	59	18	288	3006	5	3	0
酒泉市铸陇机械制造有限责任公司	59	18	232	3973	10	10	2
玉门聚馨麦芽有限公司	60	4	365	500	3	16	1
六、金昌市							
甘肃金化集团公司	98	18	320	17749	4	2	3
甘肃三洋金源农牧股份有限公司	25	4	225	1500	2	0	0
甘肃新川化工有限公司	162	4	92	0	5	0	0
金昌金川万方实业有限责任公司	248	5	438	3760	6	2	0
金昌市宇恒镍网有限公司	16	5	35	7009	4	2	4
金昌市源达农副果品有限责任公司	52	4	80	2622	6	4	0

续附表2

企业名称	科技活动人员/人	高级技术职称人员/人	科技活动经费支出总额/万元	新产品销售收入/万元	全部科技项目数/项	专利申请数/件	拥有发明专利数/件
金昌水泥(集团)有限责任公司	120	8	1220	60981	4	0	0
金昌铁业(集团)有限责任公司	232	4	58	918	2	0	0
金川集团机械制造有限公司	65	17	1460	34000	7	14	2
七、张掖市							
甘肃滨河食品工业(集团)有限责任公司	48	15	24	62962	0	3	0
甘肃河西制药有限责任公司	56	2	248	294	3	0	4
甘肃锦世化工有限责任公司	103	26	2000	11250	22	12	26
甘肃昆仑生化有限责任公司	82	10	473	6416	6	3	3
甘肃祁连山生物科技开发有限责任公司	60	7	598	259	5	5	1
甘肃山丹宏定元化工有限责任公司	85	3	286	538	5	1	0
甘肃雪晶生化有限责任公司	40	9	200	0	5	0	7
八、武威市							
甘肃长城麦芽有限公司	67	8	730	28	9	0	1
甘肃赫原生物制品有限公司	56	6	157	1758	3	12	12
甘肃黄羊河农工商(集团)有限责任公司	150	3	736	7680	10	9	1
甘肃皇台酿造(集团)有限责任公司	126	5	85	5736	4	42	0
甘肃汇能生物工程有限公司	55	3	465	3200	3	2	5
甘肃敬业农业科技有限公司	84	2	508	28200	14	11	6
甘肃莫高实业发展股份有限公司葡萄酒厂	16	6	72	175	4	0	0
甘肃荣华生化集团	86	20	1000	19767	5	0	0
甘肃省药物碱厂	52	18	330	4211	7	6	2
甘肃泰康制药有限责任公司	50	1	80	5401	2	1	0
民勤中天羊业有限公司	65	8	616	4000	5	7	1
天祝玉通碳化硅有限责任公司	75	5	520	7900	1	0	7
九、临夏回族自治州							
甘肃刘化(集团)有限责任公司	76	18	7738	0	0	0	0
甘肃省康美现代农牧产业集团有限公司	18	2	431	0	6	0	1
临夏华安生物制品有限责任公司	63	8	556	6933	9	1	1
十、甘南藏族自治州							
玛曲雪原肉业有限公司	64	12	138	437	5	0	2
夏河安多投资有限责任公司	78	16	980	1000	18	1	1

续附表2

企业名称	科技活动人员/人	高级技术职称人员/人	科技活动经费支出总额/万元	新产品销售收入/万元	全部科技项目数/项	专利申请数/件	拥有发明专利数/件
十一、定西市							
定西金荣活塞环有限责任公司	76	2	231	3583	3	0	0
甘肃大鑫铜业有限责任公司	73	17	427	5210	15	6	3
甘肃扶正药业科技股份有限公司	59	14	697	7214	7	4	2
甘肃顾地塑胶有限公司	50	2	1860	5481	5	7	1
甘肃海盛马铃薯科技有限责任公司	12	3	148	2150	2	0	0
甘肃宏鑫农业科技有限公司	66	3	377	2360	3	5	0
甘肃华腾石油机械制造有限公司	113	6	314	4537	7	0	0
甘肃圣大方舟马铃薯变性淀粉有限公司	78	21	10000	18000	11	29	11
甘肃薯界淀粉有限公司	69	18	516	7525	13	10	2
甘肃西柴动力机电制造有限公司	58	1	287	2200	10	2	1
甘肃岷海制药有限责任公司	33	2	741	14132	2	1	2
甘肃洮河拖拉机制造有限公司	62	21	93	1543	7	8	6
陇西中天药业有限责任公司	36	15	933	860	15	10	7
通渭县乐百味食品有限责任公司	58	10	379	5600	20	3	10
十二、平凉市							
甘肃虹光电子有限责任公司	252	14	86	1827	32	3	1
甘肃红峰机械有限责任公司	152	18	420	6842	16	6	3
华亭煤业集团有限责任公司	601	376	937	671	53	8	0
十三、陇南市							
甘肃独一味生物制药股份有限公司	62	18	925	2500	9	13	10
金徽酒股份有限公司	92	6	1960	10900	8	10	1
陇南田园油橄榄科技开发有限公司	78	15	140	600	5	6	1
十四、庆阳市							
甘肃省西峰制药有限责任公司	52	5	327	4461	8	4	4
甘肃通达果汁有限公司	20	2	99	1237	3	0	0
庆阳市澳恺食品有限公司	85	4	413	6576	5	10	0
十五、甘肃矿区							
中核四〇四有限公司	1564	306	24809	486834	46	21	12

附表3

省级行业技术中心名单

序号	行业技术中心名称	依托单位
1	甘肃省机械工业先进制造技术行业技术中心	甘肃省机械研究院
2	甘肃省石油化工过程及装备行业技术中心	兰州理工大学
3	膜分离技术工程中心	甘肃省膜科学技术研究所
4	甘肃省冶金有色新材料行业技术中心	兰州理工大学
5	甘肃省生物化工行业技术中心	兰州分离科学研究所
6	工业生物技术产业行业技术中心	甘肃省科学院生物所
7	甘肃省包装行业技术中心	兰州交通大学
8	甘肃省乳制品行业技术中心	甘肃农业大学
9	甘肃省电力行业技术中心	甘肃省电力科学研究院
10	甘肃省新能源油品检测行业技术中心	华电新能源甘肃公司
11	甘肃省橄榄油深加工行业技术中心	陇南市祥宇油橄榄开发有限公司
12	甘肃省水处理行业技术中心	金桥水处理集团公司
13	甘肃企业技术创新孵化工程中心	兰州陇星散热器有限公司
14	甘肃省建材行业技术中心	甘肃省建材设计研究院
15	甘肃省精细化工行业技术中心	甘肃省化工研究院
16	甘肃省高低压电器行业技术中心	甘肃电器科学研究院
17	甘肃省模具行业技术中心	甘肃机电职业技术学院
18	甘肃省传感器及应用行业技术中心	甘肃省科学院传感技术研究所
19	甘肃省淀粉深加工行业技术中心	甘肃圣大方舟马铃薯变性淀粉有限公司
20	甘肃省食品企业质量检测行业技术中心	甘肃省商业科技研究所
21	甘肃省水务行业技术中心	兰州威立雅水务(集团)有限责任公司
22	甘肃省太阳能光电应用行业技术中心	酒泉职业技术学院

附表4

2013年省级鉴定新产品新技术名单

一、国际领先水平		
序号	新产品新技术名称	研发单位
1	1万吨/年气动流化塔式连续液相氧化法制取重铬酸钠技术	白银昌元化工有限公司
二、国际先进水平		
序号	新产品新技术名称	研发单位
1	高强高导CuCrX原位复合材料	甘肃省机械科学研究院、兰州高性能有色金属材料厂
2	QK1260数控管螺纹车床	兰州星火机床有限公司
3	枸杞雪菊茶	瓜州亿得生物科技有限公司
4	钢筋混凝土输水管渠防渗漏防腐蚀技术	兰州威立雅水务(集团)有限公司、兰州交通大学、兰州泽锐建设工程有限公司
5	高含沙量水系净水沉淀池尘泥及刮泥桁架性能优化技术	兰州威立雅水务(集团)有限公司、兰州理工大学、兰州泽锐建设工程有限公司
6	复合变性淀粉制备无明矾粉制品	甘肃圣大方舟马铃薯变性淀粉有限公司
7	ZJ80/5850D直流电驱动超深井钻机	兰州兰石集团公司
8	SL675两用水龙头	兰州兰石集团公司
9	F-1600H泥浆泵	兰州兰石集团公司
10	ZP375H转盘	兰州兰石集团公司
11	CJ156-1500交流接触器	天水长城控制电器有限责任公司
12	CCFX-3150-4000系列密集型母线槽	天水长城控制电器有限责任公司
13	Q35Y-110多功能联合冲剪机	天水锻压机床(集团)有限公司
14	FSJ-75果园用风机	天水锻压机床(集团)有限公司
15	5000KN电解铝预焙阳极导电装置专用摩擦焊机	兰州爱赛特机电科技有限公司、兰州理工大学、中国铝业股份有限公司连城分公司
16	YH420型交流电源变换器	天水七四九电子有限公司
17	高可靠SOP封装技术	天水华天科技股份有限公司
18	JZF520型三相电源模块	天水七四九电子有限公司
19	VSOP封装技术	天水华天科技股份有限公司
20	多圈AAQFN封装技术	天水华天科技股份有限公司
21	大容量电器试验系统Rogowski线圈微机保护装置	甘肃电器科学研究院
22	基于电器实验系统固态断路器	甘肃电器科学研究院
23	钒-氮共掺杂TiO_2纳米光催化剂	甘肃省科学院自然能源研究院

续附表4

序号	新产品新技术名称	研发单位
24	超低温智能石油钻机电传动系统装置	天水电气传动研究所有限责任公司、甘肃省变频调速系统及技术重点实验室
25	TSACD-02系列低压大容量四象限变频器	天水电气传动研究所有限责任公司、甘肃省变频调速系统及技术重点实验室
26	用于变频控制的通用型高精度控制器	天水电气传动研究所有限责任公司、甘肃省变频调速系统及技术重点实验室
27	工厂动力智能监控系统	天水华天传感器有限公司
28	GSZ8-100、200直流接触器	天水二一三电器有限公司
29	GSC3-40-65交流接触器	天水二一三电器有限公司
30	GSZ4-250J双极直流接触器	天水二一三电器有限公司
31	GSZ4-40双极直流接触器	天水二一三电器有限公司
32	极高压力氧气阀	兰州高压阀门有限公司
33	1E级i-AY6-12/T1250-50移开式交流金属封闭开关设备	天水长城开关厂有限责任公司
34	1E级i-AY6-12/T3150-50移开式交流金属封闭开关设备	天水长城开关厂有限责任公司
35	KYN79(i-AX)-12(Z)/T4000-40移开式交流金属封闭开关设备	天水长城开关厂有限责任公司
36	KYN79(i-AX)-12(Z)/T2000-31.5移开式交流金属封闭开关设备	天水长城开关厂有限责任公司
37	KYN79(i-AX)-12(Z)/T2500-25移开式交流金属封闭开关设备	天水长城开关厂有限责任公司
38	KYN79(i-AX)-12(Z)/T1250-25移开式交流金属封闭开关设备	天水长城开关厂有限责任公司
39	EVH1A-12/T1250-25户内高压交流真空断路器	天水长城开关厂有限责任公司
40	EVH1A-12/T2500-25户内高压交流真空断路器	天水长城开关厂有限责任公司
41	EVH9-12/T3150-50户内高压交流真空断路器	天水长城开关厂有限责任公司
42	EVH9-12/T1250-50户内高压交流真空断路器	天水长城开关厂有限责任公司
43	EVH1A-12/T4000-40户内高压交流真空断路器	天水长城开关厂有限责任公司
44	i-AY1A-12/T4000-40移开式交流金属封闭开关设备	天水长城开关厂有限责任公司

续附表4

序号	新产品新技术名称	研发单位
45	i-AY1A-12/T1250-25移开式交流金属封闭开关设备	天水长城开关厂有限责任公司
46	TN100型系列茶果园防霜机	天水风动机械有限责任公司
47	综合利用冶金工业废渣生产特种水泥的技术	酒钢(集团)宏达建材有限责任公司
48	储热混凝土及太阳能采暖储热技术	甘肃省建材科研设计院
三、国内领先水平		
序号	新产品新技术名称	研发单位
1	大截面预弯曲水冷电缆	甘肃省机械科学研究院
2	啤特果系列饮料产品开发和综合利用技术	甘肃和政八八啤特果有限责任公司
3	隐形眼镜生产关键工艺的集成创新	甘肃康视达科技集团有限公司
4	CKL630D×1600斜床身数控车床	兰州星火机床有限公司
5	DJK3235/10000数控卧式电解成形车床	兰州星火机床有限公司
6	CKL800D×1600斜床身数控车床	兰州星火机床有限公司
7	CKL500D斜床身数控车床	兰州星火机床有限公司
8	2MT-120、2MT-160型残膜回收机	兰州陇龙农机有限公司
9	牦牛乳酪蛋白可食性薄膜关键技术	甘肃华羚酪蛋白股份有限公司
10	干酪素生产中在线自动加酶技术	甘肃华羚酪蛋白股份有限公司、兰州大学、甘肃省华羚生物技术研究中心、甘肃省干酪素工程技术研究中心
11	米黑毛霉凝乳酶生产关键技术	甘肃华羚酪蛋白股份有限公司、兰州大学、甘肃省华羚生物技术研究中心、甘肃省干酪素工程技术研究中心
12	新型燃煤燃气两用环保节能锅炉	白银市三通锅炉设备有限公司
13	枸杞咖啡	瓜州亿得生物科技有限公司
14	枸杞红绿茶	瓜州亿得生物科技有限公司
15	亚麻籽饼粕畜用氨基酸营养液酶解生产技术	甘肃省农业科学院生物技术研究所
16	大型双吸泵叶轮热压焊接成型技术	兰州理工大学、甘肃兴电农业机械有限公司
17	清真粉末油脂加工技术	临夏华安生物制品有限责任公司
18	祛痘润肤水	兰州博维生物科技有限公司
19	聚苯硫醚纤维纺丝工艺	敦煌西域特种新材股份有限公司
20	4QZ-8型自走式玉米秸秆青(黄)储饲料收获机	景泰县长青农业科技有限公司、甘肃臻业农业科技开发有限公司
21	ZK3-400/1.14-7.5型交流真空断路器	甘肃虹光电子有限责任公司

续附表4

序号	新产品新技术名称	研发单位
22	HPC-630/3.6型快插式交流真空接触器	甘肃虹光电子有限责任公司
23	CKJ-400/3.6型交流真空接触器	甘肃虹光电子有限责任公司
24	蜂花粉膏	甘肃景卉蜂业有限责任公司、兰州理工大学
25	三皇宝蜜	甘肃景卉蜂业有限责任公司、兰州理工大学
26	φ600m超高功率石墨电极	方大炭素新材料科技股份有限公司
27	机械融合包覆石墨碎生产高性能锂电池用负极材料新技术	方大炭素新材料科技股份有限公司
28	SLA-GH系列(SLA-GH26、SLA-GH52、SLA-GH111、SLA-GH170、SLA-GH190、SLA-GH500)工程型多用途旋翼式无人驾驶飞行器	兰州神龙航空科技有限公司
29	亚麻籽凉拌油	会宁创佳粮油工贸有限公司
30	亚麻粕膨化脱毒及其饲料化应用技术	会宁创佳粮油工贸有限公司
31	可倾斜货台低平板半挂车	甘肃中集华骏车辆有限公司
32	折叠式圆木运输专用半挂车	甘肃中集华骏车辆有限公司
33	还原煅烧法回收利用七水硫酸亚铁技术	白银富提拉化工科技有限公司
34	CYPZ-IV电力液压盘式制动器	天水长城控制电器有限责任公司
35	高效抗菌肽(天蚕素与蜂毒素)杂合肽	张掖市奥林贝尔生物科技有限公司
36	密闭型平板太阳能集热器	甘肃金川太阳能有限公司
37	JZFS-150-0-J型DC/DC变换器	天水七四九电子有限公司
38	F161-1型电感传感器处理电路	天水七四九电子有限公司
39	功率器件与IC多芯片集成封装及测试技术	天水华天微电子股份有限公司
40	TO-3PS功率器件封装技术	天水华天微电子股份有限公司
41	LED5050贴片灯珠承载带	天水华天集成电路包装材料有限公司
42	SSOP微小型集成电路包装管	天水华天集成电路包装材料有限公司
43	TO-247F功率器件封装技术	天水华天微电子股份有限公司
44	起重机用高精度大型圆锥滚子轴承系列	甘肃海林中科科技股份有限公司
45	电器实验操作电源系统	甘肃电器科学研究院
46	电器检测实验室信息管理系统	甘肃电器科学研究院
47	庆阳风味豆豉工业化生产技术	庆阳市北地红调味食品有限公司、甘肃农业大学
48	新型阻燃隔热PVC卷材	酒泉市林园新材料有限公司
49	高熔点滴灌带	甘肃大禹节水集团股份有限公司
50	耐磨注塑离心过滤器	甘肃大禹节水集团股份有限公司

续附表4

序号	新产品新技术名称	研发单位
51	高强度高密封环保PVC-U球阀	甘肃大禹节水集团股份有限公司
52	新型快速焊接PE热熔对接管件	甘肃大禹节水集团股份有限公司
53	MM1Z5V6稳压二极管表面封装技术	天水天嘉电子有限公司
54	SR3100肖特基整流二极管轴线封装技术	天水天嘉电子有限公司
55	轴线封装肖特基整流二极管系列产品	天水天嘉电子有限公司
56	IN4148W表面封装开关二极管	天水天嘉电子有限公司
57	圆形封装整流桥系列产品(2W005、RB157)	天水天嘉电子有限公司
58	表面封装肖特基整流二极管系列产品	天水天嘉电子有限公司
59	DSS14表面封装肖特基整流二极管	天水天嘉电子有限公司
60	水性丙烯酸改性醇酸树脂及涂料	西北永新涂料有限公司
61	新型环保醇酸涂料	西北永新涂料有限公司
62	高性能环氧改性水性醇酸树脂及防锈漆	西北永新涂料有限公司
63	新型银粉防护涂料	西北永新涂料有限公司
64	柔性抗污质感涂料(真石漆)	西北永新涂料有限公司
65	ZBZ-10/1140(660)M矿用隔爆型照明信号变压器综合装置	甘肃容和矿用设备集团有限公司
66	BBM-360矿用隔爆型无功功率自动补偿装置	甘肃容和矿用设备集团有限公司
67	矿用隔爆型LED巷道灯系列产品[DGS(24、30、36)/127L(S)]	甘肃容和矿用设备集团有限公司
68	150hfp-m150-40耐腐耐磨砂浆泵	白银鸿浩化工机械制造有限公司
69	新型聚乳酸铝箔袋	天水华天集成电路包装材料有限公司
70	微小型集成电路包装管双排挤出技术	天水华天集成电路包装材料有限公司
71	功率器件包装管新工艺技术	天水华天集成电路包装材料有限公司
72	晶圆激光打标机	天水华天机械有限公司
73	高低温精密烘箱	天水华天机械有限公司
74	细铝线键合技术	天水华天微电子股份有限公司
75	F1858型高精度模数转换器	天水七四九电子有限公司
76	YH332型功率驱动器	天水华天传感器有限公司
77	硅压阻压力传感器自动温度补偿系统	天水七四九电子有限公司
78	波纹管铠装式温度液体一体变送器	天水华天传感器有限公司
79	表贴式5050LED封装技术	天水华天科技股份有限公司
80	裸铜框架铜线键合封装技术	天水华天科技股份有限公司
81	7英寸集成电路专用编带盘	天水华天集成电路包装材料有限公司

续附表4

序号	新产品新技术名称	研发单位
82	高效重叠式螺旋板热交换器	兰州兰洛炼化设备有限公司
83	GSZ5-400、400/11直流接触器	天水二一三电器有限公司
84	新型高压大口径全焊接	兰州高压阀门有限公司
85	TA630A型潜空冲击器	天水风动机械有限责任公司
86	MKY13110油田工具磨床	天水星火机床有限责任公司
87	TK2140数控深孔钻镗床	天水星火机床有限责任公司
88	CK8015数控摩擦式车轮车床	天水星火机床有限责任公司
四、国内先进水平		
序号	新产品新技术名称	研发单位
1	CKA6140数控卧式车床	兰州星火机床有限公司
2	CKA6150数控卧式车床	兰州星火机床有限公司
3	DH115高风压潜孔钻头	西北矿冶研究院
4	高抗冲耐压灌溉PVC管材	定西大禹节水有限责任公司
5	低压薄壁滴灌带	武威大禹节水有限责任公司

附表5

技术创新产业联盟名单

序号	产业联盟名称	牵头单位
1	太阳能光伏发电产业联盟	兰州大成科技股份有限公司
2	生物质基材产业联盟	甘肃圣大方舟马铃薯变性淀粉有限公司
3	物联网产业联盟	兰州理工大学
4	特色农产品产业联盟	西北师范大学
5	云计算软件研发应用中心	甘肃万维信息技术有限公司
6	甘肃省民用轻型飞机和无人机产业联盟	兰州神龙航空科技有限公司
7	甘肃省节能墙体屋面材料产业联盟	甘肃省建材科研设计院

附表6

国家级和省级技术创新示范企业名单

国家技术创新示范企业	金川集团有限公司、白银有色集团股份有限公司、天水华天电子集团、甘肃蓝科石化高新装备股份有限公司、天水星火机床公司
省级技术创新示范企业	酒泉钢铁集团有限责任公司、甘肃稀土新材料股份有限公司、甘肃银光化学工业集团有限公司、甘肃大鑫铜业有限责任公司、甘肃郝氏碳纤维有限公司、兰州陇星沃尔凯采暖设备制造有限公司、兰州大成科技股份有限公司、甘肃蓝科石化高新装备股份有限公司、天华化工机械及自动化研究设计院、天水长城开关厂有限公司、天水星火机床有限责任公司、天水风动机械有限责任公司、酒泉奥凯种子机械股份有限公司、天水华天电子集团、甘肃新网通科技信息有限公司、兰州生物制品研究所有限责任公司、甘肃独一味生物制药股份有限公司、白银有色集团股份有限公司、金川集团机械制造有限公司、西北永新集团有限公司、甘肃华羚酪蛋白股份有限公司、甘肃圣大方舟马铃薯变性淀粉有限公司、甘肃锦世化工有限责任公司、天水锻压机床有限公司、天水海林中科科技股份有限公司、天水二一三电器有限公司、天水电器传动研究所有限责任公司、甘肃虹光电子有限责任公司、天水众兴菌业科技股份有限公司、甘肃紫轩酒业有限公司、甘肃金桥给水排水设计与工程集团有限公司、甘肃酒钢集团西部重工公司、酒钢宏达建材有限责任公司、方大炭素新材料科技股份有限公司、中材科技(酒泉)风电叶片有限公司、甘肃中集华骏车辆有限公司、天水华圆制药设备科技有限责任公司、甘肃永靖昌盛铸钢有限责任公司、甘肃红峰机械有限责任公司、兰州北科维拓科技股份有限公司、兰州神龙航空科技有限公司、兰州大得利生物化学制药有限公司、甘肃陇神戎发药业股份公司、陇西中天药业有限责任公司、甘肃黄羊河农工商(集团)有限责任公司、天水长城果汁集团有限公司、甘肃西北大磨坊食品工业有限公司、甘肃祁连山生物科技开发有限责任公司、临夏华安生物制品有限责任公司、白银阳明银光化工有限公司、甘肃顾地塑胶有限公司、金昌市宇恒镍网有限公司

融资和信用担保

一、基本情况

(一)融资担保业健康快速发展

截至2013年底,甘肃省融资担保机构达到360户,较上年增加50户。其中:资本金1亿元以上70户,较上年增加34户;资本金5000万元以上198户,较上年增加57户。融资担保机构注册资本达到196亿元,其中,社会出资156亿元,占79.6%;国有及财政出资40亿元,占20.4%。担保机构户均注册资本达到5444万元,较上年增加767万元。新增担保额356.9亿元,增长49.6%。累计为1.8万户中小企业提供担保249.1亿元,占新增融资担保额的69.8%,比2012年增加了101.1亿元,增长68.3%;支持"三农"经济担保额87.4亿元,占新增融资担保额的24.5%,比2012年增加了19.8亿元,增长29.3%;支持高新技术产业担保额10.6亿元,比2012年增加了2亿元,增长18.9%。

(二)银行担保合作环境逐步改善

2013年,甘肃省农村信用联社仍是甘肃省担保机构合作业务量最大的金融机构,合作业务额达到了82.7亿元。甘肃省融资担保机构与中国农业银行甘肃分行、中国建设银行甘肃分行、中国银行甘肃分行和中国工商银行甘肃分行等国有商业银行合作业务额为125.8亿元,较2012年增加67.7亿元,占新增融资担保业务额的35.2%。其中,与中国农业银行甘肃分行合作业务额为70.2亿元,与中国建设银行甘肃分行合作业务额为48.6亿元,与中国银行甘肃分行合作业务额为6.4亿元,与中国工商银行甘肃分行合作业务额近1亿元。制定下发了《关于积极引导融资性担保机构开展再担保合作业务的通知》,积极引导政策性担保机构按照平等合作、市场化、互利共赢等原则,开展分散风险、增信等再担保服务。

(三)国家财税扶持政策得到较好落实

2013年,甘肃省争取到国家中小企业信用担保专项补助资金支持项目29个,扶持资金6110万元,比2012年净增980万元,在全国位次由2012年度第15位上升到第10位,在西部12省(区)中位列第2位。经积极申报协调,工业和信息化部、国家税务总局批准甘肃省22家担保机构享受免征营业税政策。

（四）融资渠道不断拓宽

甘肃中小企业“银政投”融资服务平台服务中小企业186户，甘肃中小企业投融资网建立了规模以上、规模以下以及小微企业融资需求项目库。协调促成3户企业在上海股票交易中心正式挂牌，5户企业签订了合作协议，并遴选了100余家符合条件的企业加入甘肃省股权交易中心会员库。2013年，有80家金融机构以股权、短期融资等形式为38户中小企业融资5.6亿元，通过“银政投”融资模式帮助企业获得银行贷款15亿元，增长50%。

（五）融资担保业监管进一步加强

制定下发了《甘肃省融资性担保行业风险事件处置工作指导意见》，对全省取得经营许可证的担保机构开展了年审及年检工作。2013年，经年审年检，甘肃省共有172户担保机构合格，138户担保机构基本合格，对14户不合格担保机构吊销了经营许可证。开展加强担保监管规范地方金融市场秩序专项行动，组织各市（州）对所辖担保公司进行全面检查，组织人员对兰州、酒泉、张掖、嘉峪关等市（州）的部分担保机构随机检查，对发现的问题及时督促整改。会同中国建设银行甘肃分行等4家银行机构签订了融资担保机构注册资本金验资监管协议，建立了协议银行验资制度。研究制定了《融资性担保机构监管部门担保业务统计工作年度考核办法》，建立了统计工作考核机制。

（六）中小企业信用体系建设迈出新步伐

会同人民银行兰州中心支行赴平凉、金昌调研中小企业信用体系建设试验区运行情况，开展了融资与信用专题讲座，举办了兰州中小企业信用培育及融资知识培训班，完成了20家担保机构拟接入人民银行征信系统的初选工作。

（七）行业队伍整体素质进一步提升

制定下发了《甘肃省融资性担保机构董事、监事、高级管理人员任职资格证管理办法》，推动融资担保行业从业人员职业化进程，规范持证上岗制度。2013年，共举办4期融资担保机构董事、监事、高级管理人员任职资格培训班，对来自300多家担保机构的690余位高管进行了培训、考试。

二、存在问题

（一）融资担保能力弱

2013年，甘肃省融资担保机构户均注册资本仅占2012年全国户均注册资本的54.4%，放大倍数不足1.8倍，与全国平均2.1倍的放大倍数仍有较大差距。

(二)专业人才缺乏

2013年,甘肃省融资担保机构户均人数8人,其中研究生及本科学历人员共1126人,仅占42.3%,且担保机构从业人员大多是金融、财务专业,融资担保相关专业人员匮乏,特别是基层担保机构人员多为"半路出家"或临时聘用,业务素质难以保证。

(三)尚未建立风险补偿机制

甘肃省财政每年预算安排5000万元省级融资担保业发展专项资金至今仍未落实,致使省上无法建立风险补偿机制,对融资担保机构的支持仅限于国家层面的补助。

(四)监管部门风险防范意识和监管能力有待提高

部分市(州)监管部门由于人力配备有限、监管经费不足、业务能力较弱等原因,对国家及省上相关政策、制度落实不到位,监管较为薄弱,注重担保机构数量的发展,忽视了质量的提高。

三、2014年目标任务

2014年,甘肃省融资担保额力争达到400亿元,增长18%,"银政投"融资额达到18亿元。

(一)突出政策引领,强化制度建设

进一步完善配套的制度、方案、指引,健全规章制度体系,做到监管和扶持有法可依、有章可循、合法合理,促进融资担保业规范稳健经营、健康快速发展。

(二)调整行业结构,优化区域布局

制定出台《甘肃省融资担保行业区域布局发展规划》,做好融资担保机构的设立、变更工作,审慎推进新设机构的发展。推进融资担保机构通过合并、重组、增资等方式,培养一批资本实力雄厚、经营管理较好、风险控制能力较强、有一定影响力的区域性商业融资担保机构。

(三)落实国家财税扶持政策,增强担保机构业务能力

积极推荐符合条件的担保机构争取国家中小企业信用担保专项补助资金,继续落实好中小企业信用担保机构免征营业税政策,做好符合条件担保机构的申报、审核、上报工作。

(四)推进融资工作,破解融资瓶颈

积极引导高成长、高科技中小企业到上海股权交易中心挂牌上市,利用股权交易市场加大推进中小企业股权融资工作力度。进一步扩大"银政投"融资覆盖面,拓宽与相关银行金融机构的沟通渠道,配合做好企业上市、产权交易、融资租赁等

工作。

（五）加强日常监管，促进行业发展

完善协议银行验资制度，进一步加强对新设或增资机构验资资金的监督管理。公布现有融资担保机构名单、经营范围、严令禁止的违法违规业务、监管部门举报电话等内容，加强社会对融资担保机构的监督。强化任职资格管理，逐步完善担保机构董事、监事、高级管理人员持证上岗制度。建立甘肃省融资担保业务监管联席会议制度，进一步完善监管体系。

（撰稿人　融资服务处郭旭，信用担保体系建设处苏宏斌）

信息化和工业化融合

一、基本情况

（一）落实信息化和工业化深度融合五年行动计划

认真贯彻落实工信部《信息化和工业化深度融合专项行动计划（2013—2018年）》，成立了信息化和工业化深度融合专项行动领导小组，制定下发了《甘肃省专项行动计划任务分工及进度安排》。围绕工信部《关于开展信息化和工业化融合2014专项行动的通知》要求，一是开展信息化和工业化融合管理体系贯标试点工作，组织省内企业和科研院所的咨询服务机构积极参与信息化和工业化融合管理体系贯标试点工作，甘肃银光聚银化工公司、金川集团公司、天水华天微电子公司等企业被列为信息化和工业化融合管理体系贯标试点企业；二是推动互联网与工业融合创新，指导帮助窑街煤电集团煤矿安全生产管控及监测预警、甘肃紫光智能交通与控制技术公司交通运营物联管理系统等项目申报国家物联网发展专项资金，积极推进阿里巴巴集团等国内知名电子商务企业与甘肃省的战略合作，促进电子商务与甘肃省传统产业集成创新应用，推动云计算基地和互联网数据中心建设；三是深入实施电子商务集成创新试点工程，跟踪推进甘肃省2013年入选国家电子商务集成创新试点工程的项目建设，其中丝路大遗址移动旅游服务平台以甘肃丝路大遗址保护区为依托，结合手机短信、手机动漫游戏、客户端应用等服务，打造数字化移动旅游电子商务平台，陇西中天药业公司中药材质量追溯系统的示范应用项目通过采用物联网技术，实现对中药材从选种、育苗、移栽、种植、采收到加工、包装、运输、仓储、交易、流通等所有环节的全面数据收集、传输与处理，实现药品全过程质量监管、跟踪与溯源。

（二）增强重点行业信息技术融合创新能力

推广原材料工业集约化、装备制造业智能化、消费品工业精准化生产方式。在有色冶金行业，支持酒泉钢铁集团有限责任公司等一批大型骨干企业通过实施ERP、SCM、CRM、MES等应用系统，实现业务信息与管理信息的集成与共享。在能源行业，支持中国石油长庆油田分公司等企业投资40亿元开展数字化、网络化建设,推动企业从单项业务应用向多项业务综合集成转变。在装备制造行业,促进研发设计、检验检测、总集成总承包和供应链管理服务从制造业中剥离,实现生产性服务业与制造业互动发展。开展信息化和工业化融合水平评估和监测,支持一批重点企业信息化和工业化融合走在全国同行业前列。联合甘肃电信推进全省数字企业建设,争取到2014年底完成5000家数字企业建设目标。

(三)推进国家级信息化和工业化融合试验区建设

加快推动兰州市国家级信息化和工业化融合试验区工作,确立了"地区抓特色、行业抓重点、园区抓集聚、企业抓提升、物流抓平台"的信息化和工业化融合发展思路,通过"抓典型,树标杆,分类指导,整体推进"的工作措施,依托石油化工、有色冶金、装备制造、生物医药等重要工业基地优势,积极推进区域、行业、企业三个层面的信息化和工业化融合,打造全国信息化和工业化融合示范基地。目前,兰州市信息化和工业化融合试验区工作已在全省起到了典型示范带动作用,信息技术在工业和社会领域广泛应用,重点企业、行业和领域的信息化和工业化融合成果相对明显,2013年顺利通过工信部检查验收。

(四)发挥重点示范项目带动作用

工信部将金川集团股份有限公司、甘肃祁连山水泥集团股份有限公司、中国石油长庆油田分公司、天水华天电子集团4户企业定为"国家级信息化和工业化深度融合示范企业"。通过与电信甘肃公司开展"千家数字企业"建设工作,在全省累计开展了400多场"数字企业"体验培训活动,邀请各类企业参观体验行业应用和培训600多场,培训各类企业人员17000多人次,全省数字企业建设完成了4300多家。认真落实甘肃省人民政府与工信部签署的《全面加快三维数字社会管理系统建设,大力推广民情流水线工程合作协议》,兰州市三维数字社会管理服务平台已经建成,52个街道、391个社区及市区108个单位和部门已全面推广应用。甘肃省已有6个市开展三维数字社会管理服务系统建设,全国已有9个省市、多个城市将三维数字社会管理服务系统作为智慧城市、社会服务基础管理平台引入使用。

(五)提升信息化和工业化深度融合支撑能力

电子制造业规模进一步扩大,软件服务业发展加快,初步形成了三个信息产业集聚区(天水微电子产业集聚区、兰州安宁特种电子产业集聚区、兰州高新区软件产业集聚区),三条产业链(数字音响视频产业链、电子专用材料产业链、半导体照明产业链),一个电子专用设备制造基地(兰州瑞德集团等),一个信息化服务平台(万维公司、飞天网景公司、南特数码公司、号百公司、紫光智能公司、大成公司等),对信息化和工业化融合的支撑能力明显提升。联合中国移动通信集团甘肃有限公司下发了《依托云平台推进中小企业信息化发展的指导意见》,进一步提高全省中小企业在管理、产品设计、生产过程、市场营销等方面的信息化水平,降低信息化应用成本，提高中小企业竞争力。

二、存在问题

（一）信息化和工业化融合处于初级阶段

甘肃省工业化水平略高于信息化水平，行业间、企业间的信息化和工业化融合发展不均衡，多数企业处于信息化和工业化融合的初级阶段，加大信息化建设的重视程度不够，部分信息化助推项目作用尚不明显。

（二）电子信息产业基础差

甘肃省电子信息设备制造业、软件产业和系统集成服务业发展滞后，基础较为薄弱，产业之间关联性差。

（三）信息化和工业化融合软环境有待改善

推进信息化和工业化融合发展的手段不多，亟须加强政府层面的引导，通过政策支持、资金扶持、示范带动、优化环境、建立长效机制等多种方式，走出一条具有甘肃特色的信息化和工业化融合道路。

三、2014年重点任务

1.结合甘肃产业特点，支持有色、钢铁、化工、煤炭、建材、食品、医药等行业的企业引入全过程信息化管理，支持兰白（兰州市、白银市）、酒嘉（酒泉市、嘉峪关市）、关中—天水经济区（天水市、庆阳市、平凉市等）等工业聚集区实施信息化与工业化融合示范工程，支持有条件的地区创建国家级信息化和工业化融合示范区。

2.落实《信息化和工业化深度融合专项行动计划（2013—2018年）》，提升企业信息集成应用和业务协同创新水平，进一步完善中小企业公共服务平台，推动产业优化升级。

3.开展信息化和工业化融合发展水平评估，引导企业参与信息化和工业化融合管理体系建设试点和普及推广，促进中石油长庆油田分公司、金川集团股份有限公司、甘肃省祁连山水泥集团股份有限公司等一批重点企业的信息化和工业化融合走在全国同行业前列。

4.推进IT企业与中小企业供需对接，支持中小企业信息化改造，为中小企业提供适合自身发展需要的信息化解决方案。联合中国电信股份有限公司甘肃分公司加快推进甘肃省数字企业建设，争取到2014年底完成5000家数字企业建设目标，全面提升甘肃省中小微企业信息化应用水平。

（撰稿人　信息化推进处陈阵）

承接产业转移

一、基本情况

(一)引进资金到位额较高增长

2013年,甘肃省实施承接产业转移项目1386项,总投资5118亿元,当年引进资金到位额1848.61亿元,增长29%,引进资金累计到位率54.38%,提高11.64个百分点。2012—2013年签约50亿元以上项目35个,已开工14个、开展前期19个;10亿元~50亿元179个,已开工76个、开展前期76个;10亿元以下1074个,建成219项,已开工418个、开展前期365个。甘肃省工信委牵头的25家央企73个项目,累计到位资金271.66亿元,资金到位率17.8%,提高5.8个百分点。其中,建成项目19个,在建24个,开展前期30个,项目开工率59%[2013年甘肃省各市(州)承接产业转移引进资金实际到位额见附表]。

(二)承接产业转移工作层次不断提升

甘肃省人民政府与工信部签署了《关于加快推进甘肃省工业和信息化发展及兰州新区建设战略合作框架协议》,工信部积极支持甘肃省承接东中部产业转移,争取重大项目规划布局兰州新区。工信部与甘肃省人民政府共同主办了“甘肃省承接产业转移系列对接活动”,现场签约承接产业转移项目87个,其中合同项目45个、金额487.11亿元,产学研合作项目12项。甘肃省人民政府与中国轻工业联合会、中国有色金属工业协会、中国石油和化学工业联合会、中国建筑材料联合会、中国物流与采购联合会分别签署了战略合作框架协议,全面推进“一县一业”特色产业合作。协调5个国家行业协会所属(代管)的105个分会、专业协会与甘肃省86个县区结成了帮扶对子,达成产业合作项目协议68个,签订“一县一业”产业合作项目17个,总投资143.93亿元,实际到位资金13.53亿元。

(三)统筹谋划产业链式承接

加快培育平凉煤电化冶,庆阳石油(天然气)化工、煤电化冶材,白银煤电化冶材、军民结合化工,酒泉新能源及装备制造,兰州石油化工,嘉峪关冶金新材料,金昌有色金属新材料、精细化工等10个千亿级循环经济产业链。其中,平凉、庆阳3

条产业链实施方案已由甘肃省人民政府办公厅批转实施。平凉煤电化冶循环经济产业链计划实施产业链延链、补链项目92个，总投资3566亿元，180万吨甲醇、70万吨烯烃、煤炭深加工循环利用、20万吨聚丙烯等产业链支撑项目加快推进，有9个工业项目建成投产；庆阳石油（天然气）化工循环经济产业链项目33个、总投资1131亿元，庆阳煤电化冶材循环经济产业链项目52个，总投资1823亿元，长庆油田150万吨产能建设、宁南能源物流园、庆阳石化600万吨升级改造等产业链支撑项目快速推进；白银煤电化冶材产业链规划项目39个、总投资1794.2亿元，有18个重点项目开工；白银军民结合化工产业链规划项目28个、总投资876.3亿元，16个重点项目开工。

（四）产业承接招商活动成效显著

通过龙头企业招商、节会招商、产业链招商、小分队招商、点对点招商、蹲点招商、网络招商等办法，进一步提高招商的精确性、成功率。2013年，甘肃省签约承接产业转移项目705个，合同金额3679亿元，其中10亿元以上项目93个，合同金额2213亿元。积极协调北车集团兰州机车厂等企业出城入园，新疆广汇煤炭分质转化利用等项目前期，组织8个委属院校与7所部属高校进行产学研项目对接，推进吉利集团兰州新区生产基地甲醇汽车、电动车试点等项目。以甘肃省92个经济技术开发区、工业园区为基础，以甘肃省工业和信息化委员会网站为平台，建立了甘肃省承接产业转移招商信息平台。

二、存在的主要问题

1.项目审批手续烦琐，土地、环评、安评、能评等审批周期较长。重点能源化工项目核准难度大，部分项目审批权限属于国家，拿不到“路条”而无法落地。承接产业转移优惠政策落实难，重承诺、轻落实。

2.工业用电特别是高载能企业用电价格高于周边省区，新能源项目建成投产后面临外送上网难，就地消纳又遇到高载能项目审批难的双重压力。

3.工业园区总体规划层次偏低、配套条件差、商贸物流配套不完善，企业入住成本高、物流成本高，承接项目的能力弱，合作共建产业园区进展慢。

4.受经济增长放缓影响，部分已签约项目观望等待，不能按期启动建设。

三、2014年目标任务

2014年，甘肃省力争承接产业转移引进资金到位额增长20%。

（一）实施产业链和集群式承接新模式

围绕培育10条千亿级循环经济产业链，编制完成酒泉新能源及装备制造、酒泉新型煤化工、嘉峪关冶金新材料、金昌有色金属新材料、金昌精细化工等产业链实施方案，加快承接一批延链、补链项目，推动上下游和关联产业配套协作，促进酒嘉一体化、金武张一体化、兰白一体化、平庆一体化产业集中布局和集群化发展。

(二)组织承接产业转移招商活动

继续办好工信部与甘肃省人民政府共同主办的承接产业转移系列对接活动，力争签约一批承接产业转移项目。围绕电子信息、轻工食品、纺织服装等产业与闽东南地区开展产业对接活动，围绕化解过剩产能与京津冀豫、长三角地区开展重化工产业转移改造提升对接活动，围绕打造“丝绸之路经济带”甘肃黄金段与新疆和四川等西部省区开展矿产资源开发利用、农副产品深加工、轻工食品、民族用品等产业对接活动。

(三)加强与国内外500强企业精准对接

加强与中国北车集团、中国石油天然气集团、中国石化集团、中国铝业公司、中国医药集团、江苏悦达集团等中国企业500强、中国民企500强的项目对接，加快已对接项目的前期进度。

(四)全面推进“一县一业”特色产业合作

继续落实甘肃省人民政府与中国轻工业联合会等国家5大行业协会签署的战略合作框架协议，对接国家协会会员单位和行业龙头企业，促成一批产业转移合作项目落户甘肃省。

(五)跟踪推进签约项目落地

对2012年签约的583个项目(合同金额6224.75亿元)，2013年签约的705个项目(合同金额3678.97亿元)，强化跟踪协调督办。

(六)创建新型工业化产业示范基地和产业转移合作示范区

支持兰州新区高起点承接产业转移，积极推动兰州老城区军工、装备制造、生物制药等企业出城入园。推进兰白经济区承接产业转移示范区建设，争取国家支持酒嘉承接现代高载能产业示范区、天水承接机械电子电工电器产业示范区建设。

(七)强化产业承接服务体系建设

针对要素资源配置、优化投资软环境，进一步降低承接项目落地成本，提高项目履约率。切实减轻企业负担，实行统一的企业收费清单管理模式，督促各市(州)公布涉企收费目录和标准，清单和目录之外的项目禁止收费，在此基础上逐步压减收费项目。开展招商优惠政策落实专项督查，确保已出台的优惠减负政策落实到位。

(撰稿人　规划发展处王海燕)

附表

2013年甘肃省各市(州)承接产业转移引进资金实际到位额

市(州)	项目数 /个	总投资 /亿元	当年累计引进资金到位额 /亿元	自项目建设以来累计引进资金到位额 /亿元	累计引进资金到位率 /%
酒泉市	257	1197.81	522.84	697.15	58.20%
庆阳市	98	573.58	186.70	277.61	48.40%
兰州市	193	853.42	179.47	269.21	31.54%
平凉市	63	381.58	170.85	286.49	75.08%
武威市	118	430.40	152.09	275.67	64.05%
天水市	170	311.65	148.07	197.33	63.32%
金昌市	73	359.72	141.22	223.25	62.06%
白银市	92	243.10	87.04	128.00	52.65%
张掖市	98	231.59	69.48	96.41	41.63%
定西市	96	163.88	66.65	98.19	59.92%
嘉峪关市	29	69.35	57.07	83.63	120.59%
陇南市	35	153.90	30.08	64.00	41.59%
临夏回族自治州	30	86.92	25.97	29.87	34.36%
甘南藏族自治州	34	61.10	11.08	56.28	92.11%
合计	1386	5118	1848.61	2783.09	54.38%

第二篇

行业发展

石化行业
有色行业
冶金行业
电力行业
煤炭行业
建材行业
机械行业
食品行业
纺织行业
医药行业
生产性服务业
军民结合产业
电子信息产业
通信行业

石化行业

一、产业发展情况

2013年，甘肃省石化行业规模以上企业208户，增长16.85%，全国占比0.6%；资产总额1622亿元，增长12.1%，全国排名第19位；从业人员10.87万人；完成工业增加值543.3亿元，下降2.2%，占全省规模以上工业的26.56%；实现利润130.8亿元，增长13.2%，全国排名第15位；上缴税金222.70亿元，下降5.73%；利税总额355.18亿元，增长0.9%，全国占比2.0%，全国排名第15位。

2013年，重点监控的24种（类）主要石化产品产量中，保持增长的有12种（类），即原油增长13.3%，原油加工量增长2.2%，汽油增长4.03%，煤油增长80.55%，盐酸增长2.9%，纯碱增长3.4%，电石增长0.30%，纯苯增长2.29%，化学农药增长25.9%，初级形态塑料增长0.38%，聚氯乙烯树脂增长117.30%，TDI增长0.84%；同比下降的有12种（类），即天然气下降12.20%，柴油下降3.64%，硫酸下降11.9%，浓硝酸下降18.76%，烧碱下降15.8%，乙烯下降2.3%，精甲醇下降46.69%，合成氨下降17.46%，化肥下降16.7%，聚丙烯树脂下降6.61%，合成橡胶下降7.02%，涂料下降0.37%（2013年甘肃省石化主要产品产量见附表1）。

二、部分重点企业

1.中国石油兰州石化分公司（见图版1）。

2. 中国石油庆阳石化分公司（见图版2）。

3.甘肃金昌化学工业集团有限公司（见图版3）。

4. 中国石油玉门油田分公司（见图版4）。

5.西北永新集团有限公司（见图版5）。

2013年石化行业重点企业主要经济指标见附表2。

三、存在问题

1.原油资源供应不足矛盾日渐突出，导致兰州石化分公司原油加工量下降，影响行业产值和效益。

2.石化产品价格普遍下降，资金成本不断攀升，高端石化产品缺乏，经济运行下行压力加大。

3.生产成本较快上升，能源原材料（原油、原煤、电力、天然气等）价格高位波动，物流成本增加，对行业运行产生不利影响。

4.重点产品新增产能、产量不多，石化行业“十一五”新建项目产能在2011年前已基本释放，而“十二五”新建项目和新增产能还没有完全形成。

（撰稿人　原材料产业处黄奕）

附表1

2013年甘肃省石化主要产品产量表

产品名称	单位	全年产量			
		本年累计	去年累计	增减	同比/%
原油	万吨	710.40	627.00	83.40	13.30
天然气	万立方米	11231.00	12792.00	-1561.00	-12.20
原油加工量	万吨	1554.20	1520.52	33.68	2.21
汽油	万吨	390.18	375.04	15.14	4.03
煤油	万吨	71.14	39.40	31.74	80.55
柴油	万吨	660.05	685.00	-24.95	-3.64
硫酸(折100%)	万吨	275.84	313.25	-37.41	-11.94
盐酸(含量31%)	万吨	20.52	19.94	0.58	2.90
浓硝酸(折100%)	万吨	9.74	11.99	-2.25	-18.76
烧碱(100%)	万吨	22.32	26.51	-4.19	-15.80
纯碱(碳酸钠)	万吨	20.80	20.12	0.68	3.37
电石(碳化钙)	万吨	126.75	126.78	0.00	0.00
乙烯	万吨	63.20	64.68	-1.48	-2.30
纯苯	万吨	15.59	12.68	2.91	2.29
精甲醇	万吨	10.08	18.91	-8.83	-46.69
合成氨	万吨	67.98	82.37	-14.39	-17.46
化学肥料总计(折纯)	万吨	58.80	70.58	-11.78	-16.70
化学农药(折100%)	吨	2099.00	1667.00	432.00	25.91
涂料	吨	28909.00	29017.00	-108.00	-0.37
初级形态塑料	万吨	116.09	116.53	-0.44	-0.38
其中:聚丙烯树脂	万吨	43.82	46.70	-2.88	-6.16
聚氯乙烯树脂	万吨	8.65	3.98	4.67	117.33
合成橡胶	万吨	16.54	17.79	-1.25	-7.02
TDI甲苯二异氰酸酯	万吨	12.30	12.20	0.10	0.80

附表2

2013年石化行业重点企业主要经济指标

企业名称	年份	资产总额/万元	总产值/万元	工业增加值/万元	销售收入/万元	实现利润/万元	上缴税金/万元	期末从业人数/人
中国石油兰州石化分公司	2012	3272591	6996927	867406	7000317	-471008	1122306	15928
	2013	3535100	7086600	1124600	7013000	-208700	858800	15857
中国石油庆阳石化分公司	2012	547679	2202899	478032	2009750	14422	405354	1437
	2013	600000	2378400	600100	2192000	77000	467100	1424
中国石油玉门油田分公司	2012	1336225	1522822	417670	1455451	-72420	263881	11284
	2013	1389300	1212640	372760	1161555	-79048	204913	10538
甘肃银光化学工业集团有限公司	2012	668982	604613	96037	530144	9287	20398	9008
	2013	580000	590600	85800	434800	23400	17621	8648
甘肃金化集团实业有限公司	2012	166154	186408		187418	237	1259	2224
	2013	194000	235000		236000	240	1187.9	2896
甘肃刘化集团有限责任公司	2012	194933	129955	29330	138403	8544	2413	2396
	2013	213000	119952	16397	125335	503	2619	2134
西北永新集团有限公司	2012	159578	52626	14841	85337	2269	4013	1474
	2013	212300	62300	17900	101100	2700	5200	1459

有色行业

一、产业发展情况

2013年，有色行业实现营业收入2563.83亿元，增长10.06%；实现工业增加值330.20万元，增长22.7%，占甘肃省工业比重的16.14%；实现利税总额37.87亿元，下降41.59%。十种有色金属产品完成产量335.58万吨，较2012增长11.08%。其中：铜83.62万吨，增长16.70%；铝206.30万吨，增长13.30%；铅2.38万吨，增长10.82%；锌27.45万吨，下降14.42%；镍15.77万吨，增长12.61%。有色金属加工材完成产量90.97万吨，增长82.43%。其中：铜材20.81万吨，增长12.97%；铝材70.08万吨，增长123.59%。截至2013年底，有色行业有规模以上企业113家，从业人数9.43万人，资产总额2182.66亿元。以下是有色行业经济运行的主要特点：

（1）有色行业发展稳步推进，铝及铝深加工业产能有较大提升，循环经济和产业链延伸进一步完善。酒钢集团2×45万吨电解铝项目部分投产，连城铝业500千安电解系列实现达产，铝产量增加24万吨。甘肃广银铝业有限公司等铝加工企业产量同比增加39万吨，增幅121.95%。

（2）科技进步和节能减排成效明显，重点项目建设和达产达标取得实效。金川公司200兆瓦光伏发电项目、40万吨矿产铜项目，白银公司铜冶炼污染治理粗炼项目、铜铝导体新型材料开发应用建设项目，兰州铝业2台30兆瓦发电机组脱硝系统改造，连城铝业419台电解槽采用新式阴极钢棒结构和电解槽磁流体稳定技术改造，甘肃稀土公司尾气废酸深度净化处理回收、贮氢升级扩能改造等项目已全部完成。

（3）积极应对经济下行压力，企业抵御风险能力增强，实现利润降幅收窄，经济指标好于预期。2013年，有色行业实现利润15.92亿元，下降47.65%（2013年有色行业主要产品产量见附表1）。

二、部分重点企业

1.金川集团股份有限公司（见图版6）。

2. 甘肃华鹭铝业有限公司（见图版7）。

3. 白银有色集团股份有限公司(见图版8)。

4. 中国铝业股份有限公司连城分公司(见图版9)。

5. 酒泉钢铁集团有限责任公司东兴铝业公司(见图版10)。

6.中国铝业股份有限公司西北铝加工厂(见图版11)。

2013年有色行业重点企业主要经济指标见附表2。

三、存在主要问题

(一)有色行业经济效益下滑

2013年,全国有色行业产能严重过剩,铝、铅、镍等有色金属产品价格分别下滑5.70%、3.28%、5.59%,导致有色行业利润下跌57.9%。

(二)生产成本增加

因铁路货运费及原燃料上涨,有色行业营业成本增幅较大。

(三)有色冶炼产品深加工率不高

有色行业深加工比例仅为27.11%,其中铝材为33.97%、铜材为24.89%、铅材为2.52%、锌材为0.08%。同时,有色矿山采、选尾矿回填利用率较低,镍渣的研究开发利用有待进一步深入。

(撰稿人　原材料产业处蔡味东)

附表 1

2013年有色行业主要产品产量表

产品名称	单 位	主要产品(或装置)能力			主要产品产量		
		2012年	2013年	同比	2012年	2013年	同比
十种有色金属	万吨	345	396	14.9%	302.11	335.58	11.08%
铝	万吨	208	259	24.52%	182.08	206.30	13.3%
铜	万吨	80	80		71.65	83.62	16.7%
镍	万吨	20	20		14.00	15.77	12.64%
铅	万吨	3	3		2.15	2.38	10.82%
锌	万吨	34	34		32.08	27.45	-14.42%

附表2

2013年有色行业重点企业主要经济指标

企业名称	年份	资产总额/亿元	总产值/亿元	销售收入/亿元	工业增加值/亿元	实现利润/亿元	上缴税金/亿元
酒泉钢铁集团有限责任公司东兴铝业公司	2012	97.10	86.79	81.61	8.62	0.33	0.17
	2013	163.46	110.97	104.80	22.94	0.13	0.63
	同比	125.17%	27.87%	28.42%	166.19%	−59.87%	278.36%
金川集团股份有限公司	2012	1093.00	620.04	1508.42	104.69	15.91	23.56
	2013	1300.00	687.37	1800.13	74.30	10.80	8.91
	同比	18.96%	10.86%	19.34%	−29.03%	−32.15%	−62.20%
白银有色集团股份有限公司	2012	367.44	205.66	372.59	45.25	10.92	5.38
	2013	353.27	230.27	338.73	49.34	4.44	5.57
	同比	−3.86%	11.96%	−9.09%	9.04%	−59.33%	3.64%
中国铝业股份有限公司兰州分公司	2012	81.20	92.56	55.76	5.73	−3.47	2.49
	2013	77.58	109.10	48.98	3.40	−4.90	1.76
	同比	−4.46%	17.87%	−12.16%	−40.60%	41.21%	−29.23%
中国铝业股份有限公司连城分公司	2012	64.75	69.64	66.34	0.53	−3.40	0.00
	2013	63.10	79.21	66.69	1.64	−0.76	0.64
	同比	−2.56%	13.75%	0.53%	209.11%	77.65%	639.00%
甘肃华鹭铝业有限公司	2012	20.55	29.37	29.40	1.58	−0.28	3.61
	2013	21.30	26.33	26.10	0.67	−1.13	0.27
	同比	3.68%	−10.36%	−11.20%	−57.50%	−303.57%	−92.64%
中国铝业股份有限公司西北铝加工厂	2012	20.98	7.46	7.12	0.72	−1.27	0.03
	2013	29.59	7.52	7.78	0.01	−1.37	0.19
	同比	41.05%	0.90%	9.28%	−99.05%	−7.87%	491.96%
甘肃稀土集团有限责任公司	2012	33.98	25.66	21.29	8.72	4.33	3.27
	2013	32.01	15.02	15.88	4.41	1.31	1.48
	同比	−5.78%	−41.47%	−25.41%	−49.41%	−69.79%	−54.64%
甘肃省临洮铝业公司	2012	4.19	5.56	5.52	0.50	0.03	0.16
	2013	7.61	3.72	5.28	0.26	0.05	0.04
	同比	81.70%	−33.10%	−4.45%	−47.08%	63.01%	−75.42%

续附表2

企业名称	年份	资产总额/亿元	总产值/亿元	销售收入/亿元	工业增加值/亿元	实现利润/亿元	上缴税金/亿元
甘肃西脉股份有限公司	2012	4.21	1.16	1.32	0.41	0.21	-0.04
	2013	3.52	0.84	0.72	0.29	0.03	0.02
	同比	-16.28%	-27.79%	-45.78%	-27.82%	-97.01%	150.00%
甘肃洛坝有色金属集团	2012	4.26	4.11	2.28	0.67	0.35	0.58
	2013	6.71	4.27	3.13	0.57	0.81	0.38
	同比	57.52%	4.02%	37.39%	-14.62%	135.23%	-34.81%
甘肃陇兴锑业有限公司	2012	3.13	0.80	0.76	0.17	0.20	0.14
	2013	2.88	0.32	0.03	0.03	-0.11	0.00
	同比	-7.99%	-60.06%	-96.56%	-80.52%	-155.00%	

冶金行业

一、产业发展情况

2013年，冶金行业实现营业收入1550.45亿元，增长24.21%；实现工业增加值193.0万元，增长21.3%，占全省工业的9.44%；实现利税总额8.29亿元，下降69.19%。完成生铁产量996.64万吨，增长19.81%；粗钢1186.82万吨，增长11.63%；钢材1217.79万吨，增长11.73%；铁合金141.06万吨，增长10.10%；碳素制品149.75万吨，增长37.13%。截至2013年底，有规模以上企业140家，从业人数5.55万人，资产总额1590亿元。同时，冶金行业产业结构调整加快。酒泉钢铁集团有限责任公司的冷轧薄板和镀锌卷板、甘肃腾达西铁资源控股集团有限责任公司的高碳铬铁增幅较大，特别是特种铁合金产量有较大提升(2013年冶金行业主要工业产品产能产量见附表1)。酒泉钢铁集团有限责任公司“钛带材热轧及冷轧技术开发低热值煤气加热不锈钢板坯技术的研究与应用”获得2013年度甘肃省科技进步二等奖，嘉峪关大友企业公司的“不锈钢除尘灰中镍铬还原再生技术开发与产业化”获得2013年度甘肃省科技进步三等奖。

二、部分重点企业

1. 酒泉钢铁集团有限责任公司(见图版12)。

2. 甘肃腾达西北铁资源控股集团有限责任公司(见图版13)。

2013年冶金行业重点企业经济指标(增加效益指标)见附表2。

三、存在问题

(一)经济效益下滑严重

2013年，全国钢材产品价格同比下跌5.60%～17.49%，产量却增加1.09亿吨，总产量达10.68亿吨，增长11.35%；全国铁合金增产483万吨，产量达到3776万吨，硅铁产品价格下跌1.18%，硅锰产品下跌8.15%。甘肃省冶金行业亏损企业亏损额8.17亿元，增长107.65%。

(二)产成品和生产成本增加

产成品资金占用较大,同比增长18.65%。铁路货运费及原燃料上涨,营业成本增长26.72%。全行业负债增长10.59%。

(三)产业集中度较低

铁合金生产企业分散,产能规模较小,集中度较低。矿山企业主要集中在酒泉市肃北、肃南、瓜州等地区,产能较小,利用资源集中度不高。

(撰稿人　原材料产业处蔡味东)

附表1

2013年冶金行业主要工业产品产能产量

产品名称	产能/万吨	产量		备注
		2013年产量/万吨	同比增长/%	
生铁	1026	996.64(含酒钢山西翼钢分部)	19.81	全国第20位
粗钢	1205	1186.82(含酒钢山西翼钢分部)	11.63	全国第21位
钢材	1239	1217.79(含酒钢山西翼钢分部)	11.73	全国第23位
铁合金	153	141.06	10.10	全国第10位
碳素制品	107	149.15	37.13	

附表2

2013年冶金行业重点企业经济指标(增加效益指标)

重点企业	工业总产值		工业增加值		营业收入		利税总额		利润总额	
	绝对值/亿元	增长/%	绝对值/亿元	增长/%	绝对值/亿元	增长/%	绝对值/亿元	增长/%	绝对值/亿元	增长/%
酒泉钢铁集团有限责任公司	945.87	22.04	111.07	7.80	1218.5	18.69	16.80	-38.26	0.81	-90.12
甘肃腾达西铁资源控股集团有限责任公司	29.10	20.01	4.51	-3.96	15.73	-9.25	-1855.00	—	-0.52	—
方大炭素新材料科技股份有限公司	32.43	19.90	1.95	-58.67	19.88	-17.16	1.18	-59.12	0.09	-91.52
金昌铁业集团有限公司	15.77	26.02	0.62	-71.42	9.45	-14.24	0.19	-9.88	0.01	—

电力行业

一、产业发展情况

2013年，甘肃省工业经济呈现高开低走态势，发电、用电同步呈现出先高后低走势，省内用电无大幅增长，省外电量需求减少，造成电量大量富裕。随着风电、光电装机迅猛增长，火电企业发电小时数持续偏低，甘肃省电网运行十分困难。

截至2013年12月31日，甘肃省电力装机容量3489.315万千瓦，增长19.67%。其中：水电装机755.315万千瓦，增长3.52%；火电装机1601.35万千瓦，增长3.26%；风电装机702.81万千瓦，增长17.69%；光伏发电装机429.84万千瓦，增长1025.24%。

2013年，甘肃省累计完成发电量1195.01亿千瓦时，增长7.95%。其中：水电355.9亿千瓦时，增长3.34%；火电700.98亿千瓦时，增长5.32%；风电119.18亿千瓦时，增长26.8%；太阳能光伏发电18.95亿千瓦时，增长509.32%。发电设备平均利用小时数为3987小时，减少69小时，下降1.7%。其中：水电5439小时，下降3.89%；火电4497小时，增长3.69%；风电1806小时，增长8.73%；太阳能光伏发电1523小时，增长2.08%。累计外送电量127.86亿千瓦时，增长2.08%。累计外购电量5亿千瓦时，下降55.62%。

2013年，甘肃省全社会用电量1073.25亿千瓦时，增长7.91%。分产业看，第一产业用电量53.24亿千瓦时，占全社会用电量(下同)的4.96%，下降5.72%；第二产业用电量856.27亿千瓦时，占79.78%，增长8.74%；第三产业用电量94.67亿千瓦时，占8.82%，增长11.88%；城乡居民生活用电量69.07亿千瓦时，占6.44%，增长4.65%。分行业看，农林牧渔业用电量53.24亿千瓦时，占4.96%，下降5.72%；工业用电量841.37亿千瓦时，占78.39%，增长8.58%；建筑业用电量14.9亿千瓦时，占1.39%，增长18.23%；交通运输仓储邮政业用电量38.96亿千瓦时，占3.63%，增长17.04%；信息传输、计算机服务和软件业用电量4.57亿千瓦时，占0.43%，增长16.78%；商业、住宿餐饮业用电量18.32亿千瓦时，占1.71%，增长12.43%；金融、房地产、商务及居民服务业用电量15.94亿千瓦时，占1.49%，下降0.97%；公共事业及管理组织用电量16.89亿千瓦时，占1.57%，增长12.32%。

2013年，重工业用电820.15亿千瓦时，增长8.68%；轻工业用电21.22亿千瓦时，增长5.09%。重工业中，有色金属冶炼及压延业加工用电339.06亿千瓦时，增长3.5%，其中铝冶炼用电280.11亿千瓦时，增长6.17%；黑色金属冶炼及压延业加工用电158.67亿千瓦时，增长27.71%，其中铁合金冶炼用电104.02亿千瓦时，增长34.76%；化学原料及化学制品制造业用电61.72亿千瓦时，下降4.27%，其中电石用电28.16亿千瓦时，增长1.07%；非金属矿物制品业用电61.27亿千瓦时，增长5.31%，其中水泥制造业用电30.95亿千瓦时，增长7.78%；石油加工、炼焦及核燃料加工业用电13.46亿千瓦时，增长3.3%（2013年部分统调发电厂电力生产情况见附表）。

二、部分重点企业

1.华能平凉发电有限责任公司（见图版14）。

2.中国水电崇信发电有限责任公司（见图版15）。

3.大唐景泰发电厂（见图版16）。

4.国电靖远发电有限公司（见图版17）。

5.甘肃龙源风力发电有限公司（见图版18）。

6.甘肃电投金昌发电有限责任公司（见图版19）。

7.甘肃电投张掖发电有限责任公司（见图版20）。

三、存在问题

（一）电量大量富余

2013年，甘肃省最大日用电负荷1454万千瓦，出现在11月份，创历史新高，最大可调发电负荷约2300万千瓦左右，全年富余电量400亿千瓦时以上。其中，一季度和四季度富余170万～300万千瓦，二季度和三季度富余400万～450万千瓦，电量供需平衡困难。

（二）公用火电企业运行困难

近年来，大部分公用火电企业均低负荷运行，火电发电负荷长期不足火电容量的60%，特别是进入主汛期，各火电企业单机均以最小方式运行，经济技术指标恶化，生产成本明显增加。2013年，因为煤价下降等原因，甘肃省18家公用火电企业虽大幅减亏，但仍有10家亏损。受新能源装机迅猛增加、交通物流成本上涨、电煤价格及来水情况的不确定性等因素影响，火电企业运行十分困难。

（三）风电、光电受限及消纳问题突出

2013年，甘肃省投运的风电、光电装机容量及其发电量保持较快增长，在采取风电打捆外送措施后，河西风电上网负荷依然在400万千瓦左右。加上甘肃没有

点对点外送通道，风电、光电消纳问题突出，存在大量弃风、弃光现象。

（四）外送电交易电量规模不足

甘肃省现有装机剔除省内平衡电量，至少需要通过外送消化300亿千瓦时的电量。2013年，西北电网完成跨区跨省外送电交易电量520亿千瓦时，下降5%。其中，甘肃省完成外送127.86亿千瓦时，增长2.08%，占西北跨省跨区交易电量总量的25%。虽然外送比例较2012年有所增加，但省内平衡难度依然较大。

四、2014年目标任务

（一）确保电力外送130亿千瓦时，力争达到150亿千瓦时

积极推进甘肃、青海两省签订长期战略合作协议，加大青海省电力外送力度，开拓山东、湖南等省电力市场，力争多消纳甘肃电网外送电量。加大协调力度，确保银东直流送电方案调整落实到位。争取国家发展改革委、国家电网公司和西北电网公司支持，增加外送电量。

（二）继续开展直购电交易试点工作

配合做好2014年26户工业企业与7户发电企业的39.3亿千瓦时增量电交易试点工作。制定存量电直购方案，扩大存量电直购交易规模。帮助高载能企业稳定正常生产，提升省内用电负荷。

（三）积极推进地方局域网建设

会同兰州市、武威市、金昌市、平凉市等有条件的市（州），按照产业发展布局和甘肃省千亿级“煤电冶”一体化循环经济产业链布局，研究编制地方局域网建设发展实施方案，推动区域内用电企业电力直供，降低交易费用，实现新型“煤电冶”一体化产业经营格局。

（四）全力做好电力运行调控工作

分析预测甘肃省电力电量平衡，研究完成《甘肃省2013年电力生产运行及2014年电力供需平衡预测报告》。编制2014年发电量预期调控计划，加大组织实施力度，实现甘肃省电力电量供需基本平衡。认真做好电力运行监测工作，按时做好《全省电力运行情况月报》《电煤日报表》《部分工业产品价格日报表》等监测基础性工作。

（五）切实做好电力迎峰度夏、度冬工作

针对甘肃省电力迎峰度夏、度冬的不同特点和难点，综合分析判断用电负荷特性、电力电量供需形势以及电煤供给情况，及时召开电力迎峰度夏工作会议，确保迎峰度夏、度冬安全平稳。

（撰稿人　电力处王小燕）

附表

2013年部分统调发电厂电力生产情况表

	装机容量	发电量			平均利用小时		
	容量/千瓦	发电量/万千瓦时	上年同期/万千瓦时	同比/%	小时数/时	上年同期/时	同比/%
火电企业							
大唐景泰发电厂	1320000	560442.00	502993.00	11.42	4246	3811	11.41
中国水电崇信发电有限责任公司	1320000	567708.00	448935.00	26.46	4301	3534	21.70
华能平凉发电有限责任公司	2505000	1014525.00	922308.00	10.00	4050	3729	8.61
靖远第二发电有限责任公司	1320000	511078.00	556440.00	-8.15	3881	4280	-9.32
西固热电三厂	600000	323465.00	355179.00	-8.93	5391	5920	-8.94
兰西热电有限责任公司	355000	177246.00	166868.00	6.22	5103	4701	8.55
兰铝电厂	900000	528958.00	502328.00	5.30	5877	5581	5.30
靖远第一发电有限责任公司	880000	394992.00	368239.00	7.27	4489	4185	7.26
甘谷电厂	660000	246344.00	228916.00	7.61	3732	3468	7.61
永昌电厂扩建	660000	297033.00	330990.00	-10.26	4501	5015	-10.25
张掖电厂	650000	261538.00	272348.00	-3.97	4024	4190	-3.96
大唐连城电厂	660000	282928.00	301007.00	-6.01	4287	4648	-7.77
兰州热电厂范坪	660000	282300.00	250750.00	12.58	4277	4111	4.04
华亭煤电公司	290000	145514.00	123641.00	17.69	5018	4263	17.71
兰州第二热电厂	220000	108985.00	114320.00	-4.67	4954	5196	-4.66
八O三厂	50000	31787.00	32126.00	-1.06	6357	6425	-1.06
八O三4号机	50000	35229.00	32312.00	9.03	7046	6462	9.04
华亭电厂华明	50000	31014.00	33915.00	-8.55	6203	6783	-8.55
酒泉热电厂	660000	290505.00	281446.00	3.22	4402	4614	-4.59
金川电厂	300000	147225.00	123554.00	19.16	4908	4118	19.18
水电企业							
刘家峡水电厂	1360000	664427.00	685403.00	-3.06	4885	5065	-3.55
盐锅峡水电厂	352000	204011.00	201255.00	1.37	5796	5717	1.38
碧口水电厂	310000	128016.00	150106.00	-14.72	4244	5004	-15.19
九甸峡水电站	300000	112188.00	110162.00	1.84	3740	3672	1.85
八盘峡水电厂	180000	86902.00	86113.00	0.92	4828	4784	0.92
风电企业							
龙源风电公司	300000	63347.00	52468.00	20.73	2112	1749	20.75
洁源风电公司	110000	12222.00	16877.00	-27.58	1111	1534	-27.57
太阳能光伏企业							
正泰鸣沙敦煌光伏电站	50000	7137.00	2830.00	152.19	1427	1473	-3.12
正泰金塔红柳光伏电站	40000	6504.00	2436.00	167.00	1626	1457	11.60

煤炭行业

一、产业发展情况

2013年,甘肃省煤炭行业实现工业增加值150.5亿元,增长13.2%;实现利润10.3亿元,下降44.2%。原煤产量4680.49万吨,下降4.05%。其中:国有重点矿原煤产量3511.02万吨,增长0.77%;地县乡镇矿原煤产量1169.47万吨,下降16.09%。销售煤炭4766.29万吨,增长2.54%,产销率为101.8%。其中:国有重点矿销售3600.42万吨,增长10.13%,产销率为102.6%;地县乡镇矿销售1165.87万吨,下降15.47%。截至2013年底,甘肃省煤矿实际库存140.64万吨,其中窑街12.98万吨、靖远29.32万吨、华亭70.51万吨,同比减少40.61万吨。

2013年,省属三大煤业集团供省内电厂电煤890.58万吨,同比减少169.25吨,占三大煤业集团总销售量的24.74%,为近五年来最低。三大煤业集团供江苏、浙江、湖南、湖北、四川、江西、陕西、青海等地煤炭1742.2万吨,增加442.94万吨,主要是向陕西省、河南省等地的煤炭销量增加(2013年三大煤业集团主要生产指标见附表)。

2013年,窑街煤电集团煤炭综合售价(含税,下同)352.76元/吨,靖远煤业公司煤炭综合售价400.14元/吨,华亭煤业集团煤炭综合售价376.89元/吨。电煤平均价(含税)为330.4元/吨,其中:窑街煤电集团电煤价格345元/吨,靖远煤业集团电煤价格345元/吨,华亭煤业集团电煤价格315元/吨。因煤炭市场持续疲软,电煤价格较2012年呈下降态势。

2013年,甘肃省耗煤量6000万吨,其中电力消耗量3488万吨(省内煤矿供1700万吨、省外煤矿供1788万吨)。省外调入煤炭3300万吨,其中:新疆1900万吨,宁夏1000万吨(洗精煤500万吨、动力煤500万吨),内蒙古200万吨,青海200万吨(焦煤)。调往省外2142万吨。

二、部分重点企业

1.华亭煤业集团公司(见图版21)。

2.靖远煤业集团有限责任公司(见图版22)。

3.窑街煤电集团有限公司(见图版23)。

三、存在问题

(一)煤炭价格仍然处于低位运行态势

受工业经济形势不景气影响,以及新能源和可再生能源发展,煤炭在一次能源消费总量中的比重不断下降,煤炭需求低速增长,煤炭库存高位盘整,煤炭总量宽松过剩,煤炭价格大幅下滑,行业效益明显下降,企业生产经营困难,煤炭市场形势依然严峻。

(二)铁路运价上涨

2013年,铁路运费较2012年上涨了13%,导致铁路运输成本上升,各用户接车意愿较低,给企业销售带来很大压力。

(三)货款拖欠严重

以华亭煤业集团为例,截至2013年12月末,欠款余额11.79亿元,企业财务状况持紧。

四、2014年目标任务

协调煤电双方签订电煤合同,诚信履行,督促省内煤炭企业供应省内电煤1500万吨,保障电煤供应。支持省内煤炭外运2300万吨,增加企业效益。

(撰稿人 交通物流处安子祎)

附表

2013年三大煤业集团主要生产指标

	靖远煤业集团有限责任公司	华亭煤业集团公司	窑街煤电集团有限公司
产量/万吨	1038.04	1801.33	671.66
增长/%	−1.62	2.75	−0.64
库存/万吨	26.60	69.83	94.81
增长/%	27.10	−41.60	−28.24
产销率/%	101.17	102.70	105.55
平均售价/元	342.72	322.13	301.50
增长/%	−9.04	−18.10	−9.68
工业总产值/亿元	71.01	71.37	48.27
增长/%	12.67	−11.20	12.32
营业收入/亿元	52.62	77.02	32.03
增长/%	−5.22	−7.50	1.52
利润/万元	32355.00	56500.00	2500.00
增长/%	−39.33	−47.90	−60.49
缴税/亿元	8.15	15.40	4.70
增长/%	−8.31	−6.20	1.53

建材行业

一、产业发展情况

2013年，建材行业完成工业增加值120亿元，同比增长29.7%，所占比重提高到5.9%。实现主营业务收入270亿元，同比增长33.8%；实现利润总额18.8亿元，同比增长73.5%。规模以上企业258户，总资产363.8亿元，增长10.7%，保持了良好发展态势（2013年建材行业主要产品产能及产量见附表1）。其主要特点有以下几个方面。

（一）固定资产投资小幅增长

全年完成固定资产投资219亿元，同比增长13.65%。其中：水泥制造业完成投资49.5亿元，同比减少13.20%；建筑装饰用石开采业完成31.6亿元，同比增长154.15%；黏土及其他土砂石开采业完成8.9亿元，同比增长492.61%；石棉、云母矿开采业完成2.83亿元，同比增长38.76%；宝石、玉石开采业4.5亿元，同比增长20.56%；其他非金属矿采选业完成12.5亿元，同比增长0.28%。

（二）产品结构进一步优化

经过近几年的结构调整，新型干法水泥、新型墙材、新型建材等产品比重不断提高，建筑装饰用石开采、黏土及其他土砂石开采、石棉及云母矿采选、水泥制品、砼结构构件、建筑陶瓷、防水建材等行业投资继续增加，水泥行业投资同比减少。玻璃工业生产、销售、价格略有回升，新型干法水泥生产线产能逐渐释放，产品基本满足市场需求。

（三）盈利能力有所增强

随着西部基础设施建设的加快，市场需求转暖，产品价格略有回升，产品产量大幅增加，企业平均利润率稳中有升。全年生产水泥4413万吨，增长16.31%；平板玻璃600万重量箱，增长20.79%；新型墙材60亿平方米，占墙体材料的62%；瓷质砖2491万平方米，增长26.56%；陶质砖703万平方米，增长93.33%；商品混凝土1136万立方米，增长48.95%；花岗石板材783万平方米，增长92.16%；水泥排水管273千米，增长11.45%；水泥电杆9.6万根，增长5.37%；沥青和改性沥青防水卷材

237万平方米，增长72.7%。产品销售利润率同比提高1.6个百分点，达到7.0%。

二、部分重点企业

1.平凉海螺水泥有限责任公司（见图版24）。

2.甘肃祁连山水泥集团股份有限公司（见图版25）。

3.中材甘肃水泥有限责任公司（见图版26）。

4.金昌水泥集团有限责任公司（见图版27）。

5.甘肃京兰水泥有限公司（见图版28）。

6.兰州蓝天浮法玻璃股份有限公司（见图版29）。

2013年建材行业重点企业主要经济指标见附表2。

三、存在问题

1.建材行业尤其是水泥行业作为产能严重过剩行业，在新增产能项目建设、能耗指标、环保排放、贷款审批等方面，受国家宏观政策调控越来越严。

2.甘肃省建材行业产品同质化严重，高附加值产品及制品深加工能力较弱，结构性矛盾依然突出，必须优化存量，加大技术改造、节能减排、安全环保等投入，不断提升行业竞争力。

（撰稿人　原材料产业处张宇）

附表1

2013年建材行业主要产品产能及产量

产品名称	单位	主要产品(或装置)能力			主要产品产量		
		2012年	2013年	同比	2012年	2013年	同比
水泥	万吨	4304	5004	16.26%	3515	4413	25.50%
商品混凝土	万立方米				608	1136	86.80%
平板玻璃	万重量箱	600	600		497	600	20.70%
石膏板	万平方米				2637	1937	-26.50%

附表2

2013年建材行业重点企业主要经济指标

企业名称	年份	资产总额/亿元	总产值/亿元	销售收入/亿元	工业增加值/亿元	实现利润/亿元	上缴税金/亿元	从业人数/人
甘肃祁连山水泥集团股份有限公司	2012	99.00	48.00	42.00	12.80	2.25	3.90	7380.00
	2013	109.00	61.00	58.00	16.60	6.73	5.50	7360.00
	同比	10.00%	25.00%	35.00%	30.00%	198.00%	40.00%	-0.30%
中材甘肃水泥有限责任公司	2012	7.15	4.09	3.43	0.25	-0.31	0.04	289.00
	2013	6.77	5.08	5.04	1.24	0.61	0.47	256.00
	同比	-5.31%	24.30%	0.47%	4.02%	-2.97%	10.75%	-11.42%
平凉海螺水泥有限责任公司	2012	1.42	8.45	5.10	2.80	1.04	0.50	648.00
	2013	1.34	8.58	6.86	2.57	1.92	1.12	630.00
	同比	-5.97%	1.52%	25.66%	-8.95%	45.83%	55.36%	-2.86%
甘肃京兰水泥有限公司	2012	5.90	4.44	3.73	0.54	0.03	0.03	440.00
	2013	6.35	4.86	4.57	1.45	0.68	0.05	400.00
	同比	7.63%	9.46%	22.52%	168.52%	2166.67%	66.67%	-9.09%
金泥集团公司	2012	9.55	6.66	6.35	3.22	1.45	5501.00	1058.00
	2013	12.71	6.47	6.10	3.25	1.46	5799.00	1061.00
	同比	33.09%	-2.85%	-3.94%	0.93%	0.69%	5.42%	0.28%
兰州蓝天浮法玻璃股份有限公司	2012	8.67	3.04	3.40	0.78	-0.29	0.19	1478.00
	2013	8.74	3.64	3.42	0.93	-0.03	0.22	1384.00
	同比	0.81%	19.74%	0.59%	19.23%	89.66%	15.79%	-6.36%
兰州宏建建材集团有限公司	2012	5.81	5.40	4.05	1.43	0.74	0.21	800.00
	2013	6.62	5.80	4.43	1.74	0.64	0.17	850.00
	同比	13.94%	7.41%	9.38%	21.68%	-13.51%	-19.05%	6.25%

机械行业

一、产业发展情况

甘肃省装备制造业经过多年发展，已形成具有一定基础与特色的产业体系，石化通用装备、电工电器产品、数控机床、新能源装备、矿冶专用设备、集成电路封装及电子专用设备等产品领域在国内有一定影响力和比较优势。

2013年，甘肃省规模以上装备制造企业230户，实现工业增加值167亿元，增长21.9%，占甘肃省规模以上工业的8.17%。其中：金属制品业18.1亿元，增长39.5%；通用设备制造业20.0亿元，增长28.2%；专用设备制造业26.4亿元，增长16.1%；汽车制造业1.2亿元，下降2.1%；铁路、船舶、航空航天和其他运输设备制造业2.1亿元，增长4.9%；电气机械和器材制造业78.6亿元，增长17.9%；仪器仪表制造业1.2亿元，下降8.9 %(2013年机械行业主要产品产能及产量见附表1)。

二、部分重点企业

1.甘肃建投装备制造有限公司(见图版30)。

2.甘肃酒泉奥凯种子机械有限公司(见图版31)。

3.兰州兰石集团有限公司(见图版32)。

4.兰州高压阀门有限公司(见图版33)。

5.天水锻压机床有限公司(见图版34)。

6.天水星火机床有限责任公司(见图版35)。

2013年机械行业重点企业主要经济指标见附表2。

三、存在问题

(一)企业效益下滑

受全球经济下行和国内市场需求减少的影响，装备制造业市场整体低迷，产品价格下跌，全行业实现利润14.7亿元，同比下降25.3%。

(二)产业结构不合理

缺少主业突出、核心竞争力强、带动性强的大型企业集团。总体规模小，生产集中度低,关键零部件专业化配套程度不高,产业链条短,尚未形成龙头企业带动下的产业集群和"集群效应"。现代制造服务业严重滞后。

(三)自主创新能力薄弱

高层次技术人才较为匮乏,企业缺乏真正意义上的技术创新,影响了产业的可持续竞争能力。科研投入不足、保障机制落后等问题导致装备企业自主创新能力建设缓慢。

四、2014年目标任务

1.争取装备制造业固定资产投资增速为25%以上。

2.加快发展高端装备制造业。继续提升新能源装备制造本地化配套水平。支持汽车产业发展,重点推进电动汽车试点及武威新能源客车项目的建设。研究提出促进甘肃省通用航空产业发展的指导意见。

3.做好重大项目谋划和引进战略投资工作,组织衔接承接产业转移项目10个以上。重点做好与北车集团、吉利汽车集团及重庆彬立集团的对接。

4.争取国家产业振兴和技术改造等产业扶持资金3000万元,增长20%以上。省级专项资金3月底前下达80%,6月底前下达100%。支持60个以上技术装备提升、主导产品升级项目。

5.利用高新技术改造提升传统产业。全力推动兰州、天水老城区装备制造企业出城入园。利用社会资源搭建合作平台,引进国内外先进技术和产业项目。努力推进新能源及装备制造千亿元产业链建设。

(撰稿人　装备产业处郑博文)

附表1

2013年机械行业主要产品产能及产量

名　　称	计量单位	本月止累计	累计增长
钢绞线	吨	12081.84	91.74%
锻件	吨	2816.00	-9.07%
工业锅炉	蒸发量吨	10073.00	-5.20%
金属切削机床	台	2695.00	-1.96%
其中:数控金属切削机床	台	2935.00	-37.22%
金属成形机床	台	371.00	-7.94%
其中:数控金属成形机床(数控锻压设备)	台	337.00	-3.99%
起重机	吨	92.00	3.37%
泵	台	43.00	19.44%
其中:真空泵	台	21587.85	21.52%
阀门	吨	12386.00	-0.06%
滚动轴承	万套	259.00	-1.89%
风机	台	30516.08	16.84%
石油化工用加氢反应器	台	5223.00	-9.17%
金属紧固件	吨	1407.00	-19.78%
矿山专用设备	吨	6246.00	6.80%
石油钻井设备	台(套)	24169.00	-24.22%
金属冶炼设备	吨	24.00	-25.00%
炼油、化工生产专用设备	吨	45.00	
小型拖拉机	台	105647.33	-2.65%
收获后处理机械	台	47036.00	-17.65%
环境污染防治专用设备	台(套)	70.00	100.00%
其中:大气污染防治设备	台	10075.00	28.20%
水质污染防治设备	台(套)	1486.00	-4.13%
汽车	辆	106.00	37.66%
其中:基本型乘用车(轿车)	辆	22.00	15.79%
1升<排量≤1.6升	辆	84.00	44.83%
改装汽车	辆	21462.00	-11.31%

续附表1

名　　称	计量单位	本月止累计	累计增长
发电机组(发电设备)	千瓦	21462.00	-11.31%
其中:水轮发电机组	千瓦	21462.00	-11.31%
风力发电机组	千瓦	4053.00	51.29%
交流电动机	千瓦	88000.00	41.94%
变压器	千伏安	16000.00	60.00%
电力电容器	千法	0.00	
高压开关板	面	72000.00	38.46%
低压开关板	面	4113067.00	43.69%
高压开关设备(11万伏以上)	台	3606697.00	13.31%
通信及电子网络用电缆	千米	20000.00	
电力电缆	千米	1252.00	587.91%
家用洗衣机	台	8750.00	-0.74%
半导体分立器件	万只	13406.00	-36.36%
集成电路	万块	7064.00	-21.69%
工业自动调节仪表与控制系统	台(套)	429.00	1765.22%
试验机	台	241885.90	-3.59%

附表2

2013年机械行业重点企业主要经济指标

序号	企业名称	主营业务	工业总产值/万元	主营业务收入/万元	出口交货值/万元
1	华锐风电科技(甘肃)有限公司	风机制造	989250.0	591294.6	0.0
2	兰州兰石集团有限公司	制造业、石油钻采、专用设备制造	450903.0	377937.5	40821.3
3	甘肃金风风电设备制造有限公司	风电设备制造	875004.0	145934.0	0.0
4	天水星火机床有限责任公司	大型数控卧式车床	176973.6	145230.0	7894.0
5	兰州众邦电线电缆集团有限公司	电线电缆	236189.6	115169.7	0.0
6	甘肃蓝科石化高新装备股份有限公司	压力容器制造	257995.5	90222.7	15000.0
7	天水长城开关厂有限公司	配电开关控制设备制造	102001.9	89809.0	3224.5
8	天华化工机械及自动化研究设计院有限公司	石油化工、炼化、冶金等行业专用设备制造	80416.0	80750.2	0.0
9	兰州兰电电机有限公司	电机、风力发电机组	162016.6	77813.0	993.3
10	中国航天万源国际(酒泉)有限公司	风机总装	38803.0	73388.6	0.0
11	甘肃酒钢集团西部重工股份有限公司	冶金成套设备	69688.1	72461.8	0.0
12	天水二一三电器有限公司	配电开关控制设备制造	66807.4	59804.3	586.0
13	甘肃海林中科科技股份有限公司	轴承制造	64839.2	54267.2	31260.9
14	东方电气(酒泉)太阳能工程技术有限公司	光伏设备及元器件制造	60131.0	48619.2	0.0
15	兰州吉利汽车工业有限公司	汽车整车制造	68023.0	44787.6	0.0
16	兰州高压阀门有限公司	阀门和旋塞制造	69917.8	43768.3	0.0
17	甘肃建投装备制造有限公司	制造业、建筑工程用机械制造	50940.7	40194.3	0.0

续附表2

序号	企业名称	主营业务	工业总产值/万元	主营业务收入/万元	出口交货值/万元
18	兰州飞行控制有限责任公司	飞机制造修理	38156.0	37699.6	0.0
19	玉门新能源金属结构制造厂	风机塔筒制造	39609.2	36739.7	0.0
20	兰州万里航空机电有限责任公司	飞机及机载设备制造	33262.0	35535.1	11.5
21	天水铁路电缆有限责任公司	电线电缆制造	50818.1	33268.0	652.1
22	酒泉正泰太阳能科技有限公司	光伏设备及元器件制造	24650.0	32911.9	0.0
23	甘肃省电力工业局兰州电力修造厂	环境保护专用设备制造	25433.1	32638.2	0.0
24	玉门锦辉长城电力设备制造有限公司	风机塔筒制造	23410.0	32239.4	0.0
25	耐驰（兰州）泵业有限公司	泵及配件生产	32253.3	32021.2	341.2
26	天水星火机械制造有限责任公司	金属加工机械制造	30069.1	29390.4	0.0
27	中国石油集团渤海石油装备制造有限公司兰州石油化工机械厂	烟气轮机	27095.0	28790.4	0.0
28	天水锻压机床有限公司	剪断机、整形机、制管设备	44454.1	28427.0	566.8
29	兰州盛达采油机械制造有限责任公司	石油钻采专用设备制造	26303.8	26792.3	0.0
30	甘肃瓜州瑞尔力风电装备制造有限公司	金属结构制造	25475.1	24327.0	0.0
31	兰州矿场机械有限公司	石油特种车辆制造	23935.0	23735.8	0.0
32	甘肃酒泉奥凯种子机械有限公司	风筛式清选机	22394.6	21034.5	0.0
33	兰州平山机械制造有限公司	冷拔丝加工	26210.0	20968.0	0.0
34	天水风动机械有限责任公司	矿山机械制造	37334.5	20768.7	193.0

续附表2

序号	企业名称	主营业务	工业总产值/万元	主营业务收入/万元	出口交货值/万元
35	中核动力设备有限公司	锅炉制造维修	22100.0	20705.2	0.0
36	中国铁建重工集团兰州隧道装备有限公司	盾构机制造	61000.0	20155.1	0.0
37	中国水电四局（酒泉）新能源装备有限公司	风能原动设备制造	32596.0	20081.2	0.0
38	兰州长征机械有限公司	炼油、化工生产专用设备制造	38545.0	19558.1	0.0
39	瓜州顶松机械设备制造有限公司	风机塔筒加工兼营防腐保温	18128.0	19526.6	0.0
40	甘肃科耀电力有限公司	风电塔筒制作、安装	12425.7	18985.9	0.0
41	甘肃容和矿用设备集团有限公司	矿用隔爆磁力启动器	37800.3	17732.0	0.0
42	瓜州县华泰电力器材制造有限公司	塔筒附件加工	18158.0	16937.0	0.0
43	甘肃送变电工程公司天水铁塔厂	金属结构制造	14354.7	16526.4	0.0
44	天水电气传动研究所有限责任公司	电力电子元器件制造	18912.5	16051.3	0.0
45	甘肃武威兴旺农机制造有限公司	生产小麦脱扬机	25049.1	15689.5	0.0
46	庆阳长荣机械设备制造有限公司	锅炉压力容器制造	16395.0	15482.3	0.0
47	甘肃润峰电力有限公司	太阳能电池组装、生产、销售	29149.2	14037.9	0.0
48	兰州通用机器制造有限公司	石油钻采专用设备制造	28531.1	13094.6	0.0
49	甘肃中集华骏车辆有限公司	专用车辆改装	40740.0	12220.0	0.0
50	兰州真空设备有限责任公司	泵及真空设备制造	17761.1	12156.0	0.0
51	定西高强度螺钉有限公司	紧固件制造	12215.0	11745.0	0.0
52	酒钢（集团）宏联自控有限责任公司	高低压成套电气制造	11678.6	11588.9	0.0

续附表2

序号	企业名称	主营业务	工业总产值/万元	主营业务收入/万元	出口交货值/万元
53	甘肃洮河拖拉机制造有限公司	拖拉机制造	11310.3	11310.3	0.0
54	天水长城控制电器有限责任公司	高低压电器设置	12763.9	11150.9	0.0
55	甘肃众诚钢带制管有限公司	金属工具	13696.0	11144.5	0.0
56	白银中科宇能科技有限公司	风力发电叶片	12929.9	10959.4	0.0
57	兰州陇星沃尔凯采暖设备制造集团有限公司	建筑装饰及水暖管道零件制造	12305.1	10946.5	0.0
58	甘肃武兰矿山机械制造有限公司	矿山机械制造	12023.0	10821.0	0.0
59	天水西电长城合金有限公司	电工合金触头	17900.1	10604.2	0.0
60	酒钢集团兰州宏成环保设备有限公司	环境保护专用设备制造	11300.0	10405.5	0.0
61	兰州市恒辉金属有限公司	金属制品制造	12073.0	10345.0	0.0

食品行业

一、产业发展情况

甘肃省农、畜产品资源丰富，马铃薯、啤酒大麦、酿酒葡萄、油橄榄等作物产量居全国前列，现已形成具有一定竞争优势的农副食品加工业、食品制造业、饮料制造业和烟草制造业四大类，蔬菜水果加工、肉类加工、液体乳及乳制品制造、烤焙食品制造、罐头制造、酒类制造等二十余个种类近百种产品，其中马铃薯深加工、玉米制种、油橄榄深加工、牛羊肉加工、果蔬加工及饮料制造的发展规模和质量均领先于国内平均水平。甘肃省规模以上食品工业企业有385户，从业人员近7万人，拥有甘肃烟草工业有限责任公司等一批大型骨干企业。

2013年，甘肃省规模以上食品工业企业实现工业增加值246.1亿元，增长9.8%，占甘肃省规模以上工业比重的12%。其中：农副食品加工业83.57亿元，增长3.5%；烟草制品业108.67亿元，增长11.9%；酒饮料和精制茶制造业49.29亿元，增长35.9%；食品制造业15.55亿元，增长37.4%。主要产品产量如乳制品、饮料、卷烟等保持增长，其中瓶装饮用水产量增长113.6%（2013年食品行业主要产品产能及产量见附表1）。

二、部分重点企业

1.金徽酒股份有限公司（见图版36）。

2.清河源清真食品有限责任公司（见图版37）。

3.华润雪花啤酒（甘肃）有限公司（见图版38）。

4.甘肃敬业农业科技有限公司（见图版39）。

5.天水长城果汁集团有限公司（见图版40）。

6.天水昌盛食品有限公司（见图版41）。

2013年食品行业重点企业主要经济指标情况见附表2。

三、存在问题

（一）增长方式粗放，整体发展水平较低

甘肃省食品工业企业规模偏小，特别是中小企业初级产品多，资源加工转化率低，生产比较粗放，有竞争力的优势企业和名牌产品少，食品工业与上下游产业链衔接不够紧密，规模化、集约化水平低。

（二）自主创新能力薄弱，产品竞争力较差

企业产品研发资金投入少、自主创新能力差，产品技术含量和档次低，精深加工产品比重不高，竞争力强、市场占有率高、发展前景好的产品不多，不能满足省内市场需求。行业发展路径雷同，低水平扩张和重复建设的问题仍较严重。

（三）原料不足限制行业加快发展

甘肃省玉米制种、马铃薯等产品的生产规模和总量居全国第一，但以玉米、马铃薯、番茄、甜菜、高粱等为代表的食品工业的主要原材料均存在短缺问题。如甘肃省马铃薯淀粉生产企业生产能力还不到设计能力的40%，年设备运行只有2～3个月，造成较大资源浪费，制约着行业的发展。

（四）企业营运压力增大，亏损额继续上升

受原材料、人工、电力等生产要素价格上涨影响，食品工业企业主营业务成本同比上升近20个百分点，企业亏损额度增加。其中：农副食品加工业累计亏损1.87亿元，同比上升27.21%；食品制造行业累计亏损8700万元，同比上升19.18%，其中酒、饮料行业累计亏损9000万元，同比上升3.45%。

四、2014年目标任务

（一）落实产业规划的实施，保障重点项目建设

贯彻落实国家食品工业发展规划和甘肃省“十二五”消费品产业发展规划，对重点项目、企业、园区进行跟踪监测，切实解决发展中遇到的具体问题，保障重要任务按节点完成。

（二）加强企业技术改造，促进产业优化升级

积极争取中央和省级财政支持重点食品企业技术改造提升项目，发挥行业协会、科研机构、各类专家对企业技改项目的科技支撑作用，协调金融机构加大对重点项目的信贷支持，运用高新技术改造提升食品产业。

（三）积极承接产业转移，培育行业新的增长点

加大承接产业转移力度，把握“丝绸之路经济带”建设的有利时机，坚持“东张西望”，围绕优势资源及特色产业，延伸产业链，主动出击、精确招商、做好承接，并做好配套服务和承接转移园区的建设工作。

(四)创新产业发展方式,推进企业电子商务应用

加快推广应用食品企业电子商务,支持企业依托第三方电子商务交易平台或自建平台,开展网上购销等活动。推荐重点消费品企业入驻淘宝甘肃馆,利用淘宝平台开展电子商务活动。

(五)加快食品诚信体系建设,营造行业诚信环境

深入推进食品工业企业诚信管理体系建设,保障食品质量安全,促进行业健康发展。加大对企业诚信体系培训力度,有针对性地开展诚信管理知识和技能培训,加快诚信体系评价工作进度,保障企业诚信管理体系有效运行。

(撰稿人:消费品产业处朱家斌)

附表1

2013年食品行业主要产品产能及产量

产品名称	计量单位	产能	本年实际	同比增长
小麦粉	吨		1384291.9	-18.2 %
原盐	吨	350000	164022.1	-16.5 %
精制食用植物油	吨		60215.8	-37.3 %
鲜冷藏冻肉	吨		97517.6	-3.8 %
成品糖	吨		37899.0	-5.0 %
配混合饲料	吨		938477.8	15.7 %
冷冻饮品	吨		5360.0	9.2 %
方便面	吨		1389.5	-93.5 %
乳制品	吨		288948.0	13.4 %
液体乳	吨		264483.3	13.1 %
罐头	吨		25079.8	-22.9 %
酱油	吨		16480.0	1.3 %
发酵酒精	千升		23287.0	21.8 %
白酒	千升		44610.8	6.7 %
啤酒	千升		681807.9	7.9 %
葡萄酒	千升		10212.1	-7.4 %
碳酸饮料	吨		194310.0	11.9 %
果汁及果汁饮料	吨		751358.4	22.2 %
瓶(罐)装饮用水	吨		642205.8	113.6 %
卷烟	亿支		4700000.0	6.8 %

附表2

2013年食品行业重点企业主要经济指标情况表

序号	单位名称	主要产品	工业总产值/千元	销售产值/千元
1	兰州顶津食品有限公司	饮料	2930378.9	2930378.9
2	甘肃达利食品有限公司	全粉	2796688.0	2553664.0
3	武威市新野麦芽有限公司	麦芽加工	1296885.0	1188201.0
4	金徽酒股份有限公司	白酒	1203360.0	986232.0
5	武威天祥肉类加工有限公司	畜禽屠宰	1061489.9	1028055.9
6	武威红太阳面粉有限责任公司	面粉	1049841.0	1041505.0
7	兰州正大有限公司	饲料	949083.0	1016174.0
8	甘肃滨河九粮酒业有限责任公司	白酒	903146.0	724959.0
9	甘肃黄羊河集团食品有限公司	糯玉米	705326.0	663625.0
10	临夏市清河源清真食品有限责任公司	清真食品	662569.0	552500.0
11	武威市延年面业有限公司	面粉	636496.0	611368.0
12	武威荣华工贸有限公司	淀粉制造	613250.0	352710.0
13	甘肃中粮可口可乐饮料有限公司	饮料	590144.0	586344.0
14	兰州伊利乳业有限责任公司	乳制品	586521.9	586521.9
15	甘肃祁连山种业有限公司	种子加工	567004.0	567004.0
16	华润雪花啤酒(甘肃)有限公司	啤酒	552499.0	517099.0
17	甘肃敬业农业科技有限公司	粮油制品	540562.0	472460.0
18	武威金西北种业有限公司	种子加工	535455.0	400563.1
19	中央储备粮武威直属库	种子加工	517608.0	431737.0
20	甘肃陇玉种业科技有限责任公司	种子加工	508881.0	381759.0

纺织行业

一、产业发展情况

甘肃省是我国重要的棉花产地和牧区之一，拥有丰富的毛、棉资源。经过多年发展和调整，现已形成了包括纺织业、纺织服装服饰业、化学纤维制造业三大类，棉纺织、毛纺织、麻纺织、针织、化纤制造、家用非家用纺织制成品制造、机织服装制造、服饰制造等10余个种类、百余种产品的产业体系。目前，纺织行业有规模以上企业32户，从业人员近1万人。

2013年，甘肃省规模以上纺织工业企业实现工业增加值13.47亿元，增长19.8%，占甘肃省规模以上工业比重的0.66%。其中：纺织业7.64亿元，增长15.2%；纺织服装、服饰业3.18亿元，增长42.9%；化学纤维制造业2.65亿元，增长11%。累计实现主营业务收入30.79亿元，增长13.62%；实现利税1.29亿元，增长30.3%（2013年纺织行业主要产品产能及产量见附表1）。

二、重点企业

1.兰州三毛实业股份有限公司（见图版42）。

2.泾川天纤棉业有限责任公司（见图版43）。

3.会宁宏慧制衣有限公司（见图版44）。

2013年纺织行业重点企业主要经济指标情况见附表2。

三、存在问题

（一）企业规模较小、产品结构不合理

甘肃省纺织工业企业以中小企业为主，企业生产规模小，聚集程度低，缺乏市场竞争力和抗风险能力。技术创新能力普遍较弱，产品技术含量低，产品质量、档次、品种与国际国内先进水平仍存在明显差距。

（二）纺织产品出口大幅下降

面对复杂的外贸环境和生产要素价格优势的淡出，以及企业核心竞争能力不强等问题，纺织行业出口呈现大幅下降趋势。2013年，纺织行业出口0.6亿元，下

降211%。

(三)企业营运压力增大,库存增加

受生产要素价格上涨尤其是原材料价格上涨影响(纺织企业的原料成本一般占到总成本的60%～70%),企业主营业务成本大幅上升,企业产品销售难度加大,产成品存货增加。2013年,甘肃省纺织行业产成品库存为2.65亿元,增长134.54%。

四、2014年目标任务

(一)落实"十二五"规划,确保重点任务完成

贯彻落实国家纺织工业发展规划和甘肃省"十二五"消费品产业发展规划,对重点项目、企业进行跟踪监测,协调解决企业发展中遇到的资金、市场等瓶颈问题,保障重要任务按节点完成。

(二)加强纺织企业技改工作,促进产业优化升级

加快运用高新技术改造传统产业,重点关注纺织企业生产基地建设、新产品研发及产业化、企业技术改造和产业升级等,对天纤棉业20万锭棉纱生产线建设项目、兰州三毛纺织出城入园及产业链延伸项目等重点项目提供多方面的支持。

(三)发挥资源优势,积极承接产业转移

把握"丝绸之路经济带甘肃黄金段"建设的有利时机,围绕甘肃省靠近棉毛产地和毗邻少数民族服装市场的地缘优势,充分运用甘肃省与国家行业协会、中东部发达省份已建成的经济合作平台等资源,加大承接产业转移力度,做好与国内大型纺织企业的项目对接工作。

(撰稿人 消费品产业处朱家斌)

附表1

2013年纺织行业主要产品产能产量表

产品名称	计量单位	产能	本年实际	增长
绒线	万吨		529.1	-40.9%
毛机织物	万米		386.2	-15.9%
纱	吨		13903.3	23.5%
服装	万件		317.8	83.0%
化学纤维用浆粕	吨		27284.0	13.8%

附表2

2013年纺织行业重点企业主要经济指标情况表

序号	单位名称	主要产品	工业总产值/千元	工业销售产值/千元
1	玉门华宇棉业有限公司	化学纤维用浆粕	409188	297461
2	泾川天纤棉业有限责任公司	棉纺纱	323805	295064
3	会宁宏慧制衣有限公司	机制服装	249500	249500
4	兰州三毛实业股份有限公司	毛纺织制品	235031	250526
5	民勤县德盛贸易有限责任公司	棉纺纱	225880	189274
6	民勤县弘康棉花商贸有限公司	棉纺纱	211960	186682
7	甘肃星辰纺织工业用布有限公司	棉纺纱	207230	176160
8	临泽县金冠棉浆粕有限责任公司	化学纤维用浆粕	206984	196900
9	民勤县德意远棉花有限责任公司	棉纺纱加工	173092	145776
10	甘肃省国营勤锋农场棉花加工厂	棉纺纱加工	170942	141504
11	兰州金利化工毛纺有限公司	毛条和毛纱线	170100	63713

医药行业

一、产业发展情况

2013年，甘肃省中药材种植面积350.39万亩，产量86.7万吨，分别比上年增长10.6%和20.2%。67户规模以上陇药企业完成工业增加值34.2亿元，同比增长22.7%；实现主营业务收入86.8亿元，同比增长24.17%；利税总额18.49亿元，其中利润14.61亿元，同比增长38.05%。工业增加值、主营业务收入与2010年相比，分别增长95.3%和99.17%。医药工业总产值约占全国医药工业总产值的0.5%。其中：兰州生物制品研究所有限责任公司进入全国医药工业百强企业，甘肃扶正药业科技股份有限公司等5家企业进入全国医药工业主营业务收入综合排名前500名。产业发展主要呈现以下几个特点。

（一）中药材生产规模不断扩大

据初步统计，2013年全省约有63个县区、416个乡镇种植中药材，种植面积达到350.39万亩，同比增长10.6%，产量86.7万吨。其中：陇西、渭源、宕昌中药材种植面积超过30万亩，当归、党参、黄（红）芪、甘草、柴胡、板蓝根六大品种种植面积约233万亩，占全省总面积的70%以上。中药材产业呈区域化、规模化发展。

（二）医药工业实现快速增长

甘肃省现有持证药品生产企业168家，有国家药品批准文号3024个。其中：规模以上医药企业67家，比2012年增加23家，增长52%。兰州生物制品研究所有限责任公司、甘肃陇神戎发药业股份有限公司等13家企业完成工业总产值53.32亿元，同比增长41.36%；实现主营业务收入44.5亿元，同比增长34.43%。其中陇西中天、成纪药业、新兰药、甘肃亚兰、恒康医疗五家企业工业总产值同比增长分别为109.25%、60.72%、48.54%、48.52%、38.10%，全年主营业务超过2亿元的企业11家，其中4亿元以上的有4家。2013年全行业完成固定资产投资51.2亿元，同比增长41.33%。

（三）市场体系建设进一步完善

以兰州为中心的医药商贸物流配送网络建设初步形成，国药控股甘肃公司分别在武威、平凉、庆阳整合重组3家企业，去年销售额增长64.5%；兰州九州通建立了覆盖全省大部分地区的营销网络，销售额突破10亿元。定西市中药材专业市场及仓储物流发展势头强劲，区域内5个中药材专业市场交易实现交易额近200亿元，其中陇西文峰中药材交易城入住企业和个体经营户1200余家，去年实现销售额165亿元，上缴税金1.8亿元。中药材静态仓储能力80万吨，年周转量达到100万吨以上。中药材市场信息服务网络建设快速发展，已建成专业网站15个，物联电子交易平台逐步完善。

二、部分重点企业

1.兰州生物制品研究所有限责任公司（见图版45）。

2.兰州佛慈制药股份有限公司（见图版46）。

3.甘肃陇神戎发药业股份有限公司（见图版47）。

4.甘肃奇正实业集团有限公司（见图版48）。

5.恒康医疗集团股份有限公司（原甘肃独一味生物制药股份有限公司）（见图版49）。

6.陇西一方制药有限公司（见图版50）。

三、存在的问题

虽然甘肃省近年来陇药产业取得了快速发展，但与条件基本相同的其他省份中药材产业相比，发展速度缓慢、层次水平较低，资源优势没有充分转化为经济优势。突出表现在以下几方面。

（一）标准化水平低

中药材种植仍以传统耕作方式为主，良繁基地不健全，传统产区有机肥施用不足，化肥农药超量施用，无公害技术普及率低，标准不完善，规范化生产基地建设规模较小，仅占总种植面积的20%左右。

（二）组织化程度不高

机械化水平低，药材主产区规模化和专业化生产优势没有得到充分发挥，全省1900个从事中药材种植的专业合作社规模普遍较小，覆盖面不到药农的50%，加工企业、专业市场与基地和农户的利益连接机制没有建立起来，难以有效应对市场风险。

（三）精深加工能力弱

甘肃省内中药材初级加工量和制药企业使用量不足药材总产量的30%，大量药材以低价格的原材料形式输出，现代中药制剂、保健食品、药妆、日化产品等精深加工产品开发能力弱，产业链条短、附加值低、综合效益差。

（四）科技研发水平低

企业创新意识不强，研发投入低，全省医药企业研发投入仅占主营业务收入的2%，自主创新能力不强、产学研结合不紧密，产品低端同质化，缺乏高科技含量的专利新产品，没有竞争优势。

（五）营销观念滞后

市场投入小，宣传推介力度不够，品牌影响力弱，营销渠道和市场体系建设不完善，电子商务、供应链管理等现代化营销模式发展滞后等。这些问题，是制约陇药产业转型升级跨越发展的主要瓶颈。

（撰稿人　陇药产业办杜立君、马培柱）

生产性服务业

一、产业发展情况

2013年，甘肃省生产性服务业继续保持了平稳较快的发展态势，全年限额以上生产性服务业实现营业收入1544.35亿元，增长19.84%。

（一）生产性服务业结构进一步优化

现代物流、信息传输与计算机服务及软件业、科研与技术服务等产业已成为生产性服务业快速增长的重要支撑，仓单质押、会展策划、投资咨询等新型业态脱颖而出。兰州市已成为甘肃省现代物流业、科技服务业、金融服务业、商务服务业发展中心，天水装备制造服务业渐趋规模，河西地区对新能源基地生产性服务业需求充足，陇东能源化工基地、金昌循环经济工业园区服务体系建设发展提速。

（二）政策支持力度进一步加大

甘肃省工业和信息化委员会出台了《关于鼓励和支持工业企业主辅分离促进生产性服务业发展的若干意见》，提出了今后一个时期工业企业主辅分离的主要目标、工作重点、主要措施和关键环节。启动了甘肃省生产性服务业项目计划，征集生产性服务业项目500多个，涵盖现代物流、科技服务、商务服务、金融服务和信息服务五个方面。

（三）营业税改征增值税试点企业结构性减税初见成效

甘肃省生产性服务业营业税改征增值税试点实施以来，企业结构性减税初见成效，政策红利的引导激励作用逐步显现。截至2013年12月底，甘肃省共有15540户生产性服务业企业参与试点，入库改征增值税5.24亿元，减轻纳税人税费负担约3.53亿元，减负面97%。

（四）统计监测体系和考核评价体系建设加快

制定了生产性服务业分类标准，对涉及6个国民经济行业门类、21个行业大类、139个行业小类的生产性服务业进行梳理，对16户重点大型企业进行了全面调查，确定将其中68户企业内部生产单位纳入甘肃省生产性服务业统计范畴。建立了限额以上生产性服务企业统计数据库，将新增的年营业收入1000万元以上或从业人员50人以上的企业，全部纳入统计数据库。对2012年各市(州)限额以上生产性服务业进行考核，以甘肃省人民政府名义对6个市(州)进行了表彰奖励。

二、重点企业

1.甘肃省轻工研究院(见图版51)。

2.甘肃省融资担保集团有限公司(见图版52)。

3.甘肃万维信息技术有限责任公司(见图版53)。

三、存在问题

(一)生产性服务业总量偏小，结构不合理

近年来，甘肃省生产性服务业增加值占全省第三产业增加值的比重始终在42%左右，在甘肃省生产总值中所占比重始终在17%左右，总量明显不足。

(二)社会化需求不足和专业化供给不足并存

甘肃省生产性服务业资源相对分散，业态种类总体偏少，聚集程度偏低，减弱了生产性服务业对经济发展的拉动作用，两者联动协作机制尚未完全形成。

(三)中高端生产性服务人才普遍紧缺

甘肃省职业教育、在职教育和培训、职业资格认证方面相互衔接不够，不能有效为生产性服务业快速发展提供大量专业人才。

(四)组织规模层次低，市场竞争能力弱

甘肃省生产性服务业缺乏领军企业和知名品牌，80%以上的生产性服务企业规模实力弱小，资质认证低下，服务和业态同质化，没有规模特色和竞争优势。

四、2014年目标任务

(一)继续做好生产性服务业协调指导

根据甘肃省生产性服务业企业名录库，做好生产性服务业季度数据分析和监测评估，落实分析评价和考核制度。2014年，生产性服务业力争实现增加值874.47亿元，增长23.57%。

(二)开展工业企业主辅分离

做好政策宣传，放大试点效应，力争规模以上且具备主辅分离实施条件的工业企业50%实现主辅分离，培育发展一批有实力、有核心竞争力的生产性服务业龙头企业。

(三)推动工业设计产业发展

制定《甘肃省工业设计中心认定管理办法》，启动工业设计中心建设，支持和推动有条件的省级工业设计中心申报国家级中心。

（四）出台支持文化创意产业发展的意见

大力引进省外高校和科研院所参与省内工业设计、创意产业发展，特别是利用企业搬迁到兰州新区后所腾空的厂房，大力发展以创意产业为代表的生产性服务业。

（五）继续加大政策支持力度

出台鼓励和支持生产性服务业改革发展的若干政策意见，评选、命名、表彰一批全省生产性服务业发展突出的市（州）和示范企业，切实发挥典型示范企业的引领带动作用。

（撰稿人　生产性服务业办公室上官毅）

军民结合产业

一、产业发展情况

2013年，甘肃省军民结合产业实现工业总产值226.64亿元，增长10.56%，占甘肃省生产总值的3.79%，比2012年提高0.16个百分点；实现工业增加值43.67亿元，增长8.9%，占甘肃省规模以上工业增加值的2.14%，比2012年提高0.06个百分点。截至2013年底，军民结合产业资产合计402.6亿元，增长5.64%（2013年军民结合产业部分重点企业主要经济指标见附表）。

（一）军民结合技术转化进一步加快

以兰州国家新型工业化（军民结合）产业示范基地为重要载体，以省级军民结合产业园区为平台，大力推动军工经济与地方经济的有机融合。兰州万里航空机电有限责任公司以航空电作动装置、航空电机、照明系统为核心，以电器控制为支持，维持现有告警系统业务，发展其他航空计算机控制产品；积极拓展民机市场，以军用航空专业为依托，向航空维修服务市场、非航空防务市场和高端民品市场渗透。兰州航空飞行控制有限责任公司加快民品发展步伐，积极推动军品技术在民品领域的应用，在成功研发4千瓦、6千瓦等系列风电变桨电机、系列纺机用伺服电机及控制器、液压支柱、系列真空获得设备、系列轨道交通特种铸件等产品基础之上，以发展节能减排、新兴能源、控制技术、电子信息等非航空产品为重点，努力做大民品规模，培养了1～3个非航空产品支柱项目。甘肃长风电子有限责任公司以高科技军工产品研发生产为主业，开拓上下游民用化雷达应用为辅业，做好主动相参和复合产品、有源相控阵产品以及出口型、民用无人机的研制，开发新型全自动洗衣机和民用小家电产品，拓展萃取产品应用领域。甘肃银光化学工业集团有限公司通过引进、消化、吸收和再创新，逐步掌握和拥有了硝化、光化、氢化等特种化工与精细化工核心技术，具备了年产15万吨TDI、18万吨DNT、12万吨PVC、3.5万吨TDA的生产能力。中国航天第五研究院510所促进军民产业化、规模化发展，推进军工科研院所公司制、股份制改造，完成兰州真空厂重组，并在兰州新区建立兰州真空装备产业基地。

(二)军民结合服务平台进一步完善

整合甘肃省军民结合资源,建立起贯穿"基础研究—应用研究—开发研究—产业化"全过程的技术创新服务体系,进一步推动军工与民用科研机构的开放共享与双向服务。建立高等学校、民用科研机构与国防科研机构协作机制,组织重大科研项目联合攻关,加强重要技术储备,实现科技资源共享。成立甘肃省民用轻型飞机和无人机产业联盟,批准了甘肃军工技术研究院,促进军民通用设计、制造等先进工业技术的合作开发与成果共享。构建了创业辅导、融资担保、信用服务、人才培训与交流服务、管理咨询、法律服务、信息服务、公共技术服务、市场开拓等中小企业公共服务平台,形成了全方位多层次的服务体系,拥有9个国家级中小企业公共服务示范平台,34个省级公共服务平台,17个市级公共服务平台。集中和优化配置各类服务资源,构建全方位、多功能、多层次、多特色的服务体系,切实满足军民结合产业需求。

(三)军民结合创新能力进一步提升

截至2013年底,甘肃省军民结合产业拥有兰州电机股份有限公司技术中心、真空低温技术与物理国家级重点实验室等国家级企业研发、技术中心5家,拥有兰州万里航空机电有限责任公司技术中心、兰州飞行控制有限责任公司技术中心等省级企业技术中心19家。以"神舟七号"空间试验舱、"天宫一号"固体润滑材料、兰州重离子治癌装置、国内领先"矿用救生舱生保系统"等为代表的研发生产新成果,进一步提升了军民结合产业自主创新能力。兰州高压阀门有限责任公司不断加大科研力度,研发生产的多项专利产品用于国家重点项目。例如为中科院钱学森力学研究所研发的超高压阀门在解放军总装备部、工信部、国防科工局、全国工商联联合举办的首届"民营企业高科技成果展览"上展出,得到了出席展会的中央军委、工信部领导的高度赞赏。兰州神龙航空科技有限公司是西北地区唯一一家研发军民两用无人机的企业,集航空飞行器设计、研发、生产为一体的高新技术企业,拥有14项专利,研发出航空飞行器产品8个系列28种产品,无人机任务载荷覆盖了5～50千克。

二、部分重点企业

1.兰州将军山机械厂(见图版54)。

2.兰州神龙航空科技有限公司(见图版55)。

3.兰州万里航空机电有限责任公司(见图版56)。

4.甘肃银光化学工业集团有限公司(见图版57)。

三、存在问题

（一）产业结构不合理，经济总量较小

军工电子及民口配套企业门类较多，但经济总量相对较小，对国防科技工业的贡献率不大。各产业之间和产业内部经济技术联系不够紧密，没有形成集团化的经营局面，资源优势得不到充分体现，应对市场变化的内聚力和抗压力不强。

（二）高端人才匮乏，研发能力不强

多数企业缺少灵活的用人机制，致使年轻技术力量后备不足，高端人才匮乏，导致企业自主创新能力减弱，产品科技含量低，经济效益下滑，甚至出现综合配套能力不能完全适应发展要求的现象。

（三）军品和民品发展比例不平衡

部分企业军品任务众多，但在民品产业方面一直没有培育出支柱项目，导致了军品和民品收入比例严重失衡。

（四）项目带动作用有待加强

因体制机制障碍，军工电子及民口配套企业后续项目及预研课题申报渠道不畅，企业很少有机会获得国家项目及资金支持，即使能够获得项目支持的企业，其规模也较小，对企业发展的引领作用不明显。

（五）保障条件亟待改善

水、电、气、路、风等基础设施老化，消防、保密配套设施与手段落后等问题，无法从根本上实现无故障、不间断的动力保障目标，严重制约着企业科研生产和军品配套任务的完成。

（撰稿人　军民结合产业处黄廷钰）

附表

2013年军民结合产业部分重点企业主要经济指标

企业名称	主要产品	产能	产值/万元	利税/万元
中核404厂	六氟化铀	3000万吨/年	480000	670
中核504厂	核电站燃料	1500万吨/年	541780	
甘肃银光化学工业集团有限公司	TDI、PC	25万吨/年	644619	14790
航天510所	真空装备	470台(套)/年	29000	1800
甘肃长风信息科技集团有限公司	全自动洗衣机	40万台/年	3219	79
甘肃虹光电子有限公司	电真空器件	63000只/年	6780	4560
兰州真空设备有限责任公司	真空获得、真空应用等	500台	15022	928
兰州高压阀门有限公司	高压阀门	947台(套)/年	80000	24100
兰州神龙航空科技有限公司	无人机	80架/年	5300	870
兰州将军山机械厂	坦克修理	7000吨/年	13853	122

电子信息产业

一、产业发展情况

2013年，甘肃省电子信息产业实现主营业务收入79.08亿元，增长44.5%；实现利润5.54亿元，增长27.65%；上缴税金2.55亿元，增长34.35%。电子信息500万元以上项目完成投资45亿元，增长31%以上；新增固定资产超过18亿元，增长22%以上。统计内电子信息企业123户，其中电子信息产品制造业11户，软件和信息服务业112户。

（一）软件和信息技术服务业发展平稳

1.产业规模扩大

2013年，甘肃省软件和信息技术服务业实现营业收入32.78亿元，增长47%；实现利润总额1.94亿元，增长6.3%；上缴税金1.38亿元，增长59.2%；年平均从业人员6805人，增长24.8%；从业人员平均工资总额2.95万元，增长71.3%。

2.资质企业增多

甘肃省现有从事软件和信息技术服务企业近2600户，从事电子商务企业近1500户。甘肃省现有资质企业100多户，其中：软件企业83户，同时拥有系统集成企业资质、软件企业资质29户，纯软件企业54户；计算机信息系统集成企业资质53户，其中1级资质企业2户、2级资质3户、3级资质38户、4级资质10户；信息系统工程监理资质5户，其中乙级1户、丙级4户。3户企业通过了CMMI3正式评估，2户企业被认定为2013—2014年度国家规划布局内重点软件企业。

3.创新能力提升

全行业现有国家级企业（工程）技术中心1个、省级企业技术中心10个及省级重点实验室5个，软件产品400项，著作权550多项，软件产品认定数增长81.81%。兰州北科维拓公司被认定为2013年甘肃省技术创新示范企业。1项信息安全技术入编国家工信部2012年“民参军”目录，17项软件产品分获高交会优秀产品奖和软博会金奖及创新奖。

4.典型带动明显

推进组建了西北中小企业云服务产业创新联盟和甘肃物流与信息技术研究院，认定敦煌软件和动漫文化产业基地为省级软件和信息技术服务业示范基地，甘肃万维信息技术有限公司兰州云计算软件开发中心确定为省级云计算软件研发应用中心。截至2013年底，西北中小企业云服务平台已上线应用64项，接入企业4400余家，用户超过13万户。甘肃万维云计算软件研发应用中心平台接入终端5万多个，为300多万人提供在线云服务。甘肃物流与信息技术研究院围绕西部区域公铁联运、航空货运等领域，提供物流与信息技术研究、规划、咨询、设计、应用和服务，承接物流信息规划4项，已完成2项。

5.地方特色凸显

积极落实部省合作协议，围绕"三维数字社会管理系统"，制定并颁布了甘肃省首个信息技术行业标准《三维数字社会服务管理系统技术规范(暂行)》，加快推进了"三维数字"社会管理系统相关国家行业标准的制定工作。甘肃万维信息技术有限公司的企业翼校通产品在省外成功推广，甘肃紫光智能交通与控制技术有限公司在全国智能交通领域排名进入前五位。

(二)电子信息制造业运行良好

1.产业发展高位向好

2013年，甘肃省电子信息制造业实现主营业务收入46.3亿元，增长42.7%；完成工业总产值50.42亿元，增长42%；实现利润总额3.6亿元，增长42.2%；完成出口交货值17.08亿元，增长149.2%；完成集成电路封装91.59亿块，增长27%(2013年电子制造业主要产品产能及产量情况见附表1)。

2.骨干企业拉动明显

天水华天电子集团、天水铁路电缆有限责任公司、甘肃长风信息科技集团有限公司共完成主营业务收入39.54亿元，增长51.62%；完成工业总产值43.76亿元，增长52.87%；完成出口交货值16.88亿元，增长149.3%，分别占到甘肃省电子信息制造业的85.39%、86.79%和98.82%。

3.固定资产投资有所回升

2013年，甘肃省电子信息500万元以上项目完成投资45亿元，增长30%以上；新增固定资产超过18亿元，增长22%以上。7项国家重点建设项目通过竣工验收。金塔万晟光电一期120兆瓦太阳能光伏电池组件、酒泉正泰太阳能150兆瓦晶硅电池组件和甘肃润峰200兆瓦光伏组件等项目建成投产，天水华天电子科技园、兰州四联光电西北高新技术产业基地等重点项目进展顺利。

4.社会贡献率提高

2013年，甘肃省电子信息制造业实现利润3.6亿元，增长42.2%；上缴税金1.17

亿元，增长32.04%；电子信息制造业从业人员达到10427人。

5.技术创新不断提升

天水华天电子集团累计自主开发出1000多种多领域应用产品，其中100多项技术达到国际先进、国内领先水平；获国家授权专利145项，其中发明专利44项；承担并完成省级以上科技研发项目280项。甘肃虹光电子有限责任公司的磁控管在全国处于领先水平，尤其是8毫米同轴磁控管在国内率先取得突破性成果，不仅填补了国内空白，而且达到了国际先进水平。甘肃长风信息科技集团有限公司、兰州瑞德集团的电子产品在国内也处于领先地位。目前，有国家级企业(工程)技术中心1个、省级工程技术研究中心和企业技术中心11个及省级重点实验室1个，省优秀新产品、新技术16项，“2013年甘肃名牌产品”7项。

6.产业形成集聚发展态势

天水市以天水华天电子集团、天光半导体有限责任公司、天水华洋电子科技股份有限责任公司等企业为龙头，重点发展集成电路封装、特种集成电路芯片制造、电子器件、半导体分离器件、移动终端设备及相关配套产品，逐步形成微电子、通信设备集聚发展态势，天水市电子信息制造业占甘肃省电子信息制造业的78%，带动上下游相关产业协同发展作用显著。酒泉市、武威市和金昌市等市大力发展太阳能光伏、电子原材料产业，一批重点企业相续建成投产，河西太阳能光伏产业基地已初具规模。

二、重点企业

1.天水华天电子集团(见图版58)。

2.天水六九一三电子科技有限责任公司(见图版59)。

3.兰州四联光电科技有限公司(见图版60)。

4.甘肃中寰卫星导航通信有限公司(见图版61)。

电子制造业主要产品产量及产值情况见附表2。

三、存在问题

1.产业总体规模偏小，拥有自主品牌、具有较强竞争力的龙头骨干企业较少，市场竞争力弱，且电子信息产业的发展未能与甘肃省的有色金属资源有效衔接。

2.产业配套环境条件弱，缺乏上下游企业的支撑，产业生态环境弱，发展的难度较大，增加了企业运营成本。

3.发展环境还需要进一步改善，鼓励和支持产业发展的有关配套政策落实不到位，高端技术管理人才、复合型人才缺乏，企业发展缺乏智力保障，成为制约产业发展的重要瓶颈。

四、2014年目标任务

2014年，甘肃省电子信息产业力争实现主营业务收入100亿元，其中电子信息制造业60亿元，软件和信息技术服务业40亿元，增长30%以上。

1.加强宏观指导，推动产业发展

加快产业发展配套政策完善制定工作，推动出台《甘肃省贯彻落实<国家集成电路产业发展推进纲要>的实施意见》《甘肃省加快电子信息产业发展的意见》。做好软件企业所得税、软件产品增值税以及营业税等系列优惠政策的贯彻落实。加强行业统计和运行监测分析工作。

2.重视项目建设，壮大产业规模

跟踪推进重点在建和招商引资项目建设，加快集成电路、光伏制造、电子材料等百亿级产业集群的培育，抓好建成项目的达产达标。加快天水华天科技通信与多媒体集成电路发展测试产业化、华天微电子IGBT器件封装测试技术研发及产业化、天水华洋微型四列扁平IC引线框架研发及产业化、兰州四联光电LED生产线、金塔万晟光电500兆瓦晶体硅太阳能电池完整产业链、敦煌力波新型锂离子储能电池及材料、读者数码读者手机软件研发及产业化、甘肃移动西北中小企业云服务平台、中寰卫星北斗物流云综合服务平台、甘肃万维政务云公共服务平台等一批重大项目建设。

3.围绕园区基地，推动集聚发展

推动基地园区建设，引导企业和各种创新要素向基地园区集聚，促进产业的集聚发展。加快天水华天电子科技产业园区、明讯通信产业基地、兰州四联光电西北高新技术产业基地、甘肃信源软件信息产业园、联创智业园、甘肃北斗卫星导航产业园、海默科技产业园、敦煌软件及动漫产业园等园区的基地建设。

4.强化行业监管，提升核心能力

着力加强行业监管，落实部省合作协议，重点做好集成资质、“双软认定”、光伏制造业的行业规范，推进企业积极参与到云计算软件研发应用、物流与信息技术产业创新联盟，推动现代物流与信息技术、云计算软件研发应用、北斗导航服务产业的发展。

5.推进环境优化，提升服务能力

建立甘肃省与央企国家团队合作支持机制，积极引进战略投资，多渠道吸纳外资、国资、民资等各种社会资源向电子信息产业汇聚。培育一批具有行业特色、产业优势、规模效应和品牌的龙头企业，进一步壮大产业规模，培育产业发展新优势。围绕电子信息产业发展新方向、新模式，定期组织行业技术交流活动，鼓励和组织企业参加国内外知名展会、宣传推介等活动。

（撰稿人　电子信息与软件服务业处杨勇）

附表1

2013年电子制造业主要产品产能及产量情况

行业主要产品	产 能	产 量
集成电路	100亿块	91.59亿块
引线框架	120亿只	90亿只
电子专用设备	600台(套)	292台(套)
肖特基二极管	70000万只	63986万只
洗衣机	60万台	4万台
磁控管	5万只	2.5万只

附表2

电子制造业主要产品产量及产值情况

企业名称	产品	产量	产值	行业地位
天水华天电子集团	集成电路	91.59亿块	35.930亿元	国内同行业内资企业第2位
甘肃长风信息科技集团有限公司	电子设备	4万台	2.752亿元	—
兰州瑞德集团	电子专用设备	292台(套)	1.120亿元	省内同行业第1位
天水天光半导体有限责任公司	肖特基二极管	63986万只	1.628亿元	—
天水华洋电子科技股份有限责任公司	集成电路引线框架	90亿只	2.034亿元	—
甘肃虹光电子有限责任公司	磁控管	2.5万只	1.053亿元	—

通信行业

一、产业发展情况

2013年，甘肃省电信业务总量完成198.2亿元，增长10.1%，电信主营业务收入完成162.2亿元，增长11%。电信固定资产投资80.4亿元，增长41.9%；实现利税21.2亿元，下降12.8%。截至2013年底，本地局用交换机容量524.5万门，移动电话交换机容量2618.8万户。光缆总长度37.7万千米，互联网宽带接入端口460万个。甘肃省移动电话用户1976.2万户，增长12.1%，移动电话普及率为每百人76部。固定电话用户总数为364.3万户，下降3.5%，固定电话普及率为每百人14部。互联网宽带接入用户数192.2万户，增长17.99%。移动互联网用户累计达到1474.8万户，增长17.3%。3G业务完成投资22.54亿元，3G基站数达到22044个，3G用户数达到609.6万户。电信业三大运营商资产总额288.9亿元，其中固定资产原值480.3亿元，净值224.1亿元，从业职工1.9万人。

二、重要运营商

1.中国电信股份有限公司甘肃分公司(见图版62)。

2.中国移动通信集团甘肃有限公司(见图版63)。

3.中国联合网络通信集团有限公司甘肃省分公司(见图版64)。

三、无线电管理情况

截至2013年底，甘肃省有广播电台607个，减少91个；高频电台241个，无变化；甚高频、特高频电台6893个，增加253个；集群移动通信系统29个，增加6个；蜂窝移动通信系统28741个，增加10811个；无线接入系统7246个，无变化；卫星地球站786个，增加9个；微波接力站390个，无变化；业余电台1554个，增加689个；其他电台159个，减少2个。

(一)加强频率台站管理

1.优化配置频谱资源，保障社会发展用频需求。进一步确立和深化了铁路、民航、广电等重点行业频率保护和协调机制，为兰州国际马拉松赛、环青海湖兰州赛段自行车比赛等重大活动及时调剂频率资源。积极挖掘频率资源潜力，协调700兆赫部分频段用于TD-LTE4G业务，推动4G业务发展。

2.做好台站规范化管理专项工作，推进台站管理规范化。批复符合条件的单位台站执照980多个，对67%以上的B库台站进行了清理，完成了1200多部各类台站的检测任务。

3.严格查处非法设台，不断提高无线电监管水平。全年共查处考试作弊非法设台182起，卫星电视干扰器136起，违法广播电台1起，伪基站1起。

（二）加强无线电技术监测

1.完成年内所有已招标和遗留的无线电技术设施建设项目。专门成立了项目建设和设备采购工作小组，每个建设项目从立项、招标到竣工严格按照程序办理，保证了项目建设质量。

2.完成了全年无线电监测任务和重点区域电磁环境测试工作，对合法的无线电用户的干扰投诉确保100%的响应。

（三）做好无线电安全保障

1.认真做好"涉藏维稳"监测工作。重点做好境外涉藏电台的监听监测，并及时将监测情况报告有关部门。针对岷县、漳县抗震救灾，临时借用了两套卫星双向Vsat系统，通过卫星链路实现了灾区与省地震指挥中心的实时连接，对省委、省政府及时掌握灾区抗震救灾情况、实施救灾物资调度和远程指挥抗震救灾等起到了重要作用。

2.做好各类考试的无线电安全保障工作。2013年，共完成了全国硕士研究生考试、二级建造师执业资格考试、全国普通高校招生考试、甘肃省公务员考试、注册会计师考试、中央国家机关及直属机构公务员考试等21个国家及省市考试保障任务。在各项考试中，共派出工作人员214人，车辆66辆，启用无线电技术设备52套，发现无线电作弊信号91起，查处了10起，成功阻断81起，查获作弊设备10套，为考试提供了一个公平、公正的环境。

3.圆满完成了兰州国际马拉松现场直播和环青海湖自行车赛甘肃赛段的无线电安全保障任务，确保赛事用频安全。

（撰稿人　信息化推进处秦雷，无线电管理处李彧）

第三篇

地区工业

兰州市
嘉峪关市
金昌市
酒泉市
张掖市
武威市
白银市
天水市
平凉市
庆阳市
定西市
陇南市
甘南藏族自治州
临夏回族自治州

兰　州　市

一、工业和信息化发展总体情况

2013年，兰州市实现工业增加值614.45亿元，增长14.1%，占兰州市GDP的34.58%。其中：规模以上工业企业实现工业增加值575.1亿元，增长14.2%，创近五年最高增速，占比提高了0.26个百分点，在14个地州（市）排名提升两位，扭转了连续5年占比下降的态势（2012、2013年工业增加值累计增长速度趋势如图3-1所示，2012、2013年工业增加值分月增长速度趋势如图3-2所示）。

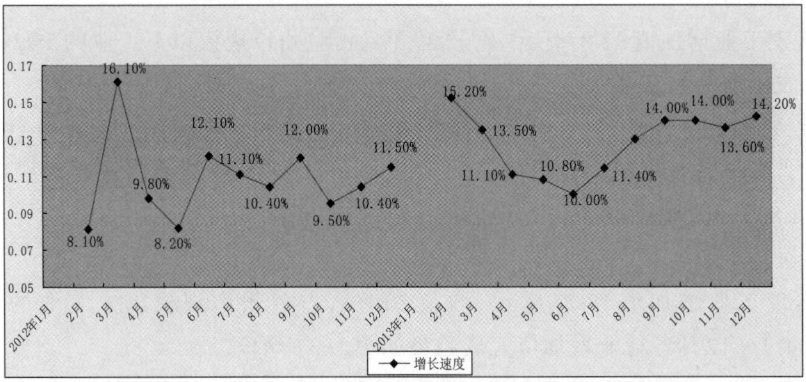

图3-1　2012、2013年工业增加值累计增长速度趋势图

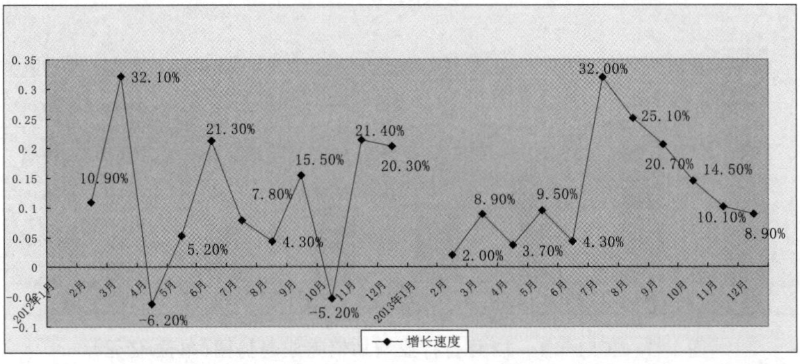

图3-2　2012、2013年工业增加值分月增长速度趋势图

(一)七大主导行业稳健快速发展

1.石化行业

实现工业增加值191.3亿元,增长7.06%,占兰州市规模以上工业的33.26%。

2.装备制造业

实现工业增加值61.81亿元,增长26%,占兰州市规模以上工业的10.75%。

3.冶金有色行业

实现工业增加值65.11亿元,增长32.61%,占兰州市规模以上工业的11.32%。其中:有色金属冶炼及压延加工业实现工业增加值32.3亿元,增长18.7%;黑色金属冶炼及压延加工业实现工业增加值32.81亿元,增长46.3%。

4.能源行业

实现工业增加值81.46亿元,增长19.04%,占兰州市规模以上工业的14.16%。其中:电力、热力的生产和供应业实现工业增加值54.7亿元,增长14.8%;燃气生产和供应业实现工业增加值5.74亿元,增长27.1%;水的生产和供应业实现工业增加值3.2亿元,下降2.9%;煤炭开采和洗选业实现工业增加值17.82亿元,增长20%。

5.建材行业

实现工业增加值32.87亿元,增长29.3%,占兰州市规模以上工业的5.72%。

6.农副产品加工业

实现工业增加值116.56亿元,增长8.5%,占兰州市规模以上工业的20.27%。其中:烟草制品业实现工业增加值95.88亿元,增长6.8%;酒类制造业实现工业增加值11.86亿元,增长12.4%。

7.医药行业

实现工业增加值17.77亿元,增长20.1%,占兰州市规模以上工业的3.09%(2013年1～12月各行业增加值完成趋势如图3-3所示)。

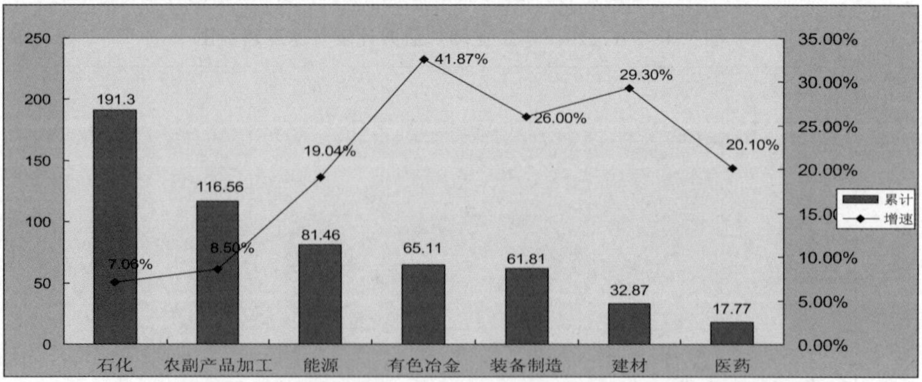

图3-3 2013年1～12月各行业增加值完成趋势图(单位/亿元)

（二）轻重工业增速同步提升，重工业仍居主导地位

2013年，重工业实现工业增加值426.3亿元，增长16.3%，高于兰州市平均增速2.1个百分点。轻工业实现工业增加值148.8亿元，增长9.2%，低于兰州市5个百分点。轻重工业的比例为26∶74，重工业比重仍居主导地位（2013年1～12月轻重工业增速完成趋势如图3-4所示）。

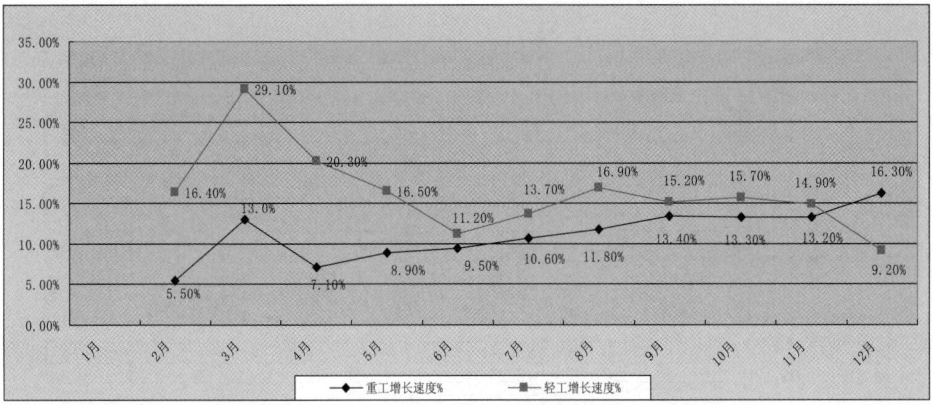

图3-4　2013年1～12月轻重工业增速完成趋势图

（三）项目建设进展顺利，固定资产投资明显加快

2013年，兰州市完成工业固定资产投资469亿元，增长35.3%，高于全社会固定资产投资1.48个百分点，扭转了工业固定资产投资增速低于全社会固定资产投资平均增速的局面（兰州市2013年建成投产工业项目情况见附表1）。

（四）中央、省属企业仍居主导地位，市属工业快速发展

从兰州市工业经济结构来看，中央、省属企业占78.7%，仍居主导地位，实现工业增加值452.6亿元，增长12%。市属工业实现工业增加值122.5亿元，增长23.9%，高于兰州市工业增速9.7个百分点。

（五）县区之间发展不平衡，增速差距较大

2013年，规模以上工业增加值增幅在20%以上的县区有4个，榆中县、皋兰县、永登县和红古区，工业增速分别增长40.1%、37.8% 、32.9%和25.7%。城关区、安宁区、七里河区和西固区，增速分别增长17%、16.3%、15%和4.7%（2013年各县区工业增加值完成情况排名见附表2）。

（六）工业用电量增长较缓

2013年，完成工业用电量263.3亿千瓦时，增长6.32%，支撑了工业产值16.8%以上的增长，表明工业结构调整出现积极变化，高能耗产业发展得到了有效限制。

（七）大部分主要产品均有增长

2013年，原油加工量1050万吨，增长4.8%；汽油220.93万吨，增长5.3%；柴油

429.49万吨，下降3.4%；乙烯63.16万吨，下降2.3%；合成氨15.04万吨，下降46.5%；原铝87.84万吨，增长3.5%；钢材380.42万吨，增长78.6%；铁合金49.84万吨，增长22.3%；水泥966.9万吨，增长5%；卷烟319.76亿支，增长15.4%；啤酒45.69万吨，增长2.2%；汽车21462辆，下降11.3%。产品销售率95%，增长0.2个百分点（2013年1～12月主要产品产量完成柱状图如图3-5所示）。

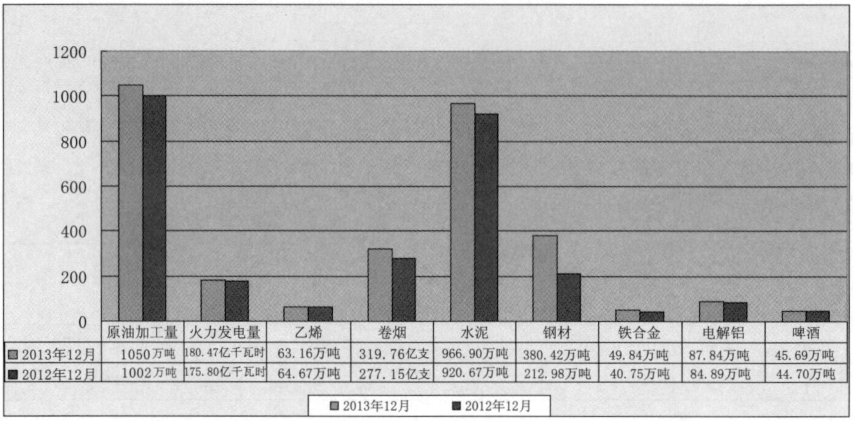

图3-5 2013年1～12月主要产品产量完成柱状图

（八）企业亏损面收窄，实现利税增加

2013年，兰州市规模以上390户工业企业中，亏损企业116家，亏损面为29.74%，亏损企业亏损额50.12亿元，亏损额下降35%。规模以上工业企业实现主营业务收入1946.47亿元，增长7.13%；利润总额20.75亿元，同比减亏45.66亿元，企业亏损情况大幅改善。应收账款163.81亿元，下降0.78%，经营水平进一步提高。实现税金229.28亿元，增长8.39%。石油加工与烟草业仍是纳税大户，其中：石油加工、炼焦和核燃料加工业实现税金99.17亿元，增长0.73%；烟草制品业实现税金95.71亿元，增长21.34%。石油、烟草两个行业实现税收占兰州市税收的85%。

二、存在的困难和问题

（一）经济下行压力大

市场需求下降，大宗产品价格低迷，企业开工不足，盈利空间收窄，造成石油化工、有色冶金等支柱产业支撑作用不强，特别是一些高耗能企业成本与售价严重倒挂，处于停产、半停产状态。

（二）工业发展结构性矛盾突出

产业聚集关联度低，企业链—产品链—市场链短，尤其是“三多三少”（传统产业多，新兴产业少；资源型工业多，加工型工业少；产业低端企业多，高新技术企业少)的问题仍然突出,资源优势没有转化为经济优势。

(三)工业新增长点短期内支撑不足

近几年虽通过招商引资引进了一些工业大项目,但短期内难以投产见效,工业发展主要依靠央企和省属企业支撑,石化独大的格局尚未改变。

(四)国家抑制产能过剩影响大

兰州市“两高一资”产业特征明显,国家化解产能过剩矛盾,严格控制钢铁、水泥、电解铝等行业产能,倒逼企业转型升级,对兰州市工业产能释放影响较大。

三、2014年的目标任务

2014年,兰州市力争规模以上工业增加值增长11.5%;工业固定资产投资增长25%;单位生产总值能耗降低3.66%;单位工业增加值用水量下降5.5%;非公经济增加值增长28%;电信业务总量增长17%。

(一)实施工业倍增行动

落实兰州市2013—2017年工业倍增行动计划,打造石油化工、有色冶金、装备制造3条千亿产业链,电子信息、生物医药、建材、烟草、电信、新能源、农产品加工7条百亿产业链,到2017年实现工业总产值4500亿元。

1.石油化工

依托兰州新区石化产业园建设,以延伸产业链为重点,上下游关联发展,形成集石油炼制、石油化工、精细化工、化工新材料为一体的国家战略性石油化工产业基地。到2017年,实现产值1300亿元。

2.有色冶金

加快连(连城)海(海石湾)地区“煤电冶”一体化建设,突出产业链延伸和新材料研发两个重点,推进电解铝、铁合金、碳素、碳化硅等行业整合,强化节能减排,淘汰落后产能。到2017年,实现工业总产值1100亿元。

3.装备制造

依托兰州新区装备制造产业园区,布局石化重型装备、汽车及零部件制造、高端轨道交通、新能源装备、电工电器及专用设备五大产业。到2017年,实现工业总产值1000亿元。

4.电子信息

以兰州新区电子信息产业园为核心,重点布局信息服务、应用软件、云计算、电子材料与元器件四大产业。到2017年,实现工业总产值116亿元,其中电子信息制造业42亿元,软件服务业74亿元。

5.电信业务

积极开展信息消费试点城市建设,推进电信基础设施共建共享,大力拓展网络增值业务，重点发展第四代移动通信、有线宽带通信和无线宽带通信，实现“两化”融合、“三网”融合。到2017年，电信业务总量达到100亿元。

6.建材

按照国家抑制产能过剩相关政策，严格控制水泥、玻璃产能增长，改造提升传统建材工业，创新发展新型建材及环保节能建材。到2017年，建材产业实现产值400亿元。

7.新能源

重点发展核能、光伏和风力发电、生物质利用三大领域。到2017年，新能源产业实现产值100亿元。

8.生物医药

以兰州生物制品研究所等企业为主体，整合生物医药科技资源，重点发展生物制药、现代中（藏）药、生物医学工程、化学原料药及制剂产业四大优势领域。到2017年，实现工业总产值100亿元。

9.烟草

以构建卷烟特色品类为目标，强化减害降焦、保润增香、特色工艺等技术研究，打造“绵香型”品类卷烟，重点抓好甘肃烟草精品“兰州”卷烟专用生产线技术改造项目。到2017年，烟草产业总产值达到200亿元。

10.农产品加工

重点发展特色优势农产品种植加工业，培育名牌产品，壮大龙头企业，延伸产业链条，提升产业规模。到2017年，农产品加工产业实现产值100亿元。

（二）建立企业培育体系

按照100亿元以上、10亿元～100亿元、1亿元～10亿元、2000万元～1亿元4个产值规模，制定鼓励扶持企业做大做强政策，选择一批大型企业、成长型中小企业，明确支持的重点和环节，采取贷款贴息、奖励补助、股权投入、融资引导等方式，集中力量扶持企业做大做强。

（三）推动产业转型升级

按照“优化老区、发展新区”的思路，实施优化老区43个项目，规划实施兰州新区石化循环经济产业园，延伸石化产业链。按照“煤电冶材”一体化发展思路，以局域电网建设为纽带，逐步形成有色冶金及深加工产业链。在兰州新区布局建设石化重型装备、汽车及零部件制造、高端轨道交通等项目，延伸装备制造产业链。加快发展战略性新兴产业，重点推进中核集团兰州核能供热、中核兰州铀浓缩公司铀转化、太阳能光伏并网发电、蓝星碳纤维、金川镍钴锰三元正极材料等项目建设，延伸电子信息、生物医药、新能源等产业链。

(四)抓好企业出城入园

启动实施100户城区企业出城入园搬迁改造,抓好兰州兰石集团有限公司等30户企业已开工建设的出城入园项目进度;抓好已启动但未开工项目建设,力争完成出城入园主体任务;推动中小企业出城入园,对达不到兰州新区门槛的企业,以皋兰县为重点建设项目承接园区;做好老城区改造工作,加快建设以商务金融、文化创意、科教研发、生态居住等为主的现代化城区,实现产业转型升级和空间布局优化。

(五)抓好煤炭市场监管

进一步完善煤炭市场监管体系,不留死角,填补空白。完善煤炭专营市场建设,严格执行《兰州市煤炭经营使用监督管理条例》,完善配送保障、网点布局和监管督查体系,严格落实煤质抽检等监管措施,形成常态化、规范化、法制化的监管体系。

(六)积极开展招商引资

积极承接东中部产业转移,重点抓好宗申集团、徐工集团、洁力特种电池等项目的对接洽谈,促进正威集团、香港海悦集团、金浦石化公司等重大项目的落地建设,推进吉利汽车转型升级、金刚轮胎和宇通客车战略重组。以石化园区和科教园区建设为重点,加快基础配套建设,全力推进项目落地。启动建设综合保税区,争取上半年获得国家批复。积极争取在兰州新区设立自贸区,着力打造向西开放战略平台。

(七)加快发展循环经济

立足兰州老工业基地和中心城市资源优势,突出石油化工、有色冶金、城市矿产、工业治污、现代农业五大领域,加快形成构建石油化工、有色冶金、城市矿产等11条循环经济产业链。重点实施高效煤粉锅炉装备制造产业化、再生资源产业化、河南金汇不锈钢生产基地等项目。

(八)抓好信息产业

围绕国家信息消费试点城市建设,全面实施4G网络建设,建设4G基站1400个,新建传输管道240千米,光缆线路500千米。继续抓好甘肃北斗导航及位置综合服务平台项目建设,建成驾培平台、学生平台和公车管理平台,并启动出租车管理、公交车管理等新平台研发。推动西北中小企业云计算服务中心项目投资1.05亿元,完成应用15项,年底上线应用数量80项,服务企业超过1.4万户。兰州新区免费WIFI全覆盖项目,完成2195个AP点建设工作。

附表1

兰州市2013年建成投产工业项目情况表

单位/万元

序号	项目名称	建设单位	主要建设内容	项目实施年限	累计完成总投资	完成情况及存在问题	新增生产能力	新增经济效益		
								新增产值	新增税收	新增利润
合计					2113451			1831536	86353	154073
1	清真食品技术改造和产业提升项目	甘肃红房子食品有限责任公司	建设生产加工车间20000平方米,引进德国曼罗兰四色胶印机等先进设备	2010—2012	110	项目已建成投产	846吨	500	10	100
2	新建现代化包装彩印生产基地	兰州华宇包装彩印有限责任公司	建设生产加工车间20000平方米,引进德国曼罗兰四色胶印机等先进设备	2008—2012	5139	项目已建成投产	3000万平方米	600	34	0
3	淘汰落后环保节能技改项目	中国铝业股份有限公司连城分公司	配置288台500千安节能型预焙电解槽,年产原铝38.8万吨,配套建设20.4万吨/年预焙阳极生产系统	2010—2012	341300	项目已建成投产	年产原铝38.8万吨	320000	15000	45000
4	榆钢支持地震灾区恢复重建项目	酒钢集团榆钢公司	铁225万吨、钢229万吨、材240万吨	2011—2012	527724	项目已建成投产		460000	20000	30000
5	高温气冷堆含硼炭堆内构件项目	方大炭素新材料科技股份有限公司	新建封闭式保温主厂房1座,新建辅助设施:堆内构件设备配套配电、液压室等	2009—2012	10533	项目已建成投产	年产构件800吨	10256	952	5600
6	压型一车间高楼部重建项目	方大炭素新材料科技股份有限公司	重建新型配料高楼部,新建配料部的配置	2010—2012	5456	项目已建成使用		6300	500	2500
7	高原夏菜配套综合包装项目	兰州汉栋塑业有限公司	新建厂房10000平方米,库房4000平方米,实验大棚1500平方米,实验种植区2500平方米及购置生产设备	2011—2012	1500	项目已建成使用	2000万条	1000	50	200
8	架空电力线路牵张设备开发制造基地	兰州诚信电力机具制造有限公司	总建筑面积10000平方米,绿化面积1000平方米,主要建设标准生产厂房等设施	2011—2012	5000	完工	20台/年	3000	200	100
9	年产120万具灭火器生产线	兰州天河消防器材有限公司	总建筑面积15000平方米,厂房建筑面积10000平方米,办公区建筑面积2000平方米	2010—2012	4300	完工	120万具/年	4000	220	120

续附表1

兰州市2013年建成投产工业项目情况表

单位/万元

序号	项目名称	建设单位	主要建设内容	项目实施年限	累计完成总投资	完成情况及存在问题	新增生产能力	新增经济效益		
								新增产值	新增税收	新增利润
10	甘肃建总科技工业园[隧道掘进机(盾构机)生产基地](一期)	甘肃省建设投资(控股)集团总公司	一期启动156亩,建筑面积80000平方米,其中:隧道掘进机车间30000平方米,塔吊车间20000平方米,大型结构车间30000平方米	2010—2012	51795	一期完工	20台(套)/年	204000	3810	15239
11	锚具、钢绞线生产基地(SKT路桥预应力产品生产基地)	兰州斯凯特路桥预应力技术开发有限公司	总建筑面积为11755平方米,其中:车间面积为4065平方米,检测中心面积1140平方米,办公及研发大楼面积为4065平方米	2010—2012	5938	完工	5000万/年	5000	500	260
12	门窗、幕墙生产线	兰州铭帝铝业有限公司清水营门窗幕墙分公司	占地128亩,新建厂房及门窗、幕墙生产线	2011—2012	5000	项目已建成投产	幕墙3万平方米	5000	260	800
13	商品混凝土生产线	兰州新华恒建材有限公司	占地11亩,新建厂房及商品混凝土生产线	2012	4200	项目已建成投产	5万立方米商品混凝土	4500	200	750
14	年产420吨中药提取物系列产品生产线技术改造项目	兰州太宝制药有限公司	扩建车间及其配套生产设备,对车间空调系统、污水处理站等进行扩容改造	2011—2012	3108	项目已建成投产	420吨	8100	221	215
15	兰州新区年产100万立方米环保高性能商品混凝土及干粉砂浆项目	兰州宏建建材集团有限公司	年产100万立方米环保高性能商品混凝土及干粉砂浆项目	2011—2012	8560	项目已建成投产	100万立方米环保高性能商品混凝土	7000	280	1000
16	年产5万吨X95GL-LH型螺旋焊管项目	甘肃天和力德钢管制造有限公司	年产5万吨X95GL-LH型螺旋焊管	2011—2012	3100	完工	5万吨/年	25000	260	300
17	1318工程	兰州蓝星纤维有限公司	年产1600吨特种纤维项目	2009—2012	125000	完工		116240		
18	180万立方米原油商业储备库	中石油西部管道公司	建设180万立方米原油商业储备库	2009—2012	166000	已完工,投入运营	180万立方米			

续附表1

兰州市2013年建成投产工业项目情况表

单位/万元

序号	项目名称	建设单位	主要建设内容	项目实施年限	累计完成总投资	完成情况及存在问题	新增生产能力	新增经济效益		
								新增产值	新增税收	新增利润
19	300万吨/年柴油加氢及配套工程	兰州石化公司	建设300万吨/年柴油加氢及配套工程	2010—2012	98000	已完工,正式投产	300万吨	131320	3677	14708
20	五〇四(三期)工程	中核兰州铀浓缩公司	五〇四三期工程	2009—2012	280000	完工		116240		
21	年产50万吨催化汽油醚化项目	兰州石化三叶公司	建设年产50万吨催化汽油醚化生产线	2012	14480	已完工,正式投产	50万吨	15928	600	1137
22	整体迁建及技术改造	兰州助剂厂	全厂搬迁至沙井驿南坡坪,生产能力由原来的3000吨达到12000吨	2011—2012	12000	已完工,正式投产	9000吨	14000	1800	750
23	厂区搬迁	兰州兰塑塑业有限公司	占地31亩,厂房面积6700平方米	2012	8500	已完工,正式投产	2万吨	7000	36	242
24	汉藏草药及保健品加工产业化项目	甘肃奇正实业集团公司	建设年产1000吨中药粉体及浸膏生产线	2011—2012	15700	已完工,正式投产	1000吨	1603	250	585
25	石油钻采设备及制造生产基地	兰州腾达石油钻采设备制造有限公司	新建(构)筑物22000平方米,主要为生产车间7776平方米,新增设备120台(套)	2010—2012	8700	完工	540吨/年	2000	200	80
26	兰州汽车冷轧板剪切配送中心项目	兰州嘉利华金属加工配售有限公司	新建年产5万吨异性坯件落料线和年产5万吨的纵剪板生产线,配套建设厂房、动力公辅等配套设施	2011—2012	9789	完工	年产5万吨异性坯件,5万吨的纵剪板	2250	382	714
27	大型LNG储罐产业化关键技术研究	甘肃蓝科石化高新装备股份有限公司	建设一条3000吨/年的大型储罐生产线	2011—2012	5136	完工	3000吨/年	10256	800	500
28	技术改造、产业升级建设	兰州联合重工有限公司	联合重工整体搬迁改造	2009—2012	49628	完工	10万吨/年	20000	200	持平
29	浮法二线冷修技术改造项目	兰州蓝天浮法玻璃有限公司	玻璃堆垛系统技术改造及窑炉技术改造	2011—2012	7200	项目已建成使用		3485	234	1230

续附表1

兰州市2013年建成投产工业项目情况表

单位/万元

序号	项目名称	建设单位	主要建设内容	项目实施年限	累计完成总投资	完成情况及存在问题	新增生产能力	新增经济效益		
								新增产值	新增税收	新增利润
30	年产2万吨水性漆混合树脂乳业生产线	甘肃金盾化工有限责任公司	建设年产5000吨水性漆、5000吨混合树脂、10000吨乳业生产线	2011—2012	4000	已完工，正式投产	2万吨	3000	100	120
31	3000吨/年清真明胶生产线循环经济项目(一期)	甘肃阿敏胶业有限责任公司	建设年产清真明胶3000吨生产线，其中，硬胶囊用清真药用明胶1800吨、软胶囊用清真药用明胶900吨、食用清真明胶300吨。副产品磷酸氢钙11250吨	2011—2012	28900	已完工，正式投产	15万吨	41850	8654	3305
32	年产120万吨高速线材轧钢生产线建设	皋兰兰鑫钢铁有限公司	通过改造新建年产120万吨高速线材轧钢生产线	2011—2012	32600	项目已建成投产	70万吨线材，30万吨圆钢，20万吨棒材	80000	10000	14000
33	年产15万吨电石扩建及炉气循环利用项目	甘肃鸿丰电石有限公司	新建3台25500千伏安全自动化密闭电石炉	2009—2012	28900	已完工，正式投产	15万吨	41850	8654	3305
34	水工设备制造及技术研发生产基地(一期)	甘肃金桥给排水设计与工程有限公司	研发办公大楼、1#车间、2#车间，建筑面积2.2万平方米	2010—2013	2600	完工	5万立方米/年	12000	320	300
35	220千伏级节能型电力变压器生产基地建设项目(二期)	甘肃宏宇变压器有限公司	建设220千伏级节能型电力变压器生产基地	2010—2012	4300	项目未完工	200千伏安/年	20000	800	500
36	年产5万只太阳能高温真空集热管生产线	兰州大成科技股份有限公司	建设年产5万只太阳能高温真空集热管生产线	2010—2012	18000	已完工，正式投产	5万只/年	5000	1500	500
37	农用拖拉机及农机具生产线基地(一期)	甘肃畅宇车辆制造有限公司	5万台低速汽车、4万台三轮汽车、3万台小四轮拖拉机	2010—2012	29900	一期完工	12万台/年	2000	180	500
38	高端装备制造基地项目(一期)	中国铁建重工兰州公司	包括地铁盾构制造和地铁管片生产两大板块	2011—2012		一期完工	16台(套)/年、管片2万/年	60000	3000	2000
39	日产500吨鲜牛奶生产线(二期)工程	兰州雪顿生物乳业有限公司	增加3条鲜奶处理生产线	2010—2012	4800	项目已建成但奶源不足不能形成预期产能	16800	2856	0	
40	年产15000万平方米高强度瓦楞微细瓦楞包装箱生产线(一期)	甘肃华丽纸业包装股份有限公司	建设年产15000万平方米高强度瓦楞微细瓦楞包装箱生产线	2010—2012	9800	完工	24000	4080	100	1200

续附表1

兰州市2013年建成投产工业项目情况表

单位/万元

序号	项目名称	建设单位	主要建设内容	项目实施年限	累计完成总投资	完成情况及存在问题	新增生产能力	新增经济效益		
								新增产值	新增税收	新增利润
41	电力瑞华电气生产基地(一期)	中瑞合资兰州电力瑞华电气有限公司	建设环保节能型35千瓦及以下电力变压器及电力成套设备生产基地，建筑面积1.9万平方米，其中厂房6300平方米，办公楼3500平方米，成品库3000平方米	2010—2012	3500	完工	100千伏安/年	8000	560	220
42	电源与环境网络监控及信息管理系统的产业化基地	兰州海源科技有限公司	建筑总面积2.5万平方米，其中厂房面积1.75万平方米，装配及电气车间4800平方米，办公研发2700平方米	2010—2013	7260	完工	12万辆/年	10900	476	565
43	兰州商品砼搅拌基地建设	甘肃西部建材有限责任公司	建设HZS180双卧轴搅拌生产线两条，年生产混凝土100万立方米	2011—2012	8300	项目已建成投产	混凝土100万立方米	9500	400	1500
44	现代中药保护技术扩能技术改造项目	甘肃陇神戎发制药有限公司	现代中药保护技术扩能技术改造	2011—2012	7905	项目已建成投产	40483	6882	320	2000
45	日产500吨鲜牛奶生产线(二期)工程	兰州伊利乳业有限责任公司	建设日产500吨鲜牛奶生产线	2010—2012	15000	项目已建成但奶源不足不能形成预期产能	18000	3060		
46	光网及基础设施建设工程	兰州电信分公司	光网及基础设施建设工程	2012	24000	已完成全年投资	新增18万户光网用户，新建成77.3千米管道	580	17	563
47	年产30万吨高活性腐殖酸建设项目(一期)	兰州永盛畜牧养殖有限公司	建设年产颗粒腐殖酸12万吨，粉末状产品腐殖酸18万吨	2010—2012	2600	已完工，采矿证及环评在近期批复，预计5月底可正式开工	15万吨			
48	吉利汽车兰州生产基地(二期)建设项目	兰州吉利汽车工业有限公司	二期建设10万辆自由舰生产线和2万辆帝豪SKD生产线	2010—2012	91000	完工	12万辆/年	10900	476	565
49	三角城双店子建设现代化项目	兰州庄园牧场股份有限公司	三角城双店子建设现代化项目	2011—2012	6200	项目已建成投产	4503	4500	120	800

附表2

2013年各县区工业增加值完成情况排名

县区	城关区	七里河区	西固区	安宁区	红古区	榆中县	永登县	皋兰县
总量/亿元	34.3	140.7	189.3	58.4	56.3	32.3	33.4	17.0
增速/%	17.0	15.0	4.7	16.3	25.7	40.1	32.9	37.8
增速排名	五	七	八	六	四	一	三	二

嘉峪关市

一、工业和信息化发展总体情况

2013年，嘉峪关市规模以上工业实现工业增加值161.18亿元，增长16.6%；利润10.11亿元，下降27.73%。其中：重工业实现工业增加值159.5亿元，增长17.2%；轻工业实现工业增加值1.6亿元，下降9.7%。地方规模以上企业实现工业增加值31.6亿元，增长24.2%；主营业务收入169.6亿元，增长43.62%；利润总额9.23亿元，增长58.96%。

（一）主要生产要素保障有力

工业用电142.6亿千瓦时，增长18.68%。铁路外运量908.64万吨，增长27.64%。36户煤炭经营企业销煤量212.86万吨，增长24%。

（二）主要产品产量有增有减

受国内钢铁产能过剩影响，酒钢集团公司生产生铁534.4万吨，下降6.4%；粗钢653.6万吨，下降3.3%；钢材629.3万吨，下降3.8%。随着电解铝、水泥等一批生产线扩建，电解铝产量达到86.9万吨，增长34.1%；水泥226.2万吨，增长26.9%；发电量74.7亿千瓦时，增长11.2%；铁合金34.4万吨，增长14.3%。

（三）工业节能降耗成效显著

2013年，嘉峪关市万元工业增加值用水量下降5.79%，规模以上工业企业万元工业增加值能耗下降10.47%；循环经济企业达到50余户，综合利用各类工业废渣490万吨，固废综合利用率达到45%，位居甘肃省前列；淘汰落后产能21.8万吨，机电设备1410台。

（四）工业固定资产投资快速增长

酒钢集团东兴铝业90万吨电解铝等13个重点项目有序推进，部分已投产；大友公司循环经济产业链5项已建成；广银铝业公司10万吨挤压线、中威斯60万吨高精冶金新材料一期顺利开建；索通公司二期预焙阳极项目筹建工作推进有序。2013年，实现工业固定资产投资79.45亿元，增长34.49%（嘉峪关市2013年建成投产工业项目情况见附表）。

(五)非公有制经济快速发展

2013年,非公有制经济实现增加值43亿元,增长20%,占全市生产总值的17.96%;完成固定资产投资41.38亿元,增长13.92%。新增个体工商户3041户,累计达到15515户,增长19.44%;新增私营企业516户,累计达到3192户,增长19.28%;新增就业人员5817人,累计达到37918人,增长20.1%。创建市级中小企业服务平台2户,省级中小企业服务平台3户,嘉峪关市中小企业服务中心成为甘肃省样板平台。

(六)技术创新能力不断增强

索通公司技术中心、祁牧乳业技术中心通过市级企业技术中心认定,索通公司技术中心被认定为省级企业技术中心,酒泉钢铁集团西部重工股份有限公司、酒泉钢铁集团宏达建材有限公司被评为省级技术创新示范企业。5个工业产品被评为嘉峪关名牌产品,8个产品通过市级名牌产品复评。甘肃紫轩酒业有限公司、甘肃嘉峪关大友公司通过中国质量认证中心质量、环境、职业健康安全管理体系的认证审核。

(七)信息化建设进展迅速

建成嘉峪关市公共资源交易信息系统、公共资源交易市场电子监察系统。在甘肃省率先建成工信OA系统,实现工信委无纸化办公与企业资料传送的无纸化;继兰州市之后先于全省其他市(州)开通4G网络,建成10座4G基站;率先在民情流水线工程的基础上建成党员信息管理系统;成功创建全国首批信息消费试点城市。

二、存在的困难和问题

(一)工业经济增长乏力

受产能过剩、淘汰落后产能、企业搬迁等因素影响,钢、铝、建材产品价格低位运行,钢铁、电解铝、建材3大支柱产业企业停产减产,经济形势不容乐观。根据调查,2014年预计新增产值130亿元,按现行工业增加值率计算,预计新增工业增加值20亿元,但新增部分不能弥补支柱产业产值下降的缺口。

(二)工业节能降耗任务日益艰巨

2014年,酒钢集团公司将实施1000万吨煤炭分质利用项目,拉升万元工业增加值用水指标。东兴铝业2×45万吨项目将全面投产,带动万元工业增加值能耗的攀升。

(三)承接产业转移工作难度加大

受经济大环境影响,冶金产业带动作用明显弱化,部分补链类项目缺乏市场信心,投资意愿不强。受国家政策和电网接入能力的影响,光伏发电项目投资将趋于下行。

三、2014年的目标任务

2014年，嘉峪关市规模以上工业增加值力争增长13%，万元工业增加值用水量下降5.5%。年内个体工商户达到16268户，私营企业数达到3273户，从业人员达到38874人，个体工商户和私营企业上缴税金完成30335万元。

（一）聚焦国家发展战略，积极谋划“丝绸之路经济带”发展新蓝图

按照建设“丝绸之路经济带”的战略构想，深入研究“丝绸之路经济带”沿线国家工业经济发展政策和优势，充分发挥嘉峪关市在交通区位、工业基础、信息化建设、资源配置等方面的优势，积极谋划推进嘉峪关保税区、保税工厂、保税物流中心等海关特殊监管区建设，推动外向型经济快速发展。

（二）抢抓各种政策机遇，全面加快工业转型升级步伐

紧紧抓住国家和省上各项政策机遇，围绕“冶金—循环经济—装备制造”和“光伏发电—电解铝—铝制品加工”两条千亿级产业链，着力提升工业发展质量和效益，全面加快工业转型升级步伐，推动工业全面快速协调发展。

（三）狠抓工业项目建设，不断扩大工业经济总量

围绕“3341”项目工程，积极做好酒钢嘉北新区项目、煤炭分质利用项目的协调服务，加大中威斯64万吨高精冶金新材料加工、索通预焙阳极二期、广银100万吨有色冶金新材料二期、大友宽幅高性能镁合金轧制板材项目、奥福捷能1#和2#焦炉配套干熄焦及余热发电等重点工业项目的跟踪服务力度，确保工业项目早落地、早开工、早投产。

（四）加强工业运行调节，不断提高经济运行质量

坚持目标责任考核制度，加强重点行业、重点企业生产经营情况监测分析。加强市场研判，及时召开生产调度会和经济运行分析会，协调解决企业困难和问题。加大规模以下工业企业培育力度，积极争取省上扶持资金，激发企业入规积极性。

（五）加大节能降耗力度，大力发展工业循环经济

继续加大节能、节水工作力度，进一步落实月抽查、季检查、年考核通报制度，认真开展能效对标达标、能耗限额核查、能源审计、节能评估审查等工作。积极开展水平衡测试工作，确保年耗水量100万立方米以上的3户企业完成水平衡测试工作。加强重点企业节能监察力度，不断提高企业节能、节水管理水平。

（六）继续加大改造和创新力度，全面提升企业核心竞争力

跟踪服务嘉峪关大友企业公司等24户企业技术改造项目实施，确保全市重点技改项目顺利推进。积极引导企业创建省市两级企业技术中心，认真做好省级技术创新示范企业的遴选和推荐工作。做好企业申报2013年度甘肃省新产品、新技术的引导工作。

（七）加快推进信息化建设，推进信息产业向更深层次发展

全面落实《嘉峪关市信息化发展规划》，落实“数字城市”“智慧雄关”战略框架协议；加大通信基础设施建设力度，加强信息化项目建设，全面深入推进信息化应用，提高信息化在电子政务、工业、文化、旅游、交通、教育等领域的覆盖面和应用深度，提高全市信息消费水平。

（八）持续加强融资服务，助推中小微企业健康发展

开展好担保业务宣传活动，做好担保客户开发工作，积极为中小企业提供绿色融资通道。依法维护中小企业合法权益，为中小企业发展提供创业辅导、信息交流等社会性、公益性、综合性服务。建立中小企业人才库，为引进人才、留住人才、使用人才、培育人才、交流人才、宣传人才奠定基础。

（九）突出抓好安全生产，确保企业稳定运行

加大安全生产法律法规宣传力度，深入开展专项整治和打非治违行动，坚持经常性监督检查和重点专项检查，建立隐患排查治理长效机制。继续治理“四超”，打击“三违法”行为，落实企业安全生产主体责任。充分发挥安全监管的作用，推动行业安全生产标准化体系建设，建立企业安全生产长效机制。

附表

嘉峪关市2013年建成投产工业项目情况表

单位/万元

序号	项目名称	建设单位	主要建设内容	项目实施年限	总投资	新增经济效益		
						新增产值	新增税收	新增利润
1	年产1亿块蒸压粉煤灰砖(含保温块)工程(二期)	酒泉钢铁集团吉瑞再生资源开发有限责任公司	新建1条年产1亿块蒸压粉煤灰砖(含保温块)生产线。包括原材料破碎、球磨及储备、配料搅拌系统、砖坯消化、成型系统、蒸压养护系统等工艺本体系统以及进料系统、水循环系统、蒸汽排放系统、电气控制系统等公辅系统	2011—2012	3000	3200	192	386
2	酒钢碳钢薄板厂钢渣综合利用改造工程	酒泉钢铁集团吉瑞再生资源开发有限责任公司	建设处理能力为120吨/时的滚筒装置1套及钢渣热焖装置4套。分别建设钢渣运输系统、滚筒渣处理系统、热焖装置、粒铁回收系统等主要工艺系统和水循环处理系统、蒸汽排放系统、电气控制系统、成品渣输送及处理系统等主要公辅设施,项目建成后年内可处理钢渣56万吨	2010—2012	9000	3968	256	564
3	煅烧炉余热综合利用项目	嘉峪关索通预焙阳极有限公司	利用碳素厂在建的10台罐式煅烧炉高温烟气,其中一部分废气余热通过热煤炉系统回收用于碳素生产工艺,另一部分余热通过中温中压余热锅炉回收转变为电能,主要包括:汽轮发电机房,1#余热锅炉,2#余热锅炉,导热油锅炉,采暖换热站,化学水处理,循环水冷却塔及水泵房,室外汽水管线,电站及导热油系统的供配电、控制、通信、照明等。电站及导热油系统的给、排水及消防系统等	2012	5120	927.35	408	271
4	综合开发利用废弃粉状石灰石生产钙质熔剂项目	嘉峪关大友企业公司	新建3座∮4.5×64m回转窑、3套预热器及冷却器以及原料筛分系统等辅助设施。项目建成后可年利用废弃小粒级石灰石150万吨,年产高活性石灰75万吨	2011—2012	22000	19950	1502	4665
5	嘉峪关市路灯监控与防盗信息化项目	中国电信股份有限公司嘉峪关分公司	嘉峪关市路灯监控与防盗系统采用中国电信3G无线传输网络、ZigBee无线双向通信技术和现代传感器技术,实现对嘉峪关市4099杆路灯的监控和管理,实现遥控、遥信、遥调、遥测等功能	2011	600	10.6	10	
6	有色冶金新材料生产加工项目(一期)建设工程	甘肃广银铝业有限公司	建设总规模为年产100万吨铝加工项目。其中一期工程目标为每年45万吨,计划总投资2.89亿元,项目主要生产各种高品质的铝合金棒、锭、板带及各种建筑型材和工业铝型材,以及上下游相关配套产品	2011—2013	28900	800000	5000	15000
7	年产25万吨预焙阳极项目	嘉峪关索通预焙阳极有限公司	新建原料仓库,沥青融化工段等生产用房,购进相关设备,建设年产25万吨预焙阳极生产线	2010—2012	100187	74252	4801	14773
8	4000吨/天熟料新型干法水泥生产线及配套纯低温余热发电工程项目	酒泉钢铁集团宏达建材有限公司	新建4000吨/天熟料新型干法水泥生产线及配套纯低温余热发电工程	2009—2012	62979	93520	55020	75360

续附表

嘉峪关市2013年建成投产工业项目情况表

单位/万元

序号	项目名称	建设单位	主要建设内容	项目实施年限	总投资	新增经济效益		
						新增产值	新增税收	新增利润
9	日处理300吨鲜奶项目(一期)日处理50吨鲜奶工程	嘉峪关宏丰实业有限公司	日处理300吨鲜奶项目一期日处理50吨鲜奶工程	2010—2012	1800	2360	740	1010
10	印刷包装技术提升及设备改造项目	嘉峪关宏丰实业有限责任公司	引进成套印刷包装设备25台(套),新建4000平方米厂房、1000平方米库房	2011	4020	1500	250	150
11	¢219大口径焊管生产线建设项目	嘉峪关汇丰工业制品有限责任公司	新建面积为3348平方米厂房,建成焊管生产加工线两条年产3万吨¢100至¢219壁厚为4～10毫米和¢325至¢420壁厚为4～10毫米的直缝焊管生产线	2011—2012	3400	15000	864	750
12	啤酒花深加工及冷库建设项目	嘉峪关市兴盛啤酒花种植有限公司	扩建啤酒花烘烤车间1500平方米,回潮打包间700平方米,晾花棚2200平方米,购进烘烤加工生产成套设备1套,新增生产能力345吨,年加工能力达到645吨,年加工90型颗粒酒花2910吨。建设酒花冷库1200平方米,冷库机修车间200平方米,控制室100平方米,冷库地面区域硬化工程315平方米,购置冷库设备2套	2011—2012	3110.3	9166.5	1160	1608
13	年产8万樘防盗门生产项目	嘉峪关楼龙工贸有限责任公司	项目新建生产加工厂房和综合办公楼,配套建设相应公辅实施,购置安装全自动抛光机、自控热处理系统及精磨生产设备2套。建成年产8万樘防盗门生产线	2011—2012	2800	4000	1400	680
14	高寒条件下中小型农用装载机生产项目	甘肃宝龙重工有限公司	采用roe/adams/matlab技术对装载机机电系统进行建模一体化联合仿真技术改进。对装载机联合仿真的实现方法、仿真及结果的优化设计提供可靠的分析数据,从而生产高寒条件下使用的中小型农用装载机等工程机械产品	2010—2013	3200	1500	126	910
15	油脂深加工设备技术更新项目	嘉峪关市维尔特食品有限责任公司	项目引进先进生产工艺,购置安装剥绒机、打包机及风力清绒引风系统等设备,新建剥绒生产线;改造间歇式炼油工序为连续式精炼油工序,购置安装蝶式离心机、脱色塔、锅炉等设备;改造预榨生产工序设备,新建剥绒车间及相应辅助设施	2011—2012	3000	5120	528	522
16	镍铬生铁冶炼技术成果转换项目	嘉峪关大友企业公司	建设制球车间、冶炼主车间、原料上料及配料系统、除尘系统、给排水系统、供电系统、工作间、道路及外网、公辅设施等	2012	3000	7018	592	1457

续附表

嘉峪关市2013年建成投产工业项目情况表

单位/万元

序号	项目名称	建设单位	主要建设内容	项目实施年限	总投资	新增经济效益		
						新增产值	新增税收	新增利润
17	异地建设改造项目	嘉峪关市新兴钢材制品厂	异地搬迁，新建生产厂房2间，库房1间，办公楼1栋，同时采购生产设备，新建生产线	2011—2012	1500	2000	80	150
18	新型夹砖车技术改造和应用	甘肃宝龙重工有限公司	对目前叉车携带的夹砖夹具进行的技术改造	2012	3230	4140	137	323
19	碾制大型环件用离心空心钢锭技术开发项目	甘肃酒钢集团西部重工股份有限公司	主要确定大型环件专用钢的化学成分，进行后壁轻偏析离心浇铸工艺开发，离心环坯碾环工艺开发	2012	1450	8000	338	1199
20	2×12500千伏安硅钙合金矿热炉建设项目	嘉峪关市俱进矿业有限公司	新征土地面积71691.65平方米，新建两台12500千伏安半封闭型硅钙合金矿热炉，配套建设供配电、收尘、给排水、安全、消防等公辅设施。年产硅钙合金15300吨	2012	2910	4000	500	600
21	餐用不锈钢器皿及五金件生产项目	甘肃海斯特不锈钢制品有限公司	将海斯特公司现有的1260平方米闲置厂房经过改造，安装剪切、冲压、拉伸、焊接、抛光设备，达到年生产餐用不锈钢器皿及五金件20万件的生产能力	2009—2011	3000	3000	135	450

金 昌 市

一、工业和信息化发展总体情况

2013年,金昌市实现工业增加值158.73亿元,增长16.6%。67户规模以上工业企业实现增加值155.91亿元,增长16.7%。其中:规模以上工业中地方企业实现增加值34.54亿元,增长21%。全市规模以上工业企业实现营业收入1932.07亿元,增长11.85%;产销率95.9%,下降2.4个百分点;利税总额22.26亿元,下降45.8%;利润总额13.11亿元,下降30.91%。主要工业产品产量:镍14.39万吨,增长12.6%;精炼铜(电解铜)67.62万吨,增长12.7%;生铁38.5万吨,下降10.7%;水泥198.6万吨,下降1.7%;硫酸187.51万吨,下降7.5%;盐酸13.08万吨,增长4.2%;烧碱9.5万吨,增长24.3%;合成氨14.95万吨,下降8%;纯碱20.8万吨,增长3.4%;磷酸一铵4万吨,下降76.7%;磷酸二铵41.2万吨,增长7.1%;发电量53.04亿千瓦时,增长10.5%。完成工业固定投资153.31亿元,同比增长20.7%。

2013年,金昌市加强对重点行业、企业的运行监测分析和预警,出台了《关于在重点工业企业中开展抓管理降成本增效益活动的通知》,引导全市23户工业企业开展降本增效活动。积极协调煤、电、油、气、运调度,生产要素保障能力进一步增强。金川集团股份有限公司等3家企业与甘肃省电力公司签订了大用户直购电试点协议,有效降低了企业供电成本。编制完成并组织实施了"金昌市中长期化工产业发展规划"。

2013年,金昌市共实施招商引资项目340项(其中包括已建成项目72项,新建项目210项,续建项目58项),实际到位资金181.7亿元,增长88.5%。实施重点工业项目122个,项目总投资599亿元,建成达产达标后预计年新增产值560亿元。实施承接产业转移项目73个,总投资359.7亿元,2013年到位资金141.2亿元。30万吨铜材深加工、单晶铜键合引线等项目顺利建设,350万只圆筒印花镍网项目建成投产,镍网生产能力占全国的40%,成为全国最大的镍网生产基地。西坡、金武公路、河清滩3个百万千瓦级光伏发电场初具规模,3万吨太阳能光伏支架一期、5万吨支架镀锌一期等项目建成投产,振发新能源光伏产业园、艾力克光伏发电组件等项目加紧建设，光伏发电并网容量达到143.5万千瓦，成为全省首个百万千瓦级光电基地。10万吨无机纤维、40万吨离子膜烧碱二期、30万吨PVC、1万吨白烟灰综合利用、16万吨干法乙炔等项目加快建设，150万吨捣固焦、20万吨合成氨等项目建成投产（金昌市2013年建成投产工业项目情况见附表）。

2013年，金昌市金川公司机械厂、源达果品公司两家企业获批省级企业技术中心；宇恒镍网公司获批省级技术创新示范企业；金川公司机械厂的太阳能集成板、冠百公司横空连锁加气砖两个产品被鉴定为"新产品"；宇恒镍网公司的镍网脱网新技术、源达果品公司的蔬菜粉微切和真空低温干燥生产技术两项技术被鉴定为优秀"新技术"。

2013年，金昌市制定出台了《工业循环经济上下游企业衔接保障机制》，引导企业建立合同约束、价格协商、利益调节等8个方面的衔接保障机制，有效解决了一些产业链衔接不畅的问题，被列为全国首批循环经济示范市。通过引进产业循环配套项目，坚决淘汰高耗能、高污染的落后生产能力，充分发挥企业节能主体作用，督促各重点用能企业采用节能新技术、新设备、新工艺、新材料，实施重大节能技术进步项目，推动工业节能取得了较好成效。2013年，金昌市工业能源消费量407.33万吨标准煤，17户重点用能企业能源消费量382.45万吨标准煤，占工业能源消费量的93.89%。金昌市万元工业增加值能耗下降了12%。组织全市5户重点用能企业开展淘汰高耗能电机工作。

2013年，金昌市10家金融机构累计为工业企业发放贷款170.36亿元，增长20.3%；为中小微企业发放贷款62.8亿元，同比增长58.02%。新成立融资性担保公司3家，市属7家担保机构累计为中小微企业提供贷款担保445笔共10.7亿元。

2013年，金昌市大中型企业全部建成了企业网站，有20户企业建成了生产线数控系统，金川公司被评为全国"两化融合"示范企业。新建成"数字企业"30户，累计达60户。电信、移动、联通三大通信公司投资3亿元，大力改造提升通信网络、信息平台和农村信息基础设施，全市通信行业的服务水平进一步提升。制定下发了《关于加快生产性服务业发展的实施意见》，对省、市属大型企业的生产性服务业部门单位进行了清查，建立了生产性服务业统计基本单位名录库。

二、存在的困难和问题

（一）大中型企业增长乏力

大中型企业增长低迷，特别是中央、省属企业下降明显。规模以上工业企业部分产品销量减少、库存增加，导致企业流动资金紧张，经营压力增大。

（二）部分企业生产成本高

能源消耗中的动力电、燃料煤等单耗高是造成产品成本高的重要因素。另外，能源密集性企业用电价格明显高于周边省份，铁路货运价格连续上调也是造成企业成本高的主要原因。

（三）产业共生机制尚不完善

产业链企业间的利益调解机制尚不健全，分配收益和风险共担的运营模式不完善，企业间未形成利益共同体，导致出现了一些衔接不畅的问题。

三、2014年的目标任务

2014年，预计规模以上工业增加值增长12%，完成工业固定资产投资215亿元，增长30%；承接产业转移到位资金140亿元，其中新能源产业达到100亿元；万元工业增加值能耗比“十一五”末下降4.55%；单位工业增加值用水量达到48立方米/万元；工业固废综合利用率达到22%。

（一）抓好经济运行调度

加强对重点行业、企业的运行监测分析和预警，重点落实市政府关于《工业循环经济企业衔接保障机制的指导意见》，引导和支持企业建立健全8个衔接保障机制，确保产业链顺畅有序运转。密切跟踪新川化工的复产后续工作，协调解决好金川公司和瓮福公司的硫酸供应问题。在23户企业中大力开展“抓管理、降成本、增效益”活动，使企业全方位降本增效。

（二）大力推进项目建设

1.竣工项目抓达产达标。重点推进鑫华焦化150万吨焦炭、300万吨洗煤和丰盛环保科技公司20万吨合成氨项目等34个已建成投产的项目达产达标。对金川集团公司7500吨海绵钛等3个建成未投产项目，逐一跟踪协调落实，力争2014年上半年投产并发挥效益。

2.在建项目抓进度。重点推进金川集团公司30万吨PVC、30万吨铜材、40万吨离子膜烧碱二期，全维化工3万吨三氯乙烯，金雅德15万吨浓硝酸，金泥集团公司16万吨乙炔，万隆实业公司10万吨无机纤维，艾力克光伏发电组件等项目。

3.储备项目抓开工。重点推进烟台台海集团高端铸锻件、金泥集团公司日产5000吨电石渣水泥熟料、瓮福化工有限公司“二次创业”、宝硕氯碱公司10万吨离子膜烧碱项目等项目开工建设。

（三）抓好承接产业转移

煤化工方面，重点谋划韩国OCI集团30万吨煤焦油深加工项目；化工方面，重点谋划中核钛白公司10万吨钛白粉、西藏城投公司1万吨碳酸锂提纯、青海物产集团20万吨硝铵、金盛能源公司8万吨液化甲烷等项目；新能源方面，重点谋划韩国OCI集团新能源装备制造等项目。

(四)强化生产要素保障

1.加快推进太西煤物流园建设,力争330变电站和太西煤物流园项目同步建成。

2.推进金昌铁路货场改扩建项目和金川集团公司、金化集团铁路专用线改造及设施设备更新工作。

3.积极争取将金昌市列为全省电力直接交易试点市,鼓励和支持大中型企业建设局域电网。

4.积极搭建银企对接平台,做好企业融资服务。

5.抓好民爆行业安全生产,严防事故发生。

(五)推进工业循环经济发展

1.按照"金昌市中长期化工产业发展规划",编制5~10个重点化工项目可行性报告,大力实施补链项目。

2.加快全国工业固废综合利用示范基地建设,力争固废综合利用率提高22%。

3.落实重点用能企业评价考核制度和新建项目节能评价标准,密切关注新投产的高耗能项目。

4.抓好工业节水工作。

(六)积极推进技术创新工作

做好重点企业新产品、新技术、新工艺的鉴定推荐工作,促进专利成果的转化应用。加强企业技术中心建设,积极申报国家、省级企业技术中心和研发机构。

(七)不断深化"两化"融合

全力实施"数字企业"工程,年内建成市级工业运行监测信息平台。加大对电信、联通、移动等通信公司的协调、管理力度,引导其为地方经济发展多做贡献。

(八)加快生产性服务业发展

建立全市生产性服务业统计指标和考核评价体系,积极推进金川集团公司及市属重点企业进行主辅分离。

附表

金昌市2013年建成投产工业项目情况表

单位/万元

序号	项目名称	建设单位	主要建设内容	建设起止年限	总投资	新增生产能力	预期经济效益 新增产值	新增税收	新增利润
1	150万吨捣固焦和300万吨重介洗煤项目	鑫华焦化公司	建设150万吨捣固焦及300万吨重介洗煤生产线	2011—2013	132000	150万吨焦炭、300万吨洗煤	180000	12600	18000
2	甘肃瓮福化工有限公司节能改造项目	甘肃瓮福化工有限公司	通过节能改造新增140万吨选矿、15万吨磷酸装置各1套	2013	18000	140万吨选矿、15万吨磷酸	35000	3000	3500
3	20万吨合成氨	丰盛科技环保公司	建设年产20万吨合成氨生产线	2011—2013	88000	20万吨	3750	262	375
4	金昌金雅德化工有限公司浓硝酸生产线	金昌金雅德化工有限公司	拟建年产15万吨浓硝酸装置	2013	18000	15万吨浓硝酸	37500	2500	2200
5	金昌裕隆达气体有限责任公司液体二氧化碳生产线	金昌裕隆达气体有限责任公司	建设年产5万吨液体二氧化碳生产线	2013	5200	5万吨液体二氧化碳	6000	400	600
6	60万吨/年选煤项目	嘉森工贸公司	建设60万吨/年洗煤生产线	2011—2013	80000	40万吨/年精煤、10万吨/年中煤	4400	308	440
7	15万吨萤石粉选矿项目	甘肃玖鼎矿业有限公司	建设年产15万吨萤石粉选矿生产线	2013—2014	20000	15万吨	8000	560	800
8	金昌扬帆飞翔镍网项目	金昌扬帆飞翔工贸有限公司	一期新建年产100万只圆筒印花镍网项目，二期新建年产100万只圆筒印花镍网项目	2013—2014	24000	100万只	20000	1300	2000
9	150万只印花镍网	宇恒镍网公司	建设年产150万只圆筒印花镍网生产线	2011—2013	14800	150万只	30000	2100	3000
10	高纯金属材料生产项目	金昌顺中高纯金属材料有限责任公司	高纯镍、高纯钴、超高铜生产线	2012—2013	5000	200吨	0	0	0
11	年产5万吨热镀锌、500兆瓦光伏组件项目	金昌光烨新能源有限公司	一期5万吨热镀锌	2012—2013	4500	5万吨热镀锌	4000	280	400
12	1×10000吨/年白烟灰中砷铅高值利用及循环溶剂法提取铜锌新工艺项目	甘肃中色东方工贸有限公司	新建1年处理白烟灰10000吨，含铜渣7200吨的生产线	2012—2013	6500	年处理白烟灰10000吨，含铜渣7200吨	3000	210	300
13	15万立方米加气混凝土砌块生产线	金昌市汇普建筑材料有限公司	15万立方米加气混凝土砌块生产线	2012—2013	5500	15万立方米	300	21	30
14	乳制品生产线建设项目	居佳乳业公司	建设日产300吨乳制品生产线	2011—2013	5000	2500吨	800	40	50
15	年产5万吨磷精粉及20万吨过磷酸钙和20万吨硫基复合肥生产线项目	金昌市嘉丰矿业有限责任公司	建设年产5万吨磷精粉及20万吨过磷酸钙和20万吨硫基复合肥生产线	2012—2013	9100	30万吨	3650	255	365

酒　泉　市

一、工业和信息化发展总体情况

2013年,酒泉市工业企业总户数达到1741户,比2012年增加296户。其中:规模以上工业企业277户,比2012年增加36户。

(一)工业生产稳步增长

2013年,酒泉市工业增加值达到283.4亿元,增长15.5%,占酒泉市GDP的44.1%。地方工业增加值225亿元,增长21.9%。酒泉市规模以上工业增加值达到221.7亿元,增长16%。其中:国有控股企业130.9亿元,增长6.3%;股份制企业185.6亿元,增长15.8%;外商及港澳台投资企业3.1亿元,增长10.8%;私营企业20.3亿元,增长23.7%。分轻重工业看,轻工业增加值19.5亿元,增长14.3%;重工业增加值202.2亿元,增长16.2%。

(二)首位产业稳步推进

2013年,酒泉市首位产业实现工业增加值81.2亿元,增长15.6%,其中新能源产业实现工业增加值78亿元,增长16.1%。新能源产业中风电、光电发电企业完成工业增加值13.4亿元,增长13%,发电量达到102亿千瓦时,增长19%,占全市发电量的67%。其中:风力发电100.4亿千瓦时,增长18.9%;风电、光电装备制造企业完成工业增加值64.6亿元,增长16.8%。

(三)支柱产业发展壮大

2013年,装备制造、电力、石化、冶金、有色、建材、食品等支柱产业共完成工业增加值200.1亿元,占酒泉市规模以上工业增加值的90.3%,比重较上年提高0.9个百分点,对规模以上工业增长的贡献率为90.4%。其中:装备制造业完成工业增加值67.5亿元,增长17.1%;电力工业完成增加值19亿元,增长11.1%;石化工业完成增加值35.4亿元,下降11%;冶金工业完成增加值27.8亿元,增长50.5%;有色工业完成增加值21.5亿元,增长28.9%;建材工业完成增加值23.1亿元,增长33.3%;食品工业完成增加值5.9亿元,增长28.2%(酒泉市2013年建成投产工业项目情况见附表)。

（四）主要工业产品产量稳定增长

2013年，酒泉市铁矿石原产量788.5万吨，增长74.1%；发电量152.4亿千瓦时，增长13.2%；天然花岗石建筑板材692.4万平方米，增长1.2倍；水泥224.6万吨，增长28.7%；黄金4881千克，增长15.6%；化学药品原药3256吨，增长5.6%；天然原油51万吨，与上年持平。

（五）固定资产投资较快增长

2013年，酒泉市500万元以上工业固定资产投资达到492.3亿元，增长14.6%。其中：采矿业完成投资76.54亿元，增长42.02%；制造业完成投资115.51亿元，下降8.83%；电力热力燃气及水的生产供应业完成投资300.29亿元，增长20.62%。500万元以上工业固定资产投资占500万元以上固定资产投资的比重达到59.3%，提高了1.4个百分点。

（六）节能节水成效明显

2013年，工业用水量2.6亿立方米，下降4.8%，万元工业增加值用水量89.9立方米，下降26.9%；能源消费总量482.09万吨标准煤，比2012年增长7%。万元生产总值能耗比2012年下降4.73%。

经过努力，酒泉市工业已初步形成"169"发展格局，即1个以新能源及新能源装备制造业为主的首位产业千亿元产业链，石化、煤化工、有色、黑色、非金属采选加工及光伏材料6个百亿元循环经济产业链，农机装备、医药生物、农副产品加工、工艺美术、轻工纺织、节能环保、工业物流、印刷包装、金属加工制造9个传统产业集群。

二、存在的困难和问题

（一）企业经济效益下滑

2013年，受国际国内经济形势不佳、产能过剩、有效需求不足等因素影响，大宗工业产品价格持续走低，煤炭、水泥、黄金、铁精粉等产品价格下降明显，加之劳动力、物流、融资等成本上升，企业盈利空间缩小。风电、光电等新能源企业上网困难，装备制造企业订单偏少，石化行业炼量不足，效益持续下滑。受上述因素叠加影响，规模以上工业企业实现主营业务收入523.1亿元，增长9.1%；实现利税38.8亿元，下降24.6%，其中利润总额10.95亿元，下降35.6%。

（二）企业规模偏小

从总量上看，工业企业只有1700多户，与酒泉市的面积、资源相比，数量偏少，且上规模、贡献大的企业较少；从结构上看，大部分是中小微企业，普遍存在技术水平低、产品竞争力弱、融资难、抗风险能力弱等问题，不足以支撑酒泉市工业经济持续快速发展。

（三）产业结构不优

工业经济中新能源及装备制造产业的比重为37.5%，石化产业的比重为15.5%，两者所占的份额比较大，而目前这两个产业受国家产业政策调控的影响非常大，发展的不确定性很强。受风电二期建设进度影响，装备制造产业增长大幅降低；石化产业受炼化设备检修和油品提质等因素影响，加工量减少45万吨，工业增加值减少6.3亿元，对酒泉市完成年度任务目标影响较大。

（四）固定资产投资放缓

受产业政策调整、市场供求关系变化、融资难等因素影响，工业企业投资意愿下降。在建部分重点工业项目进展缓慢，工业固定资产投资增速持续回落。

三、2014年的目标任务

2014年，力争完成工业增加值326亿元，增长15%，其中：规模以上工业企业完成工业增加值257亿元，增长16%；完成工业固定资产投资740亿元，增长25%；创建2～3个省级以上企业技术中心和1～2个省级技术创新示范企业，申报一批省级优秀新技术、新产品；万元工业增加值能耗、万元工业增加值用水量完成省上下达责任指标；信息产业主营业务收入增长15%。工业经济占酒泉市GDP比重达到46%，对地方经济的贡献率达到62%，带动就业5000人。

（一）推动工业经济转型升级

以大力发展非公经济为契机，实施中小企业成长工程。以发展混合所有制经济为机遇，引导帮助民营资本进入基础产业和战略性新兴产业。以加快完善现代市场体系为抓手，积极筹建工业生产资料和产品交易市场，制定地方局域电网规划，探索建立工业企业股权交易市场。

（二）持续壮大工业规模

着力延伸六大产业链，不断提高产业附加值和产业集聚度。制定实施传统产业集群发展方案，提高农机装备制造、农副产品加工、印刷包装等9个传统产业集群的技术水平。积极引进培育石灰石造纸、光热发电设备、太阳能发电家用一体机等新产业。

（三）强力推进首位产业

力争首位产业完成增加值93亿元，增长14.5%，拉动酒泉市规模以上工业增加值5.3个百分点，占酒泉市规模以上工业增加值的36.6%。力争完成风电装机300万千瓦，光电装机1000兆瓦及其他新能源建设任务。启动建设调峰火电，力争甘电投200万火电、肃州200万火电开工，国电120万千瓦扩建，三新硅业自备电厂取得路条。积极推动电能就地消纳，谋划引进碳化硅、电石、特种合金等高载能产业，认真开展大用户直购电试点。谋划引进新能源装备制造业配套产业链项目，加速产业链条前延后伸。帮助企业拓宽销售渠道，促使新能源装备制造企业扩大产能、提高效益。

（四）做强做优六大循环经济产业链

煤化工产业链力争完成增加值9亿元，增长64.2%。光伏材料及制造产业链力争完成增加值11.5亿元，增长32%。建材非金属采选加工产业链力争完成增加值30.5亿元，增长32.1%。黑色金属采选冶产业力争完成增加值37.8亿元，有色金属采选冶产业完成增加值24.9亿元，分别增长35.8%和15.9%。石油炼化及精细化工产业链支持玉门炼油厂按期完成油品升级技术改造，确保炼量稳定在200万吨以上，力争石油炼化及精细化工产业完成增加值21.5亿元，增长2%。

（五）加大工业项目推进力度

瞄准500强和行业龙头企业，谋划、筛选、论证、储备一批产业关联度高、科技含量高、带动能力强的大项目。围绕7条产业链和9个传统产业集群，谋划催生一批适合中小微企业的配套项目。积极开展招商引资和承接产业转移，帮助项目落地和企业做大。加强与周边省、市、企业的合作，促进区域经济发展。2014年，初步确定重点建设非能源工业项目216项，总投资849.8亿元，年内完成投资291.1亿元，其中新建项目153项、续建项目63项。

（六）大力推动企业提质增效

引导企业瞄准国家产业支持政策，推动企业技术创新、产品升级。加强企业整合重组，计划整合重组50户以上小微企业，力争30户规模以下企业成长为规模以上企业。激励企业技术创新，力争培育国家级、省级企业技术中心2～5家，争创甘肃名牌3～5个。提升资源综合利用水平，力争通过资源综合利用认定的企业为20户以上。开展扶助中小微企业优惠政策落实专项督查，公布涉企收费目录和标准，查处公布一批乱收费、增加企业负担的典型问题。强化企业主体责任和地方监管责任，确保管道、民爆等高危行业安全生产。

（七）夯实工业发展平台

加大“一区七园”基础设施建设力度，积极筹建广汇煤化工园区，争取引进一批陕西中小企业，建立西安中小企业创业园。积极推进光热设备制造产业园的筹建工作，使酒泉市成为西北最大的光热技术和设备制造产业基地。争取将新能源装备制造园区列为国家工信部新型工业化示范基地，享受有关优惠政策。做实做强工业发展集团公司资产，构建工业投融资平台，力争年内发行企业债券10亿元，融资20亿元。

（八）大幅提升信息化水平

协调电信运营企业加大信息基础设施投入，实施好光纤入户入村等工程，开展“三网”融合试点工作。落实“两化”深度融合专项行动计划方案，推进数字企业建设工程。积极推进智慧城市建设,促进城镇化与信息化融合。加强中小企业信息服务平台和新能源等产业信息平台建设,扶持一批信息技术服务企业,为中小企业提供更优质的信息服务。

(九)加快发展生产性服务业

健全生产性服务业市场体系建设,制定生产性服务业市场体系建设规划。发挥省级生产性服务业示范市作用,进一步落实促进生产性服务业发展的政策措施。积极引进物流企业和项目,大力发展工业物流,带动相关产业快速发展。鼓励企业主辅分离,享受"营改增"优惠政策。进一步促进担保公司发展,帮助小微企业解决融资难问题,引导中小企业积极采取集合票据、股权融资等方式融资。2014年,生产性服务业增加值增幅为20%以上。

附表

酒泉市2013年建成投产工业项目情况表

单位/万元

序号	项目名称	建设单位	主要建设内容	项目实施年限	累计完成投资	新增生产能力	新增经济效益		
							新增产值	新增税收	新增利润
1	北京京城新能源（酒泉）装备有限公司风力发电机制造项目	北京京城新能源（酒泉）装备有限公司	年产150台风力发电机组、950台风力发电机	2012—2013	55000	1100台	50000	1750	4750
2	酒泉富博铁塔制造有限公司铁塔制造及光伏支架制造项目	酒泉富博铁塔制造有限公司	年生产铁塔及光伏支架10万吨	2012—2013	17000	10万吨	18700	654	1776
3	昆仑能源公司车用LNG气瓶制造项目	甘肃酒泉昆仑能源公司	建设年产1万只车用液化天然气生产线	2013	9000	1万只	30000	1050	2850
4	酒泉万方线缆有限公司高压输电线缆生产项目	酒泉万方线缆有限公司	建设年产各类电线电缆1250万米	2013	7500	1250万米	5000	175	475
5	甘肃华菱太阳能光伏发电设备有限公司光伏发电支架和电池板边框生产项目	甘肃华菱太阳能光伏发电设备有限公司	年产光伏发电支架2000吨	2013	6400	2000吨	5000	175	475
6	酒泉森邦复合材料有限公司风电机舱罩制造项目	酒泉森邦复合材料有限公司	建设年产500套风电机舱罩、轮毂罩生产线2条	2013	10000	500套	30000	1050	2850
7	甘肃品尚苏美建筑装饰工程公司钢门窗加工项目	甘肃品尚苏美建筑装饰工程公司	年产高档门窗5万平方米	2013	5400	5万平方米	2000	70	190
8	果园银星机电公司项目	银星机电公司	年产洋葱脱皮机200台	2013	3000	200台	2500	87	237
9	酒泉市明珠矿业有限公司粉磨站资源综合利用项目	酒泉市明珠矿业有限公司	新建粉磨站一座，购置加工设备，年生产水泥120万吨	2013	6000	120万吨	3500	122	332
10	酒泉百立混凝土建业混凝土生产线扩建项目	酒泉百立混凝土建业	年产30万立方米商品混凝土搅拌站项目	2012—2013	5600	30万立方米	1500	52	142

续附表

酒泉市2013年建成投产工业项目情况表

单位/万元

序号	项目名称	建设单位	主要建设内容	项目实施年限	累计完成投资	新增生产能力	新增经济效益		
							新增产值	新增税收	新增利润
11	酒泉康多生态农业科技发展有限公司年产5万吨生物有机肥建设项目	酒泉康多生态农业科技发展有限公司	建设年产5万吨生物有机肥料生产线1条，配套办公、仓储、加工等设施建筑面积8000平方米	2013	5000	5万吨	1500	52	142
12	酒泉荣泰橡胶制品有限公司废旧轮胎综合利用项目	酒泉荣泰橡胶制品有限公司	新建3500平方米车间	2013	4500	3500平方米	2500	88	238
13	甘肃敦煌种业股份有限公司玉米种子烘干项目	甘肃敦煌种业股份有限公司	年加工种子3.2万吨	2012—2015	30000	3.2万吨	48000	1680	4560
14	酒泉敦煌种业棉蛋白油脂有限公司棉蛋白油脂深加工改扩建项目	敦煌种业棉蛋白油脂有限公司	新增300吨/日棉籽预榨生产线、200吨/日菜籽预榨生产线、150吨/日浸出生产线、50吨/日棉籽二级生产线、50吨三级生产线、小包装生产线等	2013	11080	750吨	4000	140	380
15	酒泉欣地农业科技有限公司玉米果穗烘干生产线项目	酒泉欣地农业科技有限公司	新建1200吨果穗烘干线、1261平方米办公楼	2013	5000	1200吨	3600	126	342
16	甘肃渊和中药材生物科技公司中药饮片生产项目	天马啤酒花项目	年产中药饮片1000吨	2013	3200	1000吨	6000	210	570
17	金色阳光蔬菜有限公司(亿佰食品有限公司)蔬菜脱水加工生产线项目	金色阳光蔬菜有限公司	建设占地30亩食品加工厂区、车间、围墙，购置设备。	2013	3000	2000吨	1500	52	142
18	年产10万立方米苯板生产线建设项目	玉门天富彩钢厂	建设年产10万立方米苯板生产线	2013	3500	10万立方米	1000	130	100
19	节水管材生产线建设项目	玉门润瑞节水工程有限公司	建设生产线5条，年产各类节水灌溉材料8000吨	2013	8500	管材8000吨	2000	260	200

续附表

酒泉市2013年建成投产工业项目情况表

单位/万元

序号	项目名称	建设单位	主要建设内容	项目实施年限	累计完成投资	新增生产能力	新增经济效益		
							新增产值	新增税收	新增利润
20	1万吨钢结构生产线项目	玉门森茂源建材有限公司	建设年产1万吨钢结构生产线，新上年产彩钢20万平方米、苯板30万立方米生产线	2013	6800	钢结构1万吨	2500	325	250
21	20万吨混合芳烃加工及物流基地项目	玉门源润丰矿业有限公司	建成20万吨混合芳烃加工生产线及物流基地	2013	29000	混合芳烃3万吨	4000	520	400
22	2万吨铸钢件生产项目	甘肃宏顺发物资有限公司	建设2万吨阳极钢爪铸件生产线	2013	11000	钢铸件2万吨	3000	390	300
23	60万吨兰炭及90万吨洗煤项目	玉门坤达矿业有限公司	建设年产60万吨兰炭及90万吨洗煤	2012—2013	9000	90万吨洗煤	3000	390	300
24	年加工15万吨煤焦油建设项目	玉门汇通新能源有限公司	建设年加工15万吨煤焦油建设项目	2013	12000	煤焦油加工15万吨	3000	390	300
25	年产10万吨轻质碳酸钙项目	玉门东升钙业有限公司	建成年产10万吨轻质碳酸钙生产线	2013	12000	10万吨轻质碳酸钙	5000	650	500
26	年产25万立方米商品混凝土、日产10万块免烧砖生产线建设项目	玉门市鸿腾商品混凝土有限责任公司	建成年产25万立方米商品混凝土建设项目	2013	8500	25万立方米商品混凝土	1500	195	150
27	年产50万吨腐殖酸及腐植酸盐加工(一期)工程	玉门龙川矿业有限公司	建设年产50万吨腐殖酸及腐植酸盐生产线	2012—2013	25000	20万吨腐殖酸	2000	260	200
28	炼油厂技改项目	玉门油田炼油厂	1.5万吨/年分子筛脱蜡装置隐患治理、电气系统隐患治理改造、瓦斯气柜隐患治理、污水处理等项目	2013	14600	1.5万吨/年分子筛脱蜡装置隐患治理	10000	1300	1000
29	40万吨/年催化汽油加氢脱硫装置项目	玉门油田炼油厂	建设40万吨/年催化汽油加氢脱硫装置项目	2013—2014	14600	40万吨/年催化汽油加氢	15000	1950	1500

续附表

酒泉市2013年建成投产工业项目情况表

单位/万元

序号	项目名称	建设单位	主要建设内容	项目实施年限	累计完成投资	新增生产能力	新增经济效益		
							新增产值	新增税收	新增利润
30	醇基燃料油生产线项目	新疆新醇石化有限公司	建设年产5万吨醇基燃料油生产线	2013	5850	5万吨醇基燃料油	2500	325	250
31	污水处理站建设项目	乌鲁木齐依柯力自控设备有限公司	项目建成后污水处理规模达到800立方米/天，清水处理规模达到400立方米/天，建设规模为1200立方米/天。主要建设污水处理设施，以及厂房、供配电系统、自动控制系统、道路总图、采暖通风等配套工程	2013	5300	油污处理1200立方米/天	5000	650	500
32	年产20万吨系列化肥生产线项目	甘肃玉门地之宝磷化工有限公司	用黄花农场停产闲置多年的磷肥厂，新建磷肥、复合肥、滴灌肥生产线3条，年生产能力达20万吨	2013	3500	复合肥20万吨	1000	130	100
33	干酪素精深加工生产线建设项目	甘肃普罗生物有限公司	建设年产2000吨干酪素产品生产线1条及附属设施，后期逐步增加酪蛋白酸钠、酪蛋白酸钙、酪蛋白营养粉的生产线投资	2012—2013	4568	2000吨干酪素	2500	325	250
34	1万吨洋葱脱水生产线建设项目	甘肃恒润农业科技有限公司	建成年加工1万吨脱水洋葱生产线	2013	7000	1万吨脱水洋葱	5000	650	500
35	年产1000吨中药材生产线项目	甘肃雄信药业有限公司	建成年产1000吨中药材深加工生产线	2013	3300	1000吨中药饮片	2000	260	200
36	滑石粉煅烧加工颗粒增白项目	金塔县金仓矿业有限责任公司	3万吨超细滑石粉生产线	2013	6800	3万吨	2100	120	200
37	12万立方米A级防火水泥发泡板生产项目	金塔县兴瑞新型建材有限公司	12万立方米防火水泥发泡保温板生产线	2013	5600	12万立方米	6000	80	450
38	100万平方米大理石精加工项目	金塔县玉磊矿业有限公司	100万平方米大理石板材生产线	2013	12000	100万平方米	10000	1200	1400
39	200万平方米花岗岩板材加工项目	金塔县诚真石材有限公司	200万平方米花岗岩板材加工生产线	2012—2014	8000	200万平方米	8000	800	1000

续附表

酒泉市2013年建成投产工业项目情况表

单位/万元

序号	项目名称	建设单位	主要建设内容	项目实施年限	累计完成投资	新增生产能力	新增经济效益		
							新增产值	新增税收	新增利润
40	3000万平方米花岗岩板材加工项目	金塔县内外矿业有限公司	建成年开采加工3000万平方米花岗岩板材生产线	2012—2015	48000	500万平方米	20000	2500	2600
41	5000吨铜精粉扩建项目	金塔县亚泰金属有限公司	扩建年产5000吨铜精粉生产线	2012—2013	13000	5000吨	4500	1300	800
42	2万吨萤石精粉生产项目	金塔县玉神矿业有限公司	建成年产2万吨萤石精粉生产线	2013	12000	2万吨	4200	300	500
43	30万吨铁精粉及5万吨铅锌精粉生产项目	金塔县宏运矿产有限公司	建成年产30万吨铁精粉及5万吨铅锌精粉生产线	2013	25000	35万吨	21000	1700	2400
44	3万吨萤石精粉生产项目	金塔县首佳矿业有限公司	建成年产3万吨萤石精粉生产线	2013	6000	3万吨	6000	450	750
45	500兆瓦太阳能电池完整产业链项目	金塔万晟恒光光电有限公司	建成500兆瓦太阳能电池完整产业链	2013—2014	250000	150兆瓦	30000	2000	3500
46	10万吨铁精粉建设项目	金塔县超润矿业有限公司	建成年产10万吨铁精粉生产线	2013	6000	10万吨	7000	800	1000
47	200万平方米花岗岩、大理岩板材加工项目	甘肃东立矿业有限公司	建成年产200万平方米花岗岩、大理岩板材生产线	2012—2014	16000	200万平方米	8000	800	1000
48	10万吨耐火材料精选项目	金塔县黑石矿业有限公司	建成年精选10万吨红柱石耐火材料生产线	2012—2014	2800	10万吨	7600	600	1200
49	花岗岩板材加工项目	瓜州县景红石业有限责任公司	建设200万平方米/年板材生产线	2013	5524	200万平方米/年	960	51	47
50	花岗岩板材加工项目	瓜州县达顺石业有限公司	建设200万平方米/年板材生产线	2013	5489	200万平方米/年	870	49	43

续附表

酒泉市2013年建成投产工业项目情况表

单位/万元

序号	项目名称	建设单位	主要建设内容	项目实施年限	累计完成投资	新增生产能力	新增经济效益		
							新增产值	新增税收	新增利润
51	花岗岩板材加工项目	瓜州县鑫源辉石业有限责任公司	建设200万平方米/年板材生产线	2013	5425	200万平方米/年	820	46	41
52	加气混凝土砌块项目	瓜州鸿志建材有限公司	年产33万平方米加气块	2013	5725	33万平方米	480	3	22
53	枸杞示范园区及精深加工项目	瓜州海隆农业生态开发有限责任公司	枸杞干果400吨	2013	7450	枸杞干果400吨	480	2	9
54	高纯超细硅粉生产项目	甘肃三新硅业有限公司	高纯超细硅粉1万吨	2013	45596	高纯超细硅粉1万吨	1840	16	48
55	高纯硅材料精细加工及综合利用项目(三期)	甘肃三新硅业有限公司	工业硅1万吨	2013	14306	工业硅1万吨	3540	27	87
56	碳化硅加工项目	瓜州县新哈矿业开发有限责任公司	碳化硅2万吨	2013	14000	碳化硅2万吨	1950	78	92
57	PE给排水管线制造项目	甘肃兴管管业有限公司	年产10万吨PE给排水管材	2013	1071	年产10万吨PE给排水管材	10000	120	1000
58	石材加工项目	敦煌市华川石业有限责任公司	年产200万平方米成品板材及盐茶升压站建设	2013	22000	年产200万平方米成品板材及盐茶升压站建设	30000	300	3000
59	龙行天下商砼站建设项目	西航实业	建设年产10万立方米商砼站1座	2013	4200	年产10万立方米	2000	30	200
60	吉隆商砼站建设项目	甘肃吉隆机械股份有限公司	建设年产10万立方米商砼站1座	2013	3500	年产10万立方米	2000	30	200
61	石材加工项目	百通石业	建设年产100万平方米石材加工生产线	2013	10200	年产100万平方米	8000	100	1000
62	石料综合利用项目	红岩石业有限责任公司	商品混凝土拌和站、人造花岗岩生产线建设	2013	10314	商品混凝土拌和站、人造花岗岩生产线建设	6000	50	600
63	3000型沥青拌和项目	市政公司	建设年产30万立方米沥青拌和站1座	2013	3500	年产30万立方米	1500	20	200

续附表

酒泉市2013年建成投产工业项目情况表

单位/万元

序号	项目名称	建设单位	主要建设内容	项目实施年限	累计完成投资	新增生产能力	新增经济效益		
							新增产值	新增税收	新增利润
64	红枣深加工生产线建设项目	甘肃省国营敦煌农场	建筑面积2000平方米,新上红枣加工包装生产线3条,设备16套	2013	3000	200吨	2200	40	500
65	年产30万立方米加气混凝土砌块生产线建设项目	敦煌市立创环保建材有限责任公司	建设年产30万立方米加气砼生产线	2013	5200	年产30万立方米	6400	60	860
66	海装风电总装维护基地(一期)工程项目	中船重工	建设年产大功率风力发电机组40万千瓦及配套升压站建设	2013	11000	建设年产大功率风力发电机组40万千瓦及配套升压站建设	11000	100	1500
67	日处理300吨原矿建设项目	酒泉步宇实业有限责任公司	日处理300吨原矿建设项目	2013	3000	年产180千克黄金	3600	324	468
68	年产15万吨铁精粉建设项目	肃北方舟化工有限责任公司	年产15万吨铁精粉建设项目	2013	6000	年产15万吨铁精粉	9750	877	1267
69	年产90万吨原煤建设项目	肃北县谦和有限责任公司	年产90万吨原煤建设项目	2013	45000	年产90万吨原煤	9000	810	1170
70	年产30万吨铁精粉建设项目	肃北县金兆利有限责任公司	年产30万吨铁精粉建设项目	2013	11000	年产30万吨铁精粉	20400	1836	2652
71	年产3万吨高活性氧化镁项目	肃北县辽宁新发展科技有限责任公司	年产3万吨高活性氧化镁	2012—2013	5200	年产3万吨高活性氧化镁	8000	720	1040
72	马鬃山高活性腐殖酸场建设项目	肃北县河湟公司	年产25万吨腐殖酸(颗粒12万吨、粉末13万吨),建设生活区及其他配套设施	2013—2014	3350	年产25万吨腐殖酸	2200	198	286
73	金场沟资源整合、矿山开拓及日处理450吨金选厂项目	肃北县富兴矿业有限公司	日处理原矿450吨选厂1座,建设生活区及其他配套设施	2013—2014	18820	年产260千克黄金	7600	684	988

续附表

酒泉市2013年建成投产工业项目情况表

单位/万元

序号	项目名称	建设单位	主要建设内容	项目实施年限	累计完成投资	新增生产能力	新增经济效益		
							新增产值	新增税收	新增利润
74	外墙保温及铝合金门窗建设项目	甘肃贝特节能装饰材料有限公司	建成年产3万平方米铝合金门窗、10万立方米外墙保温材料生产线各1条	2013	5050	3万平方米铝合金门窗、10万立方米外墙保温材料	3000	360	270
75	年产120万吨新型干法水泥生产线(一期)建设项目	甘肃恒亚水泥有限公司	年产60万吨新型干法水泥	2013	20000	60万吨水泥	24000	2880	2160
76	阿克塞县恒亚水泥公司2×4.5兆瓦余热发电站建设项目	甘肃恒亚水泥有限公司	为两条年产60万吨水泥生产线提供供电设施	2013	6200	年发电5800万千瓦时	2900	377	261

张　掖　市

一、工业和信息化发展总体情况

2013年，张掖市工业实现增加值85.5亿元，增长15.8%。其中：规模以上工业实现增加值70.45亿元，增长16.1%；工业固定资产投资完成107亿元，增长32.25%；万元工业增加值用水量下降10.4%。

（一）工业经济平稳运行

坚持每月分析、每季度报告工业经济运行情况，通过政策、资金、项目、服务全方位支持工业经济快速发展。规模以上企业达到169户，较2012年增加41户。2012年建成的70个工业项目达成达标52户，超额完成甘肃省下达的目标任务。协调解决好煤、电、油、运等生产要素保障，加大对重点农产品加工企业原料供应和产成品外运的协调服务力度。

（二）项目建设稳步推进

开工建设重点工业项目129项，总投资233.8亿元，当年完成投资87.5亿元。落实工业招商引资项目71项，到位资金68亿。建成投资千万元的重点工业项目72项，其中：常州佳讯20兆瓦光伏发电、太科光伏50兆瓦光伏发电、宏鑫矿业公司30万吨铁锰精矿干法选矿、3万吨干法氟化铝生产等65个项目已建成投产，运行稳定。花草滩煤田开发、尚慧新能源等3个项目开工建设，安达能源60万吨煤化工、平山湖煤田开发、祁连山水泥集团日产4500吨干法水泥等工业项目前期工作取得实质性进展（张掖市2013年建成投产工业项目情况见附表）。

（三）园区聚集效应明显提升

张掖工业园区升级为国家级经济技术开发区，民乐生态工业园区规划通过评审。花草滩循环经济产业园煤炭物流园、600万吨煤选项目已进入实施阶段。各园区累计完成基础设施投资2.9亿元，增长191%，入驻工业企业378户，完成固定资产投资58.2亿元，实现工业增加值62亿元。

（四）循环经济初见成效

全年对22户年耗水10万立方米以上的重点用水企业实行节水目标管理，实施云鹏公司等节水技术改造项目4项，新金威麦芽公司锅炉改造等节能技改项目4项，争取到省级资金贴息108万元。申报中央淘汰落后产能项目9项、省级淘汰落后产能5项，分别核定淘汰落后产能122万吨、3.68万吨，争取奖励资金1600万元。11户小企业列入国家关闭计划，共淘汰落后产能52万吨。资源综合利用认证企业达到12家，张掖、高台、民乐3个工业园区和张掖有年金龙有限责任公司等5户企业被列为省级发展循环经济示范园区和企业。

（五）中小企业发展活力增强

2013年，张掖市工业和信息化企业共计892户，其中中型企业20户，小型企业408户，微型企业464户。鼓励担保公司扩大担保业务，25户担保公司为196户工业企业提供贷款担保10.65亿元。推荐重点企业在省股权交易中心挂牌、托管，推荐挂牌16户、托管100户。建设省级中小企业公共服务示范平台6家、市级30家，创建中小企业创业孵化基地5个。实施技术创新及产业化项目33项，完成投资4.35亿元，完成新产品试制26项，其中有21项新产品投入生产。

（六）"两化"融合不断推进

三家通信企业完成基础设施建设投资2.2亿元，占年计划的118%，通信业实现主营业务收入6.6亿元，增长20%。争取信息专项补助资金173万元，加快三维数字社区建设步伐。规模以上工业企业全部开通了互联网，部分企业实现了装备自动化工和计算机辅助设计，数字企业累计达到90户。"智慧张掖"和"宽带中国"战略全面启动。

二、存在的困难和问题

（一）部分企业产能发挥不足，生产经营困难

一方面，部分企业受产品价格下降及原辅材料价格上涨、成本持续上升和市场需求不旺等诸多因素影响，无法满负荷生产。另一方面，由于受产成品积压、流动资金紧张、应收账款持续增加和原材料缺乏等因素影响，生产经营困难。

（二）工业投入不足，项目建设乏力

带动全局的大项目、好项目少，拉动经济持续增长的能力不强。一些项目由于资金不足等原因建设进度缓慢，对工业经济的支撑作用不明显。

（三）企业融资难，企业有效资金需求不足

企业普遍存在生产规模小、资信程度低等问题，企业融资渠道窄，主要依靠银行贷款和民间借贷，不少效益好、有良好前景的企业在收购原料、扩大生产规模或技术改造时，由于银行贷款门槛高，办理周期长，担保手续繁杂，不能满足企业的资金需求。

（四）企业管理水平较低，人才严重缺乏

部分企业内部管理水平低，对资金和人才的吸引力缺乏，企业技术力量薄弱，特别是农产品精深加工的研发人才严重不足。一些有特殊技术的工作岗位人才需求大，有技能的熟练工人缺口较大。

三、2014年的目标任务

2014年，张掖市规模以上工业实现工业增加值增长18%以上，工业固定资产投资增长35%以上，全面完成省、市下达的工业节能节水目标任务。目前重点抓好以下7个方面的工作。

（一）大力招商引资，积极承接产业转移

紧紧围绕钨钼、太阳能、水能、风能资源开发、煤化工、农产品深加工等资源，建立不少于500个项目、投资不低于1000亿元的工业招商引资项目库，力争在“招大商、上大项目”上实现新的突破。重点承接产业薄弱环节和产业补链项目，提高产业协作配套能力。2014年，力争承接产业转移引进资金实际到位额增长30%以上。

（二）突出工作重点，全力推进项目建设

着力打造高台县高崖子滩、甘州区南滩、山丹县东乐北滩3个“百万千瓦级”光伏产业园和张掖平山湖、山丹绣花庙及长山子两个“百万千瓦级”风电产业园，抓好200万吨钼矿采选项目，促进平山湖、花草滩、长山子煤田开发，40亿立方米煤制天然气多联产，高台晋昌源煤炭气化后续产业链项目取得实质性进展。抓好新建项目，确保16万吨煤基合成蜡示范、祁连山200万吨干法水泥生产线、40万吨铁精矿生产线等123个重点工业项目开工建设，完成工业固定资产投资130亿元。

（三）加强运行调节，确保经济平稳运行

建立内部统计监测分析平台，准确掌握工业经济运行动态和重点行业企业及上下游产业的发展态势，提出预警并启动相应措施。做好电力外送和大用户直供电工作，推进地方局域电网建设，保障铁路货物发送量稳定增长，确保成品油、天然气稳定供应。抓好72个已建成项目投产达标，力争达产达标率为70%以上。抓好企业成长工程，争取新增规模以上工业企业30户。切实落实安全生产的主体责任，做好民爆公司安全监管和境内油气管道保护工作。

（四）加快园区建设，提升产业集聚平台

尽快制定落实千亿园区集中布局建设的政策措施，加快县区条件成熟的项目向国家级张掖经济技术开发区和民乐生态工业园区集中。加快园区基础设施投融资平台建设，引导同类企业集聚，构建以主导产业引领关联产业、支柱企业带动配套企业的发展格局。2014年，各园区增加值增长20%以上，工业固定资产投资增长40%以上，园区基础设施建设投资增长25%以上。

(五)强化节能管理,大力发展循环经济

深入开展工业重点用能企业能效对标达标活动,积极推进电机能效提升计划,启动重点用水企业开展水平衡测试和取水定额对标试点,推动高效环保煤粉锅炉技术试点工作。做好国家及省级淘汰落后产能项目申报工作,继续开展对能耗高、污染重、安全隐患突出的小企业的关闭工作。大力推进循环经济试点示范建设,争取2～3户企业申报发展循环经济省级试点企业,培育5～6户市级循环经济试点企业。深入开展资源综合利用认定,指导和帮助符合认定条件的企业申报资源综合利用认定,提高资源综合利用水平。

(六)推动全民创业,加快发展中小企业

深化推进"扶助小微企业专项行动",加大企业治乱减负力度。重点培育220户主营业务收入在300万元～2000万元的小型企业,扶持壮大企业规模。继续开展银企对接、银政对接等活动,力争为企业担保贷款在40亿元以上。积极创建国家、省、市三级小企业创业孵化基地和中小企业公共服务示范平台,培育建成1～2个具有一定规模的创业孵化基地。引导生产性服务业发展,确保限额以上生产性服务业营业收入增长23%。

(七)促进"两化"融合,加快信息化建设进程

加快实施"宽带中国"战略,推进信息网络宽带化升级,推动城市光网、3G网络全覆盖、4G网络启动实施。推进农村信息公共服务网络二期工程的建设,加快建设"三农"信息服务体系。推进云计算和物联网发展,促进大数据等一批重点项目建设,加快实施智能终端产业化工程。面向重点行业和民生领域开展物联网重大应用示范,大力发展数字出版、互动新媒体、移动多媒体等新兴文化产业,培育信息消费需求。开展"两化"融合发展水平评估,全面推进"智慧张掖"建设,加快三维数字社会管理系统的推广应用。

附表

张掖市2013年建成投产工业项目情况表

单位/万元

序号	项目名称	企业名称	建设规模及主要建设内容	建设性质	工程起止年限	总投资	2013年完成投资	新增产能	产值	利润	税金
合计72项						862503	678122		892958	70068	38359
一	甘州区22项					136388	124030				
1	光宇生物纸浆(二期)工程	张掖市光宇纸业公司	土建工程建设及设备购置安装	续建	2012—2014	10000	2400				
2	多成3000吨马铃薯粉丝、粉皮生产项目	张掖市多成农产品加工有限责任公司	完成土建工程、设备安装	续建	2012—2013	1600	1600	3000吨	3600	300	200
3	华强建材年产2000吨新型结皮发泡木塑产品和回收再生产规模化项目	张掖市华强建材公司	新建生产车间、原料库、成品库、办公室设施,购置破碎机、高低混合机组、双螺杆挤出机、挤出模具、冷却定型模、模温机等设备	续建	2012—2014	1200	1600	2000吨	2160	200	118
4	常州佳讯20兆瓦光伏发电(二期)	常州佳讯新能源公司	完成全部基建及设备安装,建成20兆瓦光伏发电场	新建	2013	26000	26000	20兆瓦	4200	1000	400
5	龙源二期9兆瓦光伏发电	龙源张掖新能源公司	建成一座装机容量9兆瓦光伏发电场	新建	2013	13000	13000	9兆瓦	2000	500	200
6	张掖石油公司M15甲醇汽油生产	张掖石油公司	建设生产车间,购置调配生产设备、大型储罐	新建	2013	3000	3000	3000吨	3000	420	120
7	巨龙建材纯低温余热发电项目	巨龙建材	利用干法水泥生产线余热,建设一座4.5兆瓦发电站	新建	2013	3120	3120	4.5兆瓦	900	300	100
8	年产10万吨有机—无机复混肥(一期)3万吨生产线迁建	张掖市共享化工公司	拆除原生产线,变迁现厂区北重新建设	新建	2013	2280	2280	3万吨	4040	400	310
9	飞翔商贸3000吨蔬菜加工及保鲜项目	张掖飞翔商贸公司	完成土建工程,设备安装	新建	2013	2600	2600	3000吨	3600	400	240
10	宏金雁3万吨废轮胎废塑料回收再利用项目	张掖市宏金雁再生能源科技发展有限责任公司	完成土建工程及部分设备购置安装,建成1条生产线	新建	2013—2014	3988	4200	3万吨	6456	1390	310

续附表

张掖市2013年建成投产工业项目情况表

单位/万元

序号	项目名称	企业名称	建设规模及主要建设内容	建设性质	工程起止年限	总投资	2013年完成投资	新增产能	产值	利润	税金
11	永鲜食品2000吨罐头、2000吨果蔬浓缩汁勾兑饮料生产	张掖市永鲜食品公司	生产车间建设,办公设施改造,设备购置安装	新建	2013—2014	1800	1800	4000吨	4000	800	169
12	永鲜食品5亿只马口铁制罐生产项目	张掖市永鲜食品公司	生产车间建设,办公设施改造,设备购置安装	新建	2013—2014	2600	2600	5亿只	10000	1264	336
13	金泽8万立方米高密度中纤板生产线	金泽木业公司	完成土建工程及设备购置安装	新建	2013	15000	12000	8万立方米	22000	2800	1040
14	华盾服饰150万套防护服生产项目	张掖市华盾服饰公司	完成基本工程建设,购进并安装部分设备,力争投产1条服装生产线	新建	2013	8000	8780	150万套	8000	2000	1000
15	环保建材10万立方米新型墙体材料	张掖市环保建材有限责任公司	修建生产车间、办公楼等,建成年产10万立方米新型墙体材料生产线	新建	2013	5000	4500	10万立方米	3850	603	340
16	三维豆业3万吨豆制品联合生产项目	张掖市三维豆业公司	完成全部土建及加工设备安装工程,投入生产运营	新建	2013	2800	4050	3万吨	16000	900	220
17	沅博肉羊精深加工生产线	张掖市沅博牧业公司	完成土建工程及设备购置安装	新建	2013	8600	7500	30万只	18650	556	2564
18	嘉禾食品7500吨葵花籽加工项目	张掖市嘉禾食品公司	项目建成投产	新建	2013	3900	3600	7500吨	9000	500	270
19	亚兰生物万亩益母草种植基地及300吨益母草深加工产业化项目	亚兰生物科技公司	基地建设,设备考察订购	新建	2013	6600	5700	300吨	6000	600	420
20	亚兰生物年产1000吨沙棘系列产品项目	亚兰生物科技公司	设备购置安装	新建	2013	7800	6200	1000吨	8000	800	560
21	银杏林2000吨中药饮片、500吨颗粒剂生产项目	张掖市银杏林药业公司	加工厂续建,加工设备购进安装	新建	2013—2014	4500	4500	2500吨	3000	300	120
22	瑞真年产1000吨蔬菜、花卉、玉米种子加工项目	张掖市瑞真公司	工厂建设,设备安装	新建	2013	3000	3000	1000吨	3600	300	200

续附表

张掖市2013年建成投产工业项目情况表

单位/万元

序号	项目名称	企业名称	建设规模及主要建设内容	建设性质	工程起止年限	总投资	2013年完成投资	新增产能	产值	利润	税金
二	临泽县7项					153921	153921				
1	宏鑫矿业公司30万吨铁锰精矿干法选矿项目	宏鑫矿业公司	新建强磁中矿堆场、焙烧车间、湿式磁选车间、精矿脱水车间、精矿堆场、尾矿堆场，新购φ3.5×50米回转窑、温式永磁筒式磁选机、水力旋流器、格子型球磨机、自同步惯性振动给料机等相应的配套设备及环保设备	续建	2012—2013	4000	4000				
2	吉林省能源交通总公司50兆瓦光伏发电项目	吉林省能源交通总公司	在扎尔墩滩建设50兆瓦光伏发电场一座，当年建成并网发电投入运行	新建	2013	65000	65000	7500万/千瓦时	7500	800	500
3	新疆特变电公司40兆瓦光伏发电项目	新疆特变电公司	在扎尔墩滩建设40兆瓦光伏发电场一座，当年建成并网发电投入运行	新建	2013	52000	52000	6000万/千瓦时	6000	600	400
4	中种迪卡种子加工（二期）工程建设项目	中种迪卡种子加工公司	建设1.5万吨种子加工生产线	新建	2013	20000	20000	1.5万吨	24500	3780	560
5	金海种业种子加工（二期）工程建设项目	金海种业公司	建设1万吨种子加工生产线	新建	2013	4000	4000	1万吨	14000	2160	320
6	宏鑫矿业公司30万吨铁锰精矿湿法选矿项目	宏鑫矿业公司	新建强磁中矿堆场、焙烧车间、湿式磁选车间、精矿脱水车间、精矿堆场、尾矿堆场，新购φ3.5×50米回转窑、温式永磁筒式磁选机、水力旋流器、格子型球磨机、自同步惯性振动给料机等相应的配套设备及环保设备	新建	2013	5921	5921				
7	甘肃丹霞酒业公司白酒生产线建设项目	甘肃丹霞酒业公司	一期投资3000万元建成2000吨高档丹霞白酒生产线	新建	2013	3000	3000	2000吨白酒	5000	300	350

续附表

张掖市2013年建成投产工业项目情况表

单位/万元

序号	项目名称	企业名称	建设规模及主要建设内容	建设性质	工程起止年限	总投资	2013年完成投资	新增产能	产值	利润	税金
三	高台县17项					179155	121190				
1	高台正泰光伏发电有限公司50兆瓦光伏发电项目	高台正泰光伏发电有限公司	建成50兆瓦光伏发电站1座	新建	2013	120000	83080	100兆瓦	170000		
2	金苹果种业集团有限公司小包装生产线建设项目	金苹果种业集团有限公司	新建两条小包装生产线，完成办公楼建设及其他配套设施	新建	2013	3000	5500	2000吨	1200	2500	350
3	高台县福祥机械制造销售有限责任公司年产1万台（件）农机具加工项目	高台县福祥机械制造销售有限责任公司	新建年产1万台（件）农机具加工车间，配套建设相关附属设施	新建	2013	2805	2100	10000台（件）	2500	160	120
4	高台县国正农业科技有限公司年产3000台双动力折臂式温棚卷帘机项目	高台县国正农业科技有限公司	新建滴灌车间、卷帘机生产车间，配套建设辅料库、成品库等	新建	2013	5600	4200	6800万米	1500	658	122
5	高台县旺达绿禾肥业有限公司年产3万吨复合肥项目	高台县旺达绿禾肥业有限公司	新建年产3万吨复合肥、有机肥生产线，配套建设办公用房、厂房、污水处理附属设施	新建	2013	1300	1300	30000吨	3000	232	35
6	高台县通泰环保科技有限公司年产8万吨石灰、3万吨型煤项目	高台县通泰环保科技有限公司	占地面积30亩，计划建成日产250吨石灰旋窑生产线1条，日产100吨型煤生产线1条，配套建设相关附属设施	新建	2013	1200	1200	8万吨	4000	360	480
7	高台县金昱食品有限公司活鸡加工项目	高台县金昱食品有限公司	新建年加工2600吨冷冻鸡制品生产线1条、年加工400吨熟食制品生产线1条。配套建设生产车间、冷库、储藏室、办公用房等附属设施	新建	2013	1200	1200	3000吨	5000	1600	260
8	高台县黎露泉酒厂1500吨酒窖建设项目	高台县黎露泉酒厂	新建全自动罐装生产线1条，机械化酿酒设备1套，酒糟生产线1条，原料加工生产线1条；配套建设发酵池、储酒窖、成品库房、产品展厅、水处理化验设备等	新建	2013	2500	800	1500吨	3000	660	1500

续附表

张掖市2013年建成投产工业项目情况表

单位/万元

序号	项目名称	企业名称	建设规模及主要建设内容	建设性质	工程起止年限	总投资	2013年完成投资	新增产能	产值	利润	税金
9	高台县澳泰商品混凝土有限公司年产40万立方米商品混凝土搅拌站项目	高台县澳泰商品混凝土有限公司	占地面积75亩，计划新建混凝土生产线1条，购置混凝土泵车2辆，混凝土罐车10辆，配套建设办公室、职工宿舍、检修停放区等辅助设施	新建	2013	5100	1700	40万立方米	5000	1160	120
10	张掖市晋昌源煤业有限公司煤气净化提成硫酸铵项目	张掖市晋昌源煤业有限公司	建成年净化6亿立方米煤气，提成硫酸铵生产线	新建	2013	5310	3600	1万吨	2000	100	75
11	恒泰新型节能建材有限公司混凝土搅拌站(二期)扩建项目	恒泰新型节能建材有限公司	扩建年产15万立方米预拌商品混凝土生产线1条，配套建设相关附属设施	新建	2013	1060	1060	15万立方米	5000	310	360
12	高台县国华科技开发有限责任公司年产1000座可移动钢架温室大棚和标准化厂房项目	高台县国华科技开发有限责任公司	新上移动钢架温室大棚生产线1条，H型钢生产线1条，新建标准化厂房4栋	新建	2013	7160	4650	1000座	4500	374	126
13	高台县禹禾农业节水灌溉设备公司滴灌带生产线建设项目	高台县禹禾农业节水灌溉设备公司	计划新建滴灌带及配套设备生产线、PVC-U管生产线、PE管生产线15条，引进废旧塑料处理再生颗粒加工生产线及无尘处理设备	新建	2013	5020	3400	1亿米	3000	850	360
14	晨翔农膜制造有限公司1万吨农用地膜回收制造项目	晨翔农膜制造有限公司	建成年产1万吨农膜生产线1条	新建	2013	1600	1100	1万吨	10000	400	100
15	恒升脱水蔬菜有限责任公司搬迁扩建项目	恒升脱水蔬菜有限责任公司	建设清洗、烘干、精选、包装、仓储车间以及污水处理设施	新建	2013	1200	1200	1000吨	1200	200	60

续附表

张掖市2013年建成投产工业项目情况表

单位/万元

序号	项目名称	企业名称	建设规模及主要建设内容	建设性质	工程起止年限	总投资	2013年完成投资	新增产能	产值	利润	税金
16	高台县聚合热力有限公司城市气化工程	高台县聚合热力有限公司	新建气体处理工厂1座，2万立方米储气站1座，铺设南华至高台县城区供气管道，架设城区供气管网	新建	2013	14000	4000	2万立方米	20000	2025	1650
17	宁韩建才有限公司页岩砖生产线建设项目	宁韩建才有限公司	新建页岩砖生产线1条	新建	2013	1100	1100			100	30
四	山丹县7项					106988	86488				
1	花草滩选煤生产线储运场建设	张掖市宏能煤业有限责任公司	年吞吐400万吨物资储运	续建	2012—2013	46045	45045	年吞吐400万吨	100000	12000	6000
2	花草滩选煤厂	张掖市宏能煤业有限责任公司	年产600万吨洗煤一期工程	续建	2012—013	48900	28900	600万吨	120002	14000	5000
3	5000吨高频直缝焊管生产线	山丹县鑫鼎机械制造有限责任公司	建设年产5000吨高频直缝焊管生产线，新建生产厂房1080平方米，购置主型设备剪板机、折边折弯机、钻床、DFL-160型煤转气炉、烘干台、酸雾酸池等	新建	2012—2014	1000	1500	5000吨	3500	120	250
4	聚苯乙烯和采光板生产线	山丹县金龙保温材料有限责任公司	年产8万平方米聚苯乙烯生产线和4万平方米采光板生产线	新建	2012	1800	1800	12万平方米	3000	100	120
5	煤矸石加工生产线	山丹县南湖鸿远建材有限责任公司	建煤矸石加工生产线设备2条，48门轮窑、24门轮窑各1座，年产3500万块（折合标砖）	新建	2012—2013	1043	1043	3500万块	3500	120	250
6	年产1万吨饲料生产线	山丹县润牧饲草发展有限责任公司	建设年产1万吨饲料生产线及其配套设施	新建	2012—2014	3200	3200	1万吨	4000	130	90

续附表

张掖市2013年建成投产工业项目情况表

单位/万元

序号	项目名称	企业名称	建设规模及主要建设内容	建设性质	工程起止年限	总投资	2013年完成投资	新增产能	产值	利润	税金
7	PVC管材、PE管材、滴灌带、废旧塑料回收建设	甘肃丰源节水新材料有限责任公司	新建年产6000吨PVC管材、3000吨PE管材、8000万米单翼迷宫式滴灌带、1000吨废旧塑料回收加工生产线各4条及其他附属设施	新建	2013—2013	5000	5000	9000吨	10000	150	250
五	民乐县9项					154092	61872				
1	2000吨中药饮片精深加工项目	宏泰中药材种植有限公司	建设年加工2000吨中药饮片生产线1条，新建厂房1200平方米、中药材仓库5000平方米，以及变配电、给排水、环保等配套设施	续建	2012-2013	2800	940	1000吨	3400	204	70
2	59兆瓦光伏发电项目	华电集团	59兆瓦光伏发电基地	新建	2013—2015	78000	11140	9兆瓦	1500	150	50
3	30兆瓦光伏发电项目	海南天聚	30兆瓦光伏发电基地	新建	2012—2014	48000	26000	30兆瓦	3600	204	67
4	9兆瓦光伏发电项目	锦世化工有限公司	9兆瓦光伏发电基地	新建	2012—2013	10954	9454	9兆瓦	1500	135	45
5	装饰装潢建材加工项目	鸿庆装饰装潢建材有限公司	建设年产400万平方米PVC扣板和600万平方米纸面石膏板生产线	新建	2013	3600	3600		2600	156	52
6	年产6000吨大棚膜和地膜生产与回收再利用项目	民乐县瑞丰塑料薄膜有限公司	引进3套地膜、1套大棚膜生产设备及1套废旧塑料回收设备，年生产地膜和大棚膜6000吨，废旧碎料回收200吨。项目占地15亩，其中生产车间1260平方米，回收仓库及车间350平方米，办公区250平方米	新建	2013	3600	3600	1440平方米	2500	150	51
7	5000吨彩钢钢构系列生产项目	民乐县凯丰机械制造有限公司	年处理5000吨彩钢钢构系列生产线1条，年生产播种机械1万台	新建	2013	2000	2000	4万立方米	2500	150	50

续附表

张掖市2013年建成投产工业项目情况表

单位/万元

序号	项目名称	企业名称	建设规模及主要建设内容	建设性质	工程起止年限	总投资	2013年完成投资	新增产能	产值	利润	税金
8	3000吨/年甘草加工项目	张掖市永正药业有限公司	建设甘草前期处理和提取车间、仓储设施、动力供应设施，以及办公、科研、新产品开发质量检测用房和员工倒班住宿、培训用房等	新建	2013	4138	4138	3000吨/年	3000	180	59
9	700吨山茶饮料、500吨中式面生产项目	民乐县陇上乡村农业科技公司	建设年加工700吨山茶饮料、500吨中式面生产	新建	2013	1000	1000	1000吨	2100	107	40
六	肃南县10项					112060	111221				
1	皂矾沟高纯氧化镁（一期）生产线	张掖珠峰有色金属有限责任公司	年生产5万吨高纯氧化镁	续建	2012—2013	22000	19500	5万吨	100000	2500	5000
2	兴荣矿业公司5万吨铜选厂项目	肃南县兴荣矿业	年处理铜矿5万吨	续建	2012—2013	5200	5200	5万吨	15000	250	500
3	四方15万吨铁选厂项目	四方矿业有限责任公司	年加工铁精矿15万吨	续建	2012—2013	6000	6280	15万吨	25000	500	800
4	肃南县柳古墩滩50兆瓦光伏发电项目	山东中能控股集团公司	装机容量50兆瓦	续建	2012—2013	57000	56700	50兆瓦	10000	2000	800
5	寺大隆一级电站	宝隆水电开发公司	装机容量0.63万千瓦	续建	2008—2013	6600	7200	0.63万千瓦	2000	120	150
6	白泉门四级电站	武威全圣实业集团公司	装机容量0.42万千瓦	续建	2008—2013	5257	5480	0.42万千瓦	1500	80	100
7	双腰湾电站	武威全圣实业集团公司	装机容量0.56万千瓦	续建	2012—2013	4503	5011	0.56万千瓦	1800	100	120
8	海牙沟玉良电站	肃南县玉良水电开发有限公司	装机容量0.22万千瓦	续建	2012—2013	1000	1050	0.22万千瓦	1000	50	80
9	东圣年产2万吨玉石雕刻加工项目	东圣矿业开发有限责任公司	年产2万吨玉石雕刻加工	新建	2012	2000	2000	2万吨	20000	500	850
10	堉钰矿业公司玉石加工	堉玉矿业公司	蛇纹岩开采、玉雕加工销售及蛇纹石材建材加工	新建	2012	2500	2800		10000	250	400

武　威　市

一、工业和信息化发展总体情况

2013年,武威市全力实施工业强市战略,积极构建新型工业体系,着力推进重点项目建设,全方位开展招商引资,积极承接产业转移,强化经济运行监测分析,强力推进节能降耗,努力解决中小企业融资难题,切实保障生产要素供给,工业经济呈现出平稳较快发展的良好态势。全部工业实现增加值119.43亿元,增长18.3%。其中:规模以上工业实现增加值98.24亿元,增长17%;规模以上工业经济综合效益指数198.99,同比提高5.46个百分点;工业上缴税金6.73亿元,同比下降10.31%;实现利润总额40641万元,同比下降26.28%[武威市2013年建成投产工业项目(1亿元以上)情况见附表]。

(一)小型企业快速增长

规模以上大中型企业完成增加值47.09亿元,增长8.7%,占全部企业的47.94%,拉动规模以上工业增长4.06个百分点;小型企业完成增加值51.15亿元,增长25.85%,占全部企业的52.06%,拉动规模以上工作增长12.94个百分点。

(二)重工业贡献突出

规模以上轻工业实现增加值48.15亿元,增长4.9%,所占比重达49.01%,对规模以上工业增长的贡献率为20.87%;规模以上重工业完成增加值50.09亿元,增长31.2%,所占比重达50.99%,对规模以上工业增长的贡献率为79.13%。

(三)地方企业支撑作用明显

地方企业完成增加值89.82亿元,增长16.8%,拉动规模以上工业增长15.22个百分点,对规模以上工业的贡献率高达89.55%。中央、省属企业完成增加值8.42亿元,增长19.18%,对规模以上工业的贡献率仅为10.45%。

二、存在的困难和问题

(一)工业经济下行压力较大

受国际金融危机等因素影响,全国、全省工业经济低位运行,宏观环境对工业发展的制约加大。同时,国家统计局下调了煤炭、电石、碳化硅、水泥、铁合金、农副食品加工等重点行业工业增加值率,缩减工业增加值11亿元,未能完成预期目标。

(二)产业规模整体较小

由于工业基础薄弱,产业规模小,对经济增长的带动力还不明显。突出表现在行业龙头企业缺乏、带动性不强,产业链偏短、偏细,规模效益不明显,优势产业尚未形成规模。

(三)创新能力不足

引进建设的项目大多以生产加工为主,技术支撑不够,研发投入较少,特别是由于高层次、复合型的技术带头人和技能型人才严重不足,缺乏技术创新的动力和沟通协调机制,产业处于加工组装的中下端,技术创新支撑能力不足。

三、2014年的目标任务

2014年的主要预期目标是全部工业增加值增长16%,力争增长17%。其中:规模以上工业增加值增长16%,力争增长18%;工业固定资产投资增长28%,力争增长30%。单位工业增加值用水量和能耗完成省、市下达的目标任务。围绕上述目标,重点做好以下几个方面的工作。

1.强化经济运行监测分析,着力提高工业发展质量效益。

2.深入推进多极突破行动,着力抓好工业重点骨干项目。

3.积极承接产业转移,着力推进对外开放开发。

4.大力发展非公经济,着力推进"十大工程"。

5.加强技术创新体系建设,着力增强企业内生动力。

6.积极发展循环经济,着力推动产业转型升级。

7.推进"两化"深度融合,着力提高信息化应用水平。

附表

武威市2013年建成投产工业项目(1亿元以上)情况表

单位/万元

序号	建设单位及项目名称	主要建设内容	建设起止年限	项目总投资	新增产能	新增产值	预期效益
合计				1437497		931603	
1	古浪祁连山水泥有限公司2×4500吨/天水泥生产线(一期)	新建日产4500吨水泥的生产线	2011—2013	140000	200万吨水泥	60000	年可实现销售收入35617万元,上缴税金3448万元,利润10447万元
2	甘肃威龙公司10万亩葡萄基地10万吨葡萄酒项目	发展10万亩优质酿酒葡萄基地,建设年生产能力10万吨的优质葡萄酒	2004—2013	90000	10万吨葡萄酒	200000	年可实现销售收入20亿元,上缴税金3亿元
3	甘肃黄河上游水电开发有限责任公司59兆瓦光伏发电项目	建设59兆瓦光伏发电站	2012—2013	88500	发电量11800万千瓦时	11000	年可实现销售收入1.34亿元,上缴税金800万元
4	中国水电建设集团武威光伏发电有限公司(一期)50兆瓦光伏发电项目	建设50兆瓦光伏发电站	2012—2013	80000	发电量10000万千瓦时	10000	年可实现销售收入1亿元,上缴税金800万元
5	红沙岗南井田二号矿井建设项目	建设年产150万吨原煤矿井1座	2011—2013	76000	150万吨原煤	80000	年可实现销售收入8亿元,实现利税1.3亿元
6	常州天合光能有限公司红沙岗50兆瓦光伏发电项目	建设50兆瓦光伏发电站	2012—2013	73307	发电量8000万千瓦时	8000	年可实现销售收入8000万元,上缴税金720万元
7	浙江正泰新能源开发有限公司红沙岗(一期)50兆瓦光伏发电项目	建设50兆瓦光伏发电站	2012—2013	73307	发电量8000万千瓦时	8300	年可实现销售收入8800万元,上缴税金790万元
8	甘电投(二期)40兆瓦光伏发电项目	建设40兆瓦光伏发电站	2012—2013	60000	发电量7500万千瓦时	10000	年可实现销售收入7000万元,实现利税700万元
9	古浪振业沙漠光伏发电有限公司50兆瓦并网光伏发电项目	建设50兆瓦光伏发电站	2012—2013	56750	发电量10000万千瓦时	11000	年可实现销售收入1.2亿元,实现利税2000万元
10	北京国能风光电能源科技有限公司50兆瓦太阳能光伏发电厂项目	建设50兆瓦光伏发电站	2013	54000	发电量10000万千瓦时	11000	年可实现销售收入1亿元,上缴税金800万元

续附表

武威市2013年建成投产工业项目(1亿元以上)情况表

单位/万元

序号	建设单位及项目名称	主要建设内容	建设起止年限	项目总投资	新增产能	新增产值	预期效益
11	兰州兰电电机有限公司红沙岗49.5兆瓦风电项目	安装33台单机容量为1500兆瓦的风机	2010—2013	50000	发电量10200万千瓦时	7000	年可实现销售收入9500万元,上缴税金780万元
12	大唐武威新能源有限公司红沙岗49.5兆瓦风电项目	安装25台风力发电机组和1座110千伏升压站	2011—2013	50000	发电量10000万千瓦时	7000	年可实现销售收入9500万元,上缴税金780万元
13	润峰(一期)30兆瓦光伏发电项目	建设30兆瓦光伏发电站	2012—2013	48000	发电量6000万千瓦时	6000	年可实现销售收入0.5亿元,上缴税金500万元
14	中电国际新能源控股有限公司(二期)30兆瓦光伏发电项目	建设30兆瓦光伏发电站	2012—2013	45000	发电量6000万千瓦时	6000	年可实现销售收入0.5亿元,上缴税金500万元
15	中节能甘肃武威太阳能发电有限公司(三期)30兆瓦光伏发电项目	建设30兆瓦光伏发电站	2012—2013	45000	发电量6000万千瓦时	6000	年可实现销售收入0.5亿元,上缴税金500万元
16	中电国际新能源控股有限公司20兆瓦特许权招标项目	建设20兆瓦光伏发电站	2011—2013	44000	发电量4000万千瓦时	5000	年可实现销售收入0.48亿元,上缴税金450万元
17	天祝雪莲饮料食品有限责任公司年产1万吨白酒生产线项目	新建年产1万吨白酒生产线	2012—2013	40000	1万吨白酒	15000	年可实现销售收入1.5亿元,利润5000万元,税金3000万元
18	天祝文宏科技有限公司年产15万吨绿碳化硅及10万吨碳化硅精深加工生产线项目	建设年产15万吨绿碳化硅及10万吨碳化硅精深加工生产线	2011—2013	27080	15万吨绿碳化硅	30000	年可实现年产值9亿元,年利税1亿元
19	太西煤集团民勤实业有限公司3万吨石墨选矿项目	建设年产3万吨石墨采选及深加工项目	2011—2013	22000	3万吨石墨	30000	年可实现销售收入1.2亿元,实现利税1400万元
20	甘肃达利食品有限公司(五期)建设项目	建设饮料利乐包生产线、食品牛角包生产线、功能饮料生产线	2013	20000	5万吨利乐饮料、3000吨牛角包生产线、10万吨功能饮料	10000	年可实现销售收入1亿元,上缴税金800万元

续附表

武威市2013年建成投产工业项目(1亿元以上)情况表

单位/万元

序号	建设单位及项目名称	主要建设内容	建设起止年限	项目总投资	新增产能	新增产值	预期效益
21	甘肃道明碳化硅科技有限公司年产5万吨绿碳化硅生产线和年产1万吨碳化硅制成品生产线项目	建设年产5万吨绿碳化硅生产线和年产1万吨碳化硅制成品生产线	2011—2013	18253	5万吨绿碳化硅、1万吨碳化硅制成品	3600	年可实现年产值3亿元,实现利税3600万元
22	中国风电(一期)9兆瓦光伏发电项目	建设9兆瓦光伏发电站	2011—2013	17000	发电量1800万千瓦时	2000	年可实现销售收入2000万元,实现利税300万元
23	天祝玉通碳化硅公司年产6万吨碳化硅生产线建设	建设年产6万吨碳化硅生产线	2011—2013	16400	6万吨碳化硅	15000	年可实现销售收入2.68亿元,上缴税金1660万元,利润3200万元
24	特变电工新疆新能源股份有限公司9兆瓦光伏发电项目	建设9兆瓦光伏发电站	2012—2013	16000	发电量1800万千瓦时	2000	年可实现销售收入2000万元,实现利税300万元
25	甘肃华电民勤发电公司红沙岗(二期)9兆瓦光伏项目	建设9兆瓦光伏发电站	2012—2013	16000	发电量1800万千瓦时	2000	年可实现销售收入2000万元,实现利税300万元
26	国电电力武威发电有限公司红沙岗9兆瓦光伏发电项目	建设9兆瓦光伏发电站	2012—2013	16000	发电量1800万千瓦时	2001	年可实现销售收入2000万元,实现利税300万元
27	甘肃汇能新能源技术发展有限责任公司红沙岗9兆瓦光伏发电项目	建设9兆瓦光伏发电站	2012—2013	16000	发电量1800万千瓦时	2002	年可实现销售收入2000万元,实现利税300万元
28	天祝富通研磨材料有限公司年产6万吨新兴碳材及精深加工生产线项目	建设年产6万吨绿碳化硅生产线及精加工生产线	2011—2013	15300	6万吨绿碳化硅	15000	年可实现销售收入2.8亿元,上缴税金1500万元,利润3200万元
29	河北珠峰大江三轮摩托车有限公司年产30万辆电动车生产线项目	年产30万辆电动车生产线	2012—2013	15000	30万辆电动车	15000	年可实现销售收入1.5亿元,上缴税金300万元

续附表

武威市2013年建成投产工业项目(1亿元以上)情况表

单位/万元

序号	建设单位及项目名称	主要建设内容	建设起止年限	项目总投资	新增产能	新增产值	预期效益
30	天祝青峰新型碳材有限公司年产6万吨绿碳化硅生产线及精加工生产线项目	建设年产6万吨绿碳化硅生产线及精加工生产线	2011—2013	13640	6万吨绿碳化硅	15000	年可实现销售收入2.68亿元,上缴税金1660万元,利润3200万元
31	聚欣硅业公司年产6万吨碳化硅生产线建设项目	建设年产6万吨绿碳化硅生产线及精加工生产线	2011—2013	11560	6万吨绿碳化硅	15000	年可实现销售收入2.5亿元,上缴税金1000万元,利润3000万元
32	武威市金安特钢有限公司年产30万吨合金钢坯及轧延线材生产线建设项目	建设年产30万吨合金钢坯及轧延线材生产线	2011—2013	11000	30万吨合金钢坯	100000	年可实现销售收入15.6亿元,上缴税金7363.7万元
33	上海永久·武威森祥车业科贸有限责任公司年产30万辆自行车及电动自行车建设项目	建设年产30万辆自行车及电动车组装生产线	2011—2013	11000	25万辆自行车、5万辆电动车	15000	年可实现销售收入1亿元,上缴税金300万元

白　银　市

一、工业和信息化发展总体情况

（一）工业经济平稳运行

2013年，白银市166户规模以上工业企业完成总产值701.57亿元，增长6.9%；完成工业增加值195.12亿元，增长16%；完成工业投资183.91亿元，增长14.85%。

（二）节能降耗稳步推进

2013年，白银市万元GDP能耗下降8.2%，万元工业增加值能耗下降14.1%，万元工业增加值用水量下降5.35%。

（三）招商引资成效显著

在第十九届“兰洽会”上，签约了含能材料生产及配套工程建设项目、“智慧白银”、50万吨铝合金产业链、8万吨煤气化制氢、10万吨/年TDI、肉羊养殖屠宰分割冷冻冷藏产业链等项目，签约资金132.4亿元。2013年，承接产业转移项目85项，完成投资77亿元（白银市2013年建成投产工业项目情况见附表）。

（四）民营经济健康发展

2013年，白银市中小企业4135户，较2012年新增540户；完成增加值128.12亿元，增长7.95%；实现利润总额14.88亿元，增长34.44%。白银市现有担保机构15户，注册资本金7.37亿元，担保额21.5亿元。白银市限额以上生产性服务业营业收入84273.8万元，增长298%；实现税金2855.4万元，增长257%。

（五）信息产业提速发展

2013年，白银市电信业务总量增长9.3%；建成2G、3G基站3465个，无线通信网络乡镇覆盖率达到100%。

二、存在的困难和问题

1.受国内外经济形势的影响，工业经济增长的不确定、不稳定因素增多，部分行业和企业效益下降等问题突出。

2.国有企业改制维稳压力较大。

3.受信用服务体系不健全、企业自身融资条件不足等因素制约，企业“融资难”

问题依然突出。

三、2014年的目标任务

2014年,力争工业增加值增长15%,工业投资增长28%,万元GDP能耗下降3.66%,万元工业增加值能耗下降3.9%,万元工业增加值用水量下降5%,信息产业主营业务收入增长15.5%。

(一)加强工业经济预测,强化协调服务

加强对55户产值过亿元企业的监测分析,确保企业正常生产。提高企业生产要素的协调服务,积极争取解决华鹭铝业直购电优惠政策。指导产值25户企业尽快纳入规模以上工业企业统计,做大工业经济总量。鼓励企业互为市场,互保共建,共同发展。

(二)实施节能目标考核,完善用能监控

加强对各区县、各重点耗能企业月度分析监控,开展能效对标达标活动,加快推广高效环保煤粉锅炉、热电联产、余热余压利用、工业节水等重点工程。淘汰落后产能10万吨、砖4500万块。

(三)加快工业项目建设,促进工业增长

重点抓好甘肃鸿泰铝业公司百万吨铝产业链、刘化二期、白银公司铜锌冶炼技术改造、TDI扩能、东方钛业钛白粉、甘肃郝氏碳纤维有限公司年产500万米炭铝复合高压输电导线和年产100吨航空及军工用炭复合材料、甘肃德炘园食品有限公司年产5000吨红萝卜素生产线、白银昌元化工有限公司5万吨/年气动流化塔连续液相氧化新工艺生产铬酸盐技改工程、白银中天化工有限公司年产8万吨高性能无水氟化铝、枣旺公司枸杞饮料生产线、凯斯瓷业公司陶瓷微粉抛光砖、晋江福源食品生产线建设、嘉源祥公司年产万只种羊和四万只肉羊养殖屠宰分割冷冻冷藏产业链等项目,搞好服务,争取超额完成固定资产计划投资。

(四)加大招商引资力度,提速工业发展

围绕有色金属及稀土新材料、化工、信息化建设、能源、金融、农产品加工、建材陶瓷、装备制造、生物医药等产业,有计划的外出招商。依托白银有色集团股份有限公司等大企业,以商招商。继续跟踪洽谈神舟数码公司"智慧白银"、新疆广汇煤化工、TDI扩能、PC产业链、华鹭铝业搬迁等项目落地,延伸产业链条。

(五)推动企业上市融资,提高融资比重

推动白银有色集团股份有限公司、甘肃稀土新材料股份有限公司加快上市步伐;与华龙证券、国信证券举办"新三板"上市培训班,推荐企业上市融资,抓好甘肃国鼎公司、甘肃菁茂科技农业公司等11家企业上市工作。

（六）促进企业技术创新，加快企业发展

推进技术创新示范企业和企业技术中心对技术创新工作的引领和示范作用，申报争取3个省级技术创新示范企业、3个省级企业技术中心、15个省级新产品。加强与省内外科研院所的合作与联系，帮助企业开发高技术含量、高附加值、自主知识产权的新产品。健全中小企业科技投入机制，鼓励企业开展技术创新，提高市场竞争力。

（七）推进“两化”融合，提升服务水平

积极争创全国信息消费试点市，着力培育以智慧家庭、健康医疗、智能安防、居家养老等为主的新兴信息服务项目，拉动全市信息消费。认真落实省上“两化”融合八项专项行动、六个保障措施。

附表

白银市2013年建成投产工业项目情况表

单位/万元

序号	项目名称	建设单位	主要建设内容	项目实施年限	总投资	新增经济效益		
						新增产值	新增税收	新增利润
合计25项					350992	487477	52433	95666
1	铜冶炼渣资源综合利用	白银有色集团股份有限公司	新建年处理铜冶炼渣140万吨的渣选系统及其配套辅助设施	2009—2012	52303	42183	4448	18769
2	稀土冶炼水资源综合利用项目	甘肃稀土新材料股份有限公司	年处理及综合利用稀土废水124.5万立方米，建设含有机酸性废水综合利用工程、碳酸盐沉淀废水综合处理工程、试剂车间生产废水综合利用工程的土建及配套设施	2011—2012	9176	3287	516	1143
3	4000吨/年硫酸体系非皂化萃取分离稀土生产线技术改造项目	甘肃稀土新材料股份有限公司	以公司自产的水浸液为原料，新建配制、萃取、沉淀、洗涤、过滤、烘干、煅烧、筛分包装袋等工序及产品前后处理系统和有价元素回收系统，生产镨钕、镧、镧铈的氧化物及盐类	2011—2012	9559	125608	18464	34825
4	500吨/年高性能钕铁硼永磁材料产业化生产线建设项目	甘肃稀土新材料股份有限公司	建设年产N50以上系列高性能钕铁硼永磁材料500吨的生产线及污水处理等公用设施。新增建筑面积1638平方米，购置真空速凝铸片炉、烧结炉等主要设备155台（套）	2012	5581	8902	561	1335
5	年产500吨碳纤维新材料扩建项目	甘肃郝氏碳纤维有限公司	建设年产200吨碳纤维碳化生产线、150吨碳纤维隔热材料生产线、80吨碳/碳复合材料生产线及70吨碳纤维制品生产线	2011—2012	17800	23000	2496	4380
6	HFU-J系列耐磨塑料衬里砂浆泵项目	白银鸿浩化工机械制造有限公司	扩建机加工车间和装配车间，模具加工，试验台建设，热处理系统建设	2012—2013	3000	6000	585	1088

续附表

白银市2013年建成投产工业项目情况表

单位/万元

序号	项目名称	建设单位	主要建设内容	项目实施年限	总投资	新增经济效益		
						新增产值	新增税收	新增利润
7	年产4万吨PE实壁管项目	甘肃颐通管业有限公司	引进先进HDPE实壁管生产线4条，HDPE钢带增强螺旋波纹管生产线3条；购置破碎机、清洗机、烘干机塑化造粒机等8台（套）；建筑总面积53010平方米	2011—2012	30000	46000	1600	5500
8	高强特钢连铸连轧线材项目	甘肃新天际钢铁热轧有限公司	主要设备有粗轧、中轧、预精轧、精轧机组，以及加热炉、启停式飞剪、轧后穿水冷和散卷控制冷却线、盘卷精整和收集设备及相应的辅助设施等	2011—2012	9507	28000	12000	7601
9	白银科技孵化器建设（一期）	白银高新投资发展股份有限公司	占地面积50亩，建设科研楼2栋，建筑面积16848平方米；实验楼2栋，建筑面积14400平方米；多层轻钢结构厂房8栋，每栋12960平方米；单层钢结构厂房1栋，建筑面积2592平方米	2012	8379	2000		
10	预拌混凝土搅拌站项目	白银中厦建材有限公司	混凝土搅拌站、办公楼及附属设施、材料堆场、建筑绿化等	2011—2012	3000	6000	200	400
11	饮料生产线项目	白银统一企业有限公司	建设PET热灌装饮料和制瓶生产线，年产1200万件果汁饮料；二期建设方便面生产线	2011—2012	23040	10442	370	500
12	重熔精铝高新技术产品开发项目	甘肃宏达铝型材公司	建设年产10万吨重熔精铝生产线	2012—2013	70000	56000	1663	5040
13	电力设备生产线项目	甘肃国煜工业制造有限责任公司	建设生产加工车间、办公楼、宿舍楼等	2011—2012	3600	10800	781	2239
14	年处理6000吨红枣加工项目	景泰新远泰红枣制品有限责任公司	新建年生产加工6000吨的红枣生产线	2012	3220	8000	790	450

续附表

白银市2013年建成投产工业项目情况表

单位/万元

序号	项目名称	建设单位	主要建设内容	项目实施年限	总投资	新增经济效益		
						新增产值	新增税收	新增利润
15	甘肃寿鹿山水泥公司4500T/D水泥生产线项目	甘肃寿鹿山水泥公司	建设4500T/D水泥生产线项目	2012—2013	54000	8469	3016	801
16	利用工业废弃物年产2000万平方米纸面石膏板项目	金龙化工建材有限公司	建设年产2000万平方米的纸面石膏板生产线，年利用氟石膏10.2万吨	2012	5125	2400	350	500
17	日产1500吨JT窑熟料生产线	甘肃泓源水泥有限公司	拟采用半干法JT适用技术对现有机立窑生产线进行改造	2011—2012	9800	13000	750	1300
18	年产4000万平方米纸面石膏板资源综合利用	甘肃新石新型建材有限责任公司	新建年产30万吨建筑石膏粉、4000万平方米纸面石膏板生产线	2011—2012	5500	18000	804	2818
19	供热工程节能改造项目	会宁县大众物业管理中心	主要改造锅炉燃烧设备2套、更新除尘设备2套、更新自动控制和计量系统2套、改造供热管网DN450-DN200主干管7558米以及扩建14兆瓦热水锅炉2台；新增集中供热面积35.8万平方米	2011—2012	3228	860	120	296
20	年产10万吨微生物处理秸秆饲料建设项目	康之源养殖有限公司	新建年处理5万吨袋装微贮玉米秸秆生产线、2万吨袋装EM处理秸秆生产线、2万吨秸秆生物蛋白颗粒饲料生产线、1万吨青贮池青贮玉米秸秆生产线	2011—2012	3851	6500	420	980
21	小杂粮产品规模化深加工项目	西北大磨坊食品工业有限公司	新增建筑面积2600平方米，新增设备95台(套)	2011—2012	1000	3900	143	421
22	10万台空调制造项目	甘肃飞扬电器有限公司	建设10万台空调制造生产线	2011—2012	5600	15000	390	900

续附表

白银市2013年建成投产工业项目情况表

单位/万元

序号	项目名称	建设单位	主要建设内容	项目实施年限	总投资	新增经济效益		
						新增产值	新增税收	新增利润
23	年产36万件(条)功能性劳动工装项目	甘肃金成服装有限公司	新建年产36万件(条)功能性工装生产基地	2011—2012	1500	3096	186	419
24	宏慧制衣服装加工基地建设项目	会宁县宏慧制衣有限公司	建设服装生产线8条,新增建筑面积5000平方米,购置设备180台(套)	2011—2012	6000	33000	980	2790
25	年产5000吨中性纤维素酶高技术产业化项目	白银赛诺生物科技有限公司	建设5000吨中性纤维素酶生产线、2400吨饲料酶生产线、办公楼8200平方米,新增设备544台(套)	2010—2012	7223	7030	800	1171

天　水　市

一、工业和信息化发展总体情况

2013年，天水市138户规模以上工业企业实现增加值103.27亿元，增长16.3%，总量和增速均处于甘肃省14个市(州)第7位。其中："10强50户"企业实现工业增加值85.18亿元，增长22.3%，占天水市规模以上工业企业的82.5%；规模以上工业企业实现利润总额6.35亿元，增长74.1%；新增规模以上工业企业26户，主营业务销售收入上亿元企业达到39户。

(一)强化经济运行监控

坚持月通报、季分析制度，逐月排名通报各县区、经济开发区工业经济运行情况。修订和完善了《天水市推进县区工业经济发展考核办法》，认真做好"10强50户"企业的认定、考核和奖励工作，兑现工业强市专项奖励资金819万元。深入开展重大项目互保共建、工业企业互为市场活动，与兰州新区管委会签订了《天水市人民政府与兰州新区战略合作框架协议》，依托天水锻压机床有限公司举办了国内首台多工位柔性剪切生产线科技成果及新产品发布会。

(二)全力推动重大项目建设

2013年，天水市完成工业固定资产投资162.39亿元，增长31.69%。启动实施工业项目"135"工程，共实施投资1000万元以上的工业项目239项，总投资290.5亿元。其中：续建项目136项，总投资160.3亿元；新建项目103项，总投资130.2亿元。天森药业西北药源基地、太极集团年产500吨阿胶生产线、娃哈哈营养早餐生产线、金岳银峰不锈钢生产线等项目建成投产。卷烟厂易地技术改造、长城电工电器产业园、华天科技产业园(二期)等重点项目进展顺利(天水市2013年建成投产工业项目情况见附表)。

(三)承接产业转移效果突出

2013年，天水市共签约承接产业转移项目173项，总投资323.54亿元，当年引进到位资金149.73亿元，居全省第5位。积极推进"一县一业"产业对接活动，引导县区分别与中国有色金属工业协会地质矿业分会、中国工艺美术协会等行业协会进行了衔接沟通和产业对接，签订了合作框架协议。组织承接产业转移招商小分队在长三角、珠三角等地开展招商引资和项目洽谈对接活动，对接储备了一批招商引资项目。上海胜华电缆集团投资的上海胜华集团天水特种电缆和电气开关产业园、艾福康芩花解毒胶囊生产线等一批重点项目相继落户天水，为产业结构调整和转型跨越发展注入了新的活力。

（四）自主创新能力建设和品牌战略实施成效明显

培养企业创建国家级、省级技术中心或技术创新示范企业，天水星火机床有限责任公司被认定为国家技术创新示范企业，天水天宝塑业有限公司、天水长城电工开关有限公司2户企业晋升省级企业技术中心行列。支持企业加快新产品新技术研发，天水华天科技股份有限公司等8户企业的51件新产品、新技术通过了省级鉴定，其中达到国际先进水平的有19件，国内领先水平的有32件，有35件产品获得2012年度省级优秀新产品、新技术，占甘肃省总数的52%。引导企业加强品牌建设，新争创省名牌产品13件，申报中国驰名商标4件、省著名商标6件，天水星火机床有限责任公司荣获“省政府质量奖”。

（五）“两化”融合和循环经济建设明显加快

“两化”融合试点示范工程稳步推进，天水市重点企业生产装备自动化和半自动化率为50%以上，举办了“西北中小企业云平台服务天水推进会”，天水华天科技股份有限公司荣获2012年度国家“两化”融合示范企业。把发展循环经济作为调整经济结构和转变经济发展方式的重要抓手，12户年耗能5000吨标准煤以上的重点用能企业万元工业增加值能耗下降12.41%，节能量2.24万吨标准煤。张家川县清真食品加工循环经济产业园列入省循环经济试点园区，天水众兴菌业有限公司晋升为省级循环经济示范企业，太极集团甘肃天水羲皇阿胶有限公司、西北永新集团甘肃管业有限公司创建省级循环经济试点企业。

（六）支持中小微企业健康发展

制定了推动非公有制经济跨越式发展的《产业提升工程实施方案》和《扶助小微企业专项行动实施方案》，出台了《天水市厂办大集体改革整体实施方案》。鼓励支持规模以下企业通过与规模以上企业整合、与行业龙头企业整合、引入域外企业整合等方式加快发展，年内新增规模以上工业企业26家。天水西电长城合金有限公司等4户企业出城入园搬迁改造工作加快推进。积极推进企业上市融资，天水锻压机床有限公司等2户企业已进入专业团队前期辅导和资料报送阶段。加强融资担保行业监管和服务，已成立融资性担保机构19家，完成担保额20亿元。

（七）努力推动生产性服务业发展初见成效

出台了《关于加快发展生产性服务业的实施意见》和《加快发展生产性服务业工作方案》，确定了加快发展生产性服务业的总体要求、发展目标和发展重点。成立了天水市促进生产性服务业发展工作领导小组，初步形成了分管领导具体负责、相关部门密切配合、强化合力、共同推进的工作机制。采取逐户上门调查、专题调研、实地走访、听取汇报、召开座谈会等形式，初步摸清了生产性服务业发展现状，建立了生产性服务业统计基本单位名录库。2013年，天水市28户企业列入了甘肃省重点服务业统计名单。

二、存在的困难和问题

（一）经济总量不大

天水市实现工业增加值仅占到甘肃省的5.1%，随着国家和甘肃省将重点项目向兰州新区集中布局、加快陇东能源化工和河西新能源基地的建设，天水市面临的形势更加严峻，所占份额还有缩小的趋势。

（二）企业效益不高

从“10强50户”企业来看，2013年共实现利润总额5.95亿元，其中：增速呈下降态势的企业有23户，亏损的企业有13户；产成品库存达到15.01亿元，增长22.2%；应收账款38.1亿元，增长18.6%；产销率仅为94%。

（三）产业结构不优

天水市工业以传统装备制造业为主，高端装备制造、新兴能源化工等战略性新兴产业还没有形成。从六大产业来看，发展不平衡，部分产业增速较慢。

（四）发展后劲不足

投资在10亿元以上的大项目不多，特别是张家川“煤电冶”一体化和100万吨精密铸造、清水县2×100万千瓦火力发电、天水2×35万千瓦热电联产等重大项目还没有落地，项目的支撑和带动作用还没有很好发挥。

三、2014年的目标任务

2014年，力争规模以上工业增加值增长15%，工业固定资产投资增长26%，承接产业转移累计引进资金到位率为60%以上。

（一）重点抓好工业提质增效，促进企业转型升级

1.做大做强“10强50户”企业。打造天水华天科技股份有限公司等5户年销售收入上50亿元的企业，培育提升天水锻压机床有限公司等10户年销售收入上10亿元的骨干企业，支持发展30户年销售收入上亿元的成长性企业。

2.做精做专特色优势企业。发挥好已有的中国名牌、省名牌、中国驰名商标、省著名商标等品牌优势，加大市场开拓力度，提高市场占有率，促进企业做精做专。

3.加大规模以下企业培育力度。鼓励支持规模以下企业通过相互合作、联合重组、给行业龙头企业协作配套等方式加快发展，推进小微企业孵化基地标准厂房建设，力争年内培育30户规模以上企业。

（二）大力推进增容扩区，加快出城入园工作

1.增容扩区取得突破性进展。尽快完成高质量的园区规划与设计，启动实施园区基础设施建设。

2.全力推进出城入园。加快第一批出城入园企业新厂区建设进度，启动第二批天水长城控制电器有限责任公司等8户企业的出城入园工作。

3.将出城入园与改造提升相结合。力争每一户出城入园企业承接一个项目、引进一批先进技术和产品、装备一套国内外先进设备、筹集一批出城入园资金，实现管理提升、产品提升、设备提升和产业提升。

（三）高度重视工业项目工作，积极承接产业转移

1.积极承接争项目。力争清水2×100万千瓦火力发电、安泰信集团张家川“煤电冶”一体化、大客机改货机、蓝宝石等重大项目尽快落地实施。

2.加快进度建项目。重点推进工业博物馆、电器商贸城、娃哈哈八宝粥等重点项目的前期工作，争取艾复康胶囊生产线、高能镍碳电容电池、光伏太阳能电站等项目开工建设，加快卷烟厂易地技术改造、华天科技（二期）工程、长城电工电器产业园、胜华电缆产业园等项目建设进度。

3.投产项目抓达标。督促已建成的天森药业西北药源基地、太极集团年产500吨阿胶生产线、娃哈哈营养早餐生产线、明讯通信产业基地等项目尽快达产达标，形成新的增量。

（四）努力推进产业结构调整，不断培育特色优势产业

1.用高新技术改造提升传统优势产业。支持重点企业实施技术装备提升、主导产品升级换代、循环经济和资源综合利用、信息技术和制造技术融合等技术改造项目。

2.培育壮大战略性新兴产业。重点承接和发展太阳能成套设备、风力发电装备制造业、新材料、信息技术、生物医药等战略性新兴产业。

3.积极发展能源和矿产资源加工业。建立地方区域电网，解决大唐甘谷发电厂富余电力的利用和蓝宝石项目用电需求。推进张家川“煤电冶”一体化、中电投清水2×100万千瓦火力发电、甘肃华能100万千瓦风力发电、张家川100万吨精密铸造、光伏太阳能电站等项目前期。

4.加快发展军民结合产业。积极争取军工核心能力建设、军民用技术双向转移、军民结合产业基地等项目，打造和建设天水军工传统优势产业基地。

5.大力发展循环经济。认真实施《天水市循环经济发展规划》，抓好工业节能降耗和循环经济项目实施，及时淘汰落后生产工艺及设备，提高资源综合利用水平。

（五）不断加快“两化”融合，努力打造“数字企业”

1.积极打造“数字企业”。加快推进“两化”融合，促进企业实现装备数字化、设计数字化、生产数字化和管理数字化。

2.加快创新平台建设。争创省级以上企业技术中心2家、省级和国家级技术创新示范企业2家。

3.积极实施品牌战略。力争年内创建省级以上名牌产品8件，中国驰名商标2件、省著名商标10件。

（六）推进互保共建措施落实，大力发展生产性服务业

1.实施重大项目互保共建。组织市内各企业按照同等优先的原则，优先使用市内建筑施工企业、优先选用市内工业企业生产的材料设备、优先使用市内劳务人员，促进企业共同发展。

2.加快发展生产性服务业。加快工业研发设计、现代物流、信息技术服务等生产性服务业发展，引导具备条件的工业企业主辅分离，支持符合条件的企业享受“营改增”政策。

附表

天水市2013年建成投产工业项目情况表

单位/万元

序号	项目名称	项目单位	主要建设内容	建成投产时间	总投资	设计新增生产能力	预期新增经济效益		
							新增产值	新增税收	新增利润
合计38项					544185		1125027	78288	129722
1	国内首创25万吨JCOE大直缝埋弧焊管全自动生产线ERP项目	天水锻压机床有限公司	建成年产3条JCOE大直缝埋弧焊管全自动生产线。拟购买和改造、维修一些大型关键设备，建设4560平方米的重型车间，并建立JCOE大直缝埋弧焊管生产线省级MES实验室、国家级ERP实验室	2009—2013	38000	年产3条JCOE大直缝埋弧焊管全自动生产线	132000	7920	18737
2	中、小型高端数控锻压机床生产制造基地项目	天水锻压机床有限公司	新建厂房等建筑面积14300平方米，新增主要生产设备196台(套)	2012—2013	15180	年产1000台(套)中小型数控锻压设备	35000	2378	4733
3	凯迪生物质能源发电项目	天水市凯迪阳光生物质能源开发有限公司	一期1×30兆瓦机组主厂房、汽机房、锅炉房、除氧燃料间、锅炉房，以及燃烧、热力、燃料配送、灰渣输送、供排水、污水处理、消防系统等	2010—2013	45896	1×30兆瓦发电机组	19500	1170	2535
4	高压电工触头生产基地建设项目	天水西电长城合金有限公司	购置生产及辅助设备，形成高压触头产品年产量1031.1吨的产业化生产能力	2010—2013	15170	高压触头产品年产量1031.1吨	12000	1400	1800
5	国家高低压电器质量监督检验中心(二期)	甘肃电器科学研究院	国家高低压电器质量监督检验中心二期建设	2010—2013	11500	对高低压电器质量监督检验	—	—	—
6	阿胶生产线(一期)项目	太极集团甘肃天水羲皇阿胶有限公司	新建原料前处理车间、胶液提取生产车间、制胶车间(GMP)、原辅料库、包装材料及成品库、综合办公楼(研发中心)、职工宿舍、锅炉房、阿拉伯风格礼堂、循环水池、蓄水池、泵房、污水处理场等设施	2009—2013	12989	年产100吨阿胶	54000	4306	10982
7	智能环保型工业控制电器技术改造项目	天水二一三电器有限公司	新建综合生产厂房1座，购置成品组装，生产、检测及检验等关键设备364台(套)，并对信息化、辅助与配套设施、厂房道路等进行改造	2012—2013	15000	年产87万台智能化、大规格低压电器产品	18900	2112	2232

续附表

天水市2013年建成投产工业项目情况表

单位/万元

序号	项目名称	项目单位	主要建设内容	建成投产时间	总投资	设计新增生产能力	预期新增经济效益		
							新增产值	新增税收	新增利润
8	扩建年产8000万支冻干粉针生产线及1.6亿支小容量注射液生产线	甘肃成纪生物药业有限公司	新建冻干粉针剂车间2400平方米,建设冻干粉针剂生产线4条;小容量注射液生产车间2400平方米,建设西林瓶水针生产线4条;卡式瓶水针剂生产线1条,安瓿瓶水针生产线1条	2012—2013	12000	年产8000万支冻干粉针生产线及1.6亿支小容量注射液	49086	4438	17753
9	数控重型机床制造基地项目(二期)工程	天水星火机床有限责任公司	新建厂房等建筑面积20520平方米,购置数控五轴落地镗铣床加工中心等设备37台(套)	2011—2013	42895	年产机床产品700台	108375	4424	5030
10	大型数控车床再制造项目	天水星火机床有限责任公司	新建大型数控车床再造厂房,新建建筑面积8618平方米;新增主要工艺设备20台,其中主要生产设备8台	2012—2013	12870	技术升级	30500	1634	3800
11	中药、食品、化工设备及大功率微波源装备生产线项目	天水华圆制药设备科技有限责任公司	新建生产车间12000平方米、库房2700平方米、公用设施21800平方米,总建筑面积36500平方米。新增主要工艺及生产设备411台/(套)	2011—2013	32000	技术升级	50000	3807	8341
12	大成自动门控制系统项目	天水大成实业有限公司	建设综合办公楼1栋,建筑面积3600平方米;生产车间5座,建筑面积15000平方米等以及其他配套设施。新建年产自动门控制系统系列产品70000套和其他零部件,年产特种钢系列产品11000吨生产线	2011—2013	12000	年产自动门控制系统系列产品70000套和其他零部件,年产特种钢系列产品11000吨生产线	20000	1790	3337
13	大型智能型电液伺服控制电瓷弯扭试验机研制及产业化	天水红山试验机有限责任公司	新建扩建3000平方米厂房1座,新增设备仪器70多台(套)	2012— 2013	2000	技术升级	11000	850	700
14	高压开关设备产业化项目	天水长城开关厂有限公司	与中国新时代国际工程公司合作,开发国际先进的126千伏气体绝缘金属开关设备(GIS);开发国际先进水平的GIS/GCB制造工艺技术;新建GIS/GCB机械加工设备、设施及厂房;新建产品检测等试验设备	2007—2013	19130	技术升级	39600	2089	4393

续附表

天水市2013年建成投产工业项目情况表

单位/万元

序号	项目名称	项目单位	主要建设内容	建成投产时间	总投资	设计新增生产能力	预期新增经济效益		
							新增产值	新增税收	新增利润
15	中压真空断路器集约化、数字化装配和检测制造系统项目	天水长城开关厂有限公司	建设真空断路器集约制造功能模块及其框架，进行断路器制造升级技术改造。建设流程化生产线和主回路灌封极柱制造系统；建设真空断路器关键节点，以及整机数字化检测系统和磨合系统	2010—2013	5060	技术升级	10000	750	1200
16	高低压电器及成套设备项目	甘肃法兰克电气有限公司	建设1100平方米生产车间6间、18000平方米办公楼1栋以及相关的基础设施，达到年产40000台各类高低压电器、1000台SIVACON 8PT低压开关柜、500台GGN-35型固定式金属封闭开关设备、4000套RPS-5000微机保护系统生产线	2011—2013	10000	年产40000台各类高低压电器、1000台SIVACON 8PT低压开关柜、500台GGN-35型固定式金属封闭开关设备、4000套RPS-5000微机保护系统	24000	1200	2880
17	铜钨系列产品成套生产线项目	天水森泰电器有限公司	占地50亩，总建筑面积33170平方米，建筑部分有检测中心、科研中心、粉末冶金车间、机加工车间、成套装配车间，新增主要设备92台(套)	2010—2013	3900	技术升级	8000	390	897
18	智能型MNS2.0低压开关柜体生产基地建设项目	天水长城成套开关股份有限公司	新建2800平方米系统研发、组装、检验测试厂房，新购设备22台(套)，建设柜体柔性加工生产线。达到年产MNS2.0柜体1000台生产能力	2012— 2013	3200	年产MNS2.0柜体1000台	5860	230	696
19	重任务转动式交、直流接触器产业升级及技术改造项目	天水长城控制电器有限责任公司	对重任务转动式接触器关键技术和测试方法进行研究，开发额定电流交流100～1500安、直流至12000安的产品。建设2条装配加工线、1条检测线，新增零部件加工设备30台(套)	2011—2013	3120	开发额定电流交流100～1500安、直流至12000安的产品	8000	880	560

续附表

天水市2013年建成投产工业项目情况表

单位/万元

序号	项目名称	项目单位	主要建设内容	建成投产时间	总投资	设计新增生产能力	预期新增经济效益		
							新增产值	新增税收	新增利润
20	新型母线槽的研发及产业化项目	天水长城控制电器有限责任公司	研制环保节能型母线槽，对风电用、密集型、铝导体、防火等母线槽进行研发，拓宽和丰富产品系列，增加母线加工设备、气动铆接设备、铆接生产线、母线表面处理设备等	2011—2013	3030	技术升级	12600	1430	858
21	天水华天科技产业园（一期）第一批建设	天水华天科技股份有限公司	完成园区的整体设计，新建1号封装厂房、7号水站、12号动力厂房、10号集成电路设备及备件制造厂房、26号员工倒班宿舍、30号员工倒班宿舍、28号职工食堂，以及一期室外道路、给排水、采暖、园区绿化等工程；实施集成电路封装测试生产线工艺升级技术改造项目、集成电路封装设备模具扩大规模项目、MEMS传感器封装研发及产业化项目。	2010—2013	85000	产业升级	149451	10461	16853
22	高低频石英谐振器和贴片水晶石英振荡器项目	甘肃春风纺织有限责任公司	与深圳市新天源电子有限公司合作。7500平方米生产车间的改造；建设1条高、低频石英谐振器生产线；建设1条SMD贴片水晶石振荡器的自动化生产线；建设1条BOE40PTN六代线的生产线；购进检测设备、仪器及配套工装夹具。	2012—2013	4860	技术升级	3000	93	300
23	倒扣封装器件产业化项目	天水天光半导体有限责任公司	对现有厂房进行改造和防静电处理，改造1000级净化面积1800平方米，引进关键工艺设备和测试仪器16台（套），购置国内设备仪器及动力配套23台（套）。	2011—2013	4600	技术升级	6700	400	1400
24	高盛纺织10万锭棉纺纱锭项目	天水高盛纺织有限公司	建设2条5万锭高档棉纺纱生产线及辅助设施，一期投资1.5亿元，建设5万锭棉纺生产线	2010—2013	31000	5万锭高档棉纺纱	22845	1999	4000

续附表

天水市2013年建成投产工业项目情况表

单位/万元

序号	项目名称	项目单位	主要建设内容	建成投产时间	总投资	设计新增生产能力	预期新增经济效益		
							新增产值	新增税收	新增利润
25	10万升啤酒技改项目	天水黄河嘉酿啤酒有限公司	进行10万升啤酒生产线技术改造	2011—2013	14000	10万升啤酒	20000	5000	1600
26	体育器材生产线建设项目	天水瑞达体育器材设施有限公司	占地24亩，新建生产车间、包装车间、喷粉车间、加工车间、办公楼、职工宿舍等基础设施，购置设备28台(套)	2011—2013	3530	技术升级	5300	600	750
27	广东金岳银锋不锈钢管深加工项目	广东金岳银锋实业集团有限公司	建设年产不锈钢管7.2万吨、不锈钢板材3.5万吨生产线	2012—2013	32000	年产不锈钢管7.2万吨、不锈钢板材3.5万吨	90000	9000	11000
28	甘肃友联工贸有限公司友联工贸钢管生产线项目	甘肃友联工贸有限公司	在经济开发区社棠区块新建厂房，购置设备。项目建成后，建成年产10万吨的钢管生产线6条	2011—2013	29275	年产10万吨的钢管	153600	6313	
29	玻璃工艺生产线项目	甘谷平光玻璃有限公司	完成配套设施的建设，购置并安装设备，建成钢化玻璃生产线和中空玻璃生产线	2011—2013	3100	技术升级	4900	540	600
30	固体制剂综合改造项目	甘肃天水岐黄药业有限责任公司	建设1座符合CMP要求的钢架结构的半封闭式的固体制剂生产厂房	2010—2012	5500	浓缩丸240万瓶，片剂0.9亿片，颗粒剂600万袋，胶囊剂2000万粒，大蜜丸100万盒	1350	73	58
31	智能型MNS2.0低压开关柜柜体生产基地建设项目	天水长城成套开关股份有限公司	新建2800平方米系统研发、组装、检验测试厂房，内设柔性加工生产线、钣金加工设备、组装生产线、检验隔离区，新购设备22台(套)	2012—2013	3200	新增年销售收入2800	2800	84	107

续附表

天水市2013年建成投产工业项目情况表

单位/万元

序号	项目名称	项目单位	主要建设内容	建成投产时间	总投资	设计新增生产能力	预期新增经济效益		
							新增产值	新增税收	新增利润
32	年产15万立方米蒸压加气混凝土砌块项目	秦安县万达新型建材厂	新建生产车间2000平方米，球磨机安装，配料楼修建及设备安装，4条2米×25米蒸压釜安装调试，4吨蒸汽锅炉安装验收，成品和原料堆场	2012—2013	1700	年产15万立方米加气混凝土砌块，年利用粉煤灰59000吨	2500	165	330
33	PE棚膜双焊边技术研发项目	甘肃福雨塑业有限责任公司	棚膜双焊边技术是一种提供农用塑料棚膜成卷双焊边的设备及工艺，项目扩建建筑面积4521.24平方米，购进专业设备生产线3条	2012—2013	2000	新增年销售收入5000万元	5000	120	400
34	长寿膜、防渗膜生产线建设项目	甘肃同辉塑业有限责任公司	生产车间、仓库、检验室、配电室共计2500平方米，购置安装五层共挤机组、造粒机等设备12台，建成长寿膜、防渗膜生产线各2条	2012—2013	1500	新增产能2000吨	2800	90	240
35	苹果商品化处理生产性项目	天水佳木果业科技有限公司	建设生产车间、生产设备及1000吨保鲜冷库1栋，建筑面积800平方米，建设抛光打蜡、干燥打标及分级包装等工段	2012—2013	600	年加工果品2000吨	560	10	90
36	果品采后商品化处理生产线改建项目	秦安县金鑫农产品开发有限责任公司	改建年产1000吨果品采后商品化处理生产线1条，改建生产车间1000平方米，改建900平方米气调库1座及辅助设施等，购置制冷等设备22台	2012—2013	580	年产量2000吨，带动当地500多户果农增收	800	32	90
37	拉舍尔毛毯技术改造项目贷款贴息项目	天水银星毛纺织有限公司	新建4000平方米印花车间，购进大型印花机、圆织机、刷毛机等设备	2011—2013	4300	年产30万条阻燃型拉舍尔毛毯	3000	60	240
38	阻燃型拉舍尔毛毯技术改造项目	天水兴国毛纺织有限公司	建设年产20万条阻燃型拉舍尔毛毯生产线项目，购进大型印花机、圆织机、刷毛机等设备	2012—2013	2500	年产20万条阻燃型拉舍尔毛毯	2000	50	200

平　凉　市

一、工业和信息化发展总体情况

2013年，平凉市实现工业增加值114.17亿元，增长12.5%，占平凉市生产总值的33.4%。其中：规模以上工业企业实现增加值102.47亿元，增长11.8%；煤炭、电力行业实现工业增加值78.5亿元，增长10.1%，占平凉市规模以上工业增加值的76.6%。

(一)强化运行监测，工业经济保持了两位数增长

煤电工业稳定回升，华亭煤业集团有限责任公司完成原煤产量1800万吨，甲醇产量52.04万吨，在煤炭均价下跌80多元的不利形势下实现利润5.65亿元；华能平凉发电有限公司、中国水电崇信发电有限责任公司实现了扭亏增盈目标，中国水电华亭发电有限公司全年发电量达15.5亿千瓦时，创历史最好水平。地方工业快速增长，平凉海螺水泥公司生产水泥297.7万吨，增长46.6%；新型建材企业产销同步增长，实现工业增加值2.64亿元，增长37.2%；铁合金、造纸、棉纱、制药等行业快速增长。

(二)坚持项目栽桩，工业发展后劲进一步增强

建立了总投资3000亿元的工业项目库，63个承接产业转移项目到位资金170.84亿元。着力推进重点工业项目建设，邵寨煤矿井筒见煤，五举、赤城煤矿和崇信电厂集煤站及聚丙烯等项目进展良好，华泓汇金煤化工及华亭电厂二期、安家庄煤矿、神裕河至邵寨矿区铁路项目分别取得国家发改委和省发改委“路条”，红河油田新增探井90口，生产原油15.6万吨；加快新兴产业培育和传统产业改造升级步伐，虹光公司高频无极灯一期、正大饲料一期、庆华建筑陶瓷等项目建成投产，2.8兆瓦光伏电站并网发电。平凉市86个重点工业项目完成投资129亿元，争取落实中央及省级财政预算内工业项目补助资金首次突破1亿元大关，达到1.13亿元；工业固定资产投资完成158.34亿元，增长18.19%(平凉市2013年建成投产工业项目情况见附表)。

（三）注重规划修编，园区承载能力持续提升

《平凉市开发区总体规划》已上报省政府待批，平凉工业园区新一轮发展规划修编启动实施，华亭、泾川、灵台、庄浪4个工业园区（集中区）发展规划通过市级评审，平凉工业园区创建国家级经济技术开发区已通过省级评估论证。平凉市工业园区（集中区）完成基础设施建设投资5.85亿元，占年计划的100.9%；新入园项目37项，其中5000万元以上项目19项；实现工业增加值27.36亿元，增长15%。

（四）淘汰落后产能，工业节能与循环经济深入推进

组织实施工业节能循环经济项目20项，完成投资5.1亿元。深入推进淘汰落后产能和关闭小企业工作，淘汰拆除了平凉崆峒水泥公司20万吨水泥机立窑等一批落后生产线和设备，淘汰落后产能50万吨；全面开展了淘汰关闭黏土实心砖生产企业专项行动，淘汰黏土实心砖产能1.03亿块。《平凉市千亿级煤电化冶循环经济产业链实施方案》经省政府办公厅批转实施，泾川、灵台、庄浪、崇信等一批循环经济产业园跻身省级循环经济示范、试点园区，平凉海螺水泥公司、平凉新世纪建材公司等企业被确定为省级循环经济示范企业。全年万元工业增加值能耗、水耗同比分别下降8.9%和8%，均超额完成了甘肃省确定的责任目标。

（五）加强帮扶指导，中小企业发展活力不断增强

深入推进百户中小微企业培育帮扶工程，建立了中小微"三型"企业数据库，做好42户新入规企业培训指导和数据上网工作，对677户中小微工业企业全部纳入规模以下工业调查样本，做到相关数据应报尽报、应统尽统。加大银企对接力度，为63户企业落实信贷资金6.8亿元，增长17%；26户担保机构担保总额达到12.8亿元，增长173.5%。2013年，平凉市中小企业户数达到2670户，增长13.6%；从业人员达到11.6万人，增长15%；中小企业实现增加值达到69.95亿元，占到平凉市工业总量的61.3%。

二、2014年的目标任务

2014年，平凉市全部工业增加值和规模以上工业增加值均增长13%，工业固定资产投资增长26%，万元工业增加值能耗降低3.6%，万元工业增加值用水量降低6%，电信业务总量增长12%，通信产业实现主营业务收入增长15%。

围绕上述目标，着力抓好8项重点工作。

（一）抓调度、促产出，全力促进工业经济平稳较快增长

按月开展重点行业、重点企业督查调度，认真做好生产要素保障，突出抓好煤炭市场开拓、铁路运力协调、上网电量争取和煤炭市场专项整治等工作，确保煤炭产量达到2500万吨，发电量达到200亿千瓦时，甲醇产量达到60万吨。依托重大工程实施和城镇化建设，全力落实互保共建措施，力争非煤产业工业增速达到

15%。年内培育入库企业10户以上，新增工业增加值1亿元。开展工矿企业安全生产专项整治，强化民爆企业安全监管，有效提升企业安全防范和应急处置能力。

（二）抓重点、求突破，加快建设千亿级煤电化产业集群

进一步加强与大型企业集团的洽谈对接，持续推进煤炭资源勘探、红河油田百万吨产能会战工程，重点实施泾川荔堡煤炭资源勘探，邵寨、五举、赤城、唐家河、南川河、安家庄煤矿建设，华泓汇金煤炭深加工、陇能煤转化、中煦20万吨聚丙烯、华天10万吨二甲醚及5万吨醇醚燃料，红河油田油井建设等项目，加快平凉电厂三期、崇信电厂和华亭电厂二期3个2×100万千瓦火电机组的前期工作。抓好华亭砚峡乡煤矿、砚峡村煤矿、东沟村煤矿、西华镇煤矿、殿沟煤矿、东华镇煤矿和华星煤业公司等与策底河西联营煤矿、甘肃聚源煤矿及崇信县嘉利煤矿的并购重组和联合重组。

（三）抓创新、调结构，努力培育做大特色优势产业

装备制造产业加快建设石油机械、工程机械、农用机械及汽车零部件制造等项目，实现工业增加值力争增长15%。建材工业大力开发轻质、隔热、保温、环保、节能的新型建材产品，力争增长20%。农产品精深加工产业促进棉纺、纸制包装品、地毯、中药材、肉食屠宰、食品饮料等重点企业不断提升产能和扩大产出，力争增长18%。战略新兴产业要确保平凉光伏产业园一期、平凉碳纤维复合材料产业园一期项目达产达标二期启动实施，甘肃太爱肽公司生物胶原蛋白肽生产线建成投产，新增工业增加值0.62亿元。依托企业主体，年内建成企业技术中心1～2户，开发省级新产品20项以上。

（四）抓投入、上项目，切实增强工业发展后劲

实施重点工业项目175项，完成投资193.22亿元。力争承接产业转移到位资金增长30%，达到223亿元。重点建设庆华建材公司7200万平方米建筑陶瓷、海螺水泥利用水泥窑协同处理城市生活垃圾、建忠工贸5000吨PVC管材、平煤机天元高端装备制造、华伟车业3万辆三轮摩托车总装、虹光公司太阳能高频无极灯、亨达公司圆压圆模切机及裁切生产线研发、天纤棉业二期10万锭棉纱、静宁恒达15万吨废纸综合利用等项目。

（五）抓园区、建平台，着力提高产业集聚发展水平

平凉工业园区申报国家级经济技术开发区，力争通过国家批复，加快建设科技孵化产业园、中小企业创业园，全面启动实施华亭、静宁两个省级工业园区体制机制改革。2013年，平凉市3个省级工业园区和4个市级工业集中区完成基础设施建设投资6.7亿元，增长15%；引进新入园千万元以上项目40个以上，完成投资118亿元，增长60%；工业园区（集中区）工业增加值达到32.67亿元，增长19.4%。

（六）抓服务、增活力，积极扶持中小企业健康快速发展

深入推进“百强民营小微企业帮扶工程”，力争年内新增中小企业150户，新增从业人员5000人，有2户企业进入上市辅导，中小企业增加值增长15%。大力培育和发展各类担保机构，确保担保业务总量达到10亿元。加快建设平凉市中小企业“窗口”服务平台，力争省级示范平台达到5户，市级示范平台达到25户。加快现代物流、科技服务、商务服务和金融服务等平台建设，力争生产性服务业主营业务收入增长20%，达到73亿元。

（七）抓节能、促减排，深入推进工业循环经济发展

严格落实工业节能、节水目标管理责任制，加快高效煤粉锅炉、高效电机、新型甲醇燃料推广应用工作，力争平凉市列入国家第二批甲醇汽车试点城市，平凉虹光实业开发公司高频无极荧光灯产品列入国家节能产品推广目录。淘汰落后产能20万吨以上。深入推进工业园区（集中区）循环化改造，积极推进矿产资源、工业固废、建筑和生活垃圾的综合利用，以及再生资源、水资源的循环利用。

（八）抓“两化”、促融合，持续加快信息化建设步伐

加快建设3G、4G移动通信和高速无线移动互联网，推进三维数字社区建设，加快数字企业建设。2013年，实施信息化基础设施建设项目28项，完成投资4.73亿元；改造建设数字社区20个以上，培育新建数字企业30户以上；完成重点信息化应用项目投资3000万元以上，力争新增企业电子商务平台2～3户，电子商务企业应用率达到10%，规模以上企业云平台应用率达到20%。

附表

平凉市2013年建成投产工业项目情况表

单位/万元

序号	项目名称	建设单位	主要建设内容	项目实施年限	总投资	新增经济效益		
						新增产值	新增税收	新增利润
合计21项					166713	123874	9296	21395
1	新型建筑节能材料生产线	平凉市陇鑫建筑节能材料有限责任公司	建成年产50万平方米轻质墙体材料生产线	2012—2013	6250	8698	220	1300
2	30万吨饲料(一期)15万吨生产线项目	兰州正大泾川分公司	占地100亩，分两期建成年生产30万吨牛、猪、鸡浓缩和全价饲料生产线	2012—2013	10000	7700	430	828
3	330千伏灵台送变电工程	平凉供电公司	建成330千伏供电线路137千米，主变2台，容量2×240兆伏安	2012—2013	35354			
4	包装废弃物资源化综合利用项目	静宁县恒达有限责任公司	利用包装废弃物自主研发的技术，建设年产4000万只蛋、果托盘生产线各1条，对污水处理后产生的污泥全部回收再利用；建设再生塑料颗粒生产线3条和再生塑料制品生产线16条，年产各类再生塑料制品1万吨；配套建设其他相关设施	2012—2014	18500	12280	388	1600
5	5万吨塑料用品生产线项目	静宁县恒达公司	新建年加工5万吨果品周转框、蔬菜运输框、给水管等塑料日用品。	2011—2013	10000	5000	586	525
6	静宁3000万块多孔砖隧道窑项目	静宁县砖瓦厂	总投资5000万元，新建1条年产3000万块多孔砖隧道窑生产线	2012— 2013	5000	7600	230	1166
7	年产20万立方米石膏砌块生产线	平凉恒伟建材有限公司	年产20万立方米石膏砌块生产线1条，新增建筑面积38142平方米，其中：生产车间26850平方米，堆料场10200平方米，销售管理区594平方米，职工福利区432平方米，辅助设施66平方米。新增设备21台(套)	2013—2014	2983	2300	185	155
8	年产1000吨彩钢板房制造安装生产线	平凉市翔龙彩板有限公司	征地10亩，新建厂房4000平方米，办公厂房800平方米，引进国内先进的彩钢板房制造安装加工机械设备，建成年产1000吨彩钢板房制造安装生产线1条	2013	1250	4000	280	800

续附表

平凉市2013年建成投产工业项目情况表

单位/万元

序号	项目名称	建设单位	主要建设内容	项目实施年限	总投资	新增经济效益		
						新增产值	新增税收	新增利润
9	HXB3000A型强制间歇式沥青混合料搅拌生产线	平凉市天泰路桥有限责任公司	购置HXB3000A型强制间歇式沥青混合料搅拌生产线设备1套，占地10640平方米；办公区建筑面积200平方米；生产车间建筑面积1000平方米；道路场坪硬化7000平方米；绿化面积2128平方米；围墙350米	2013	5600	9626	191	1700
10	年产5万吨秸秆颗粒饲料生产线	平凉市天丰饲料公司	扩建年产5万吨草块及草颗粒生产线，购置配套草块生产设备42台(套)	2013	3200	5818	200	1816
11	免烧砖生产线	华亭万兴商贸公司	建设年产1000万块免烧砖生产线	2012—2013	1300	2380	272	800
12	迁建项目	华亭陇丰水泥预制构建有限公司	完成迁建工程及新建免烧砖生产线、排水管生产线各1条	2012—2014	5739	5400	21	350
13	年产100万吨新型轧钢特种型材生产线项目	福华公司	建成100万吨年新型轧钢生产线1条	2012—2013	26000	19698	4343	141
14	年产32万吨铅锌矿选矿厂改扩建工程	庄浪县金龙矿业有限责任公司	新建日处理3000吨选矿厂、建设尾矿库，以及运输、通风除尘、给排水、供配电、供暖等附属系统	2013	9800	2000	340	2000
15	万吨果醋加工生产线	甘肃贡禾食品有限公司	建成万吨果醋加工生产线1条	2013	3300	6000	300	
16	新型建筑节能材料生产线	庄浪宏鑫建材公司	新建年产50万立方米轻质墙体材料生产线1条	2013	4800	6350	430	3350
17	废水处理项目	庄浪县宏达淀粉公司	新建废水处理量为1650立方米/天的污水处理系统1套	2013—2014	3330	3600	200	320
18	年产5000吨鲜薯粉条生产线	庄浪鑫喜淀粉有限责任公司	建成年产5000吨鲜薯粉条生产线1条	2013	3900	4000	125	900
19	天福高档门窗生产线项目	平凉天福建材有限公司	项目占地31亩，建筑面积14886平方米，新建塑钢和铝合金门窗生产线各1条	2013—2014	3000	2924	87	737

续附表

平凉市2013年建成投产工业项目情况表

单位/万元

序号	项目名称	建设单位	主要建设内容	项目实施年限	总投资	新增经济效益		
						新增产值	新增税收	新增利润
20	大成玻璃深加工生产线	平凉大成技术玻璃有限公司	项目占地37亩，总建筑面积14843平方米，主要新建钢化玻璃生产线2条，中空玻璃、银镜、铝镜生产线各1条	2013—1014	2400	2200	122	1647
21	肉牛产业链延伸及废弃物综合利用项目	华亭宏源牧业公司	肉牛加工，血粉、骨粉生产线各1条，新建加工车间1080平方米，库房360平方米，简易大棚360平方米，同时新建配套辅助设施	2014—2015	5007	6300	346	660

庆 阳 市

一、工业和信息化发展总体情况

2013年，庆阳市105户规模以上工业企业完成工业增加值331.86亿元，增长18.43%。其中：中央企业完成295.43亿元，增长16.3%；地方工业完成36.43亿元，增长25.7%。原油产量完成659.39万吨，增长14.5%；原油加工量完成341.04万吨，增长9.93%；工业用电量17.51亿千瓦时，增长41.9%。规模以上工业企业实现主营业务收入660亿元，增长16.2%；利润总额159.48亿元，增长15.9%；税金总额96.11亿元，增长15.7%。

（一）能源化工基地建设稳步推进

《庆阳千亿级循环经济产业链实施方案》已印发实施，石油（天然气）化工、煤炭开发及深加工、现代高载能三个产业链设计方案已分别通过国家和省级评审。成功举办《中国（庆阳）循环经济·绿色发展战略论坛》。

1.石油石化。庆阳石化600万吨升级改造项目拿到国家“路条”，目前已完成征地拆迁、前期准备和基础施工，可研报告和环境影响评价报告已上报中国石油天然气集团待审查批复；庆阳永欣石油化工有限公司9万吨/年干气芳构化项目已开工建设，2014年将建成投产，已完成投资1.5亿元；江苏金浦集团投资4.5亿元的碳四深加工项目原料供应问题已基本落实，拟与庆阳能化集团合作建设11.2万吨/年烷基化油项目。

2.煤炭开发。大唐陇东能源公司刘园子煤矿已于2013年6月15日进行试验性开采，核桃峪、新庄煤矿项目有序推进，甜水堡2号煤矿于2013年3月6日取得开展前期工作“路条”，合水东—宁县北煤田配置给晋煤蓝焰煤层气公司开发建设，50万吨合成氨、80万吨尿素项目正在编制可研报告。

3.电力。正宁电厂一期项目征地拆迁已全部完成，华电南湫三、四期各5万千瓦风电项目建成投产，华电毛井40万千瓦风电项目和小南沟60万千瓦风电项目正在开展前期工作。

（二）重点工业项目建设进展顺利

2013年，庆阳市开工建设500万元以上工业项目222个，完成工业固定资产投资389.59亿元，增长23.02%。全年争取国家和省级工业发展专项扶持资金2912万元，扶持工业项目47个。甘肃中盛农牧公司3600万只肉鸡养殖基地、30万吨饲料厂、7.2万吨肉鸡屠宰加工全产业链项目已全部建成，完成投资4亿元；甘肃衍河集团石油抽油管道防腐项目进入试产，完成投资1.14亿元；庆阳瑞华天然气综合利用及深加工项目已完成投资3.2亿元；甘肃中威金属制造公司HDPE双壁波纹管、不锈钢管和钢结构生产线项目完成投资1.09亿元；甘肃辰光照明科技公司2条高科技LED照明系列产品生产线完成投资1.02亿元；西峰制药、彭阳春酒业搬迁改造和福润肉类加工公司年产30万吨生猪饲料项目已开工建设（庆阳市2013年建成投产工业项目情况见附表）。

（三）工业集中区建设全面推进

2013年，庆阳市17个工业集中区完成基础设施投资18.8亿元，实现工业增加值71.38亿元，销售收入256.48亿元，利税52亿元，新增入驻企业33户。其中长庆桥、驿马、西川3个工业集中区签约项目23个，到位资金26.34亿元。

（四）非公经济发展速度明显提升

2013年，庆阳市非公经济组织发展到62501个，新增10759个，增长20.8%。其中：私营企业6259个，新增1645个；个体户53864个，新增7893个；农民专业合作社2378个，新增1221个。非公经济市场主体注册资本达到302.41亿元，新增127.53亿元，增长76.1%；实现增加值176.4亿元，增长17.6%，占GDP的29.4%；吸纳就业19.15万人。召开庆阳市非公经济跨越发展动员大会，出台《关于推动非公有制经济跨越发展的实施意见》和"十大工程"实施意见。培训企业管理人员2000名，为50户小微企业开展咨询诊断活动。

（五）节能降耗和循环经济有序推进

2013年，庆阳市万元工业增加值能耗下降到0.7828吨标准煤，降低4.1%；万元工业增加值用水量下降到84立方米，降低10.64%，节能和节水指标均控制在省、市下达目标内。实施循环经济项目21个，建成循环经济企业12户。淘汰落后产能企业5户，关闭小企业2户，淘汰落后产能铁合金0.5万吨、砖瓦1.6亿块，拆除生产线7条，设备59台（套），减少用煤1.73万吨标煤，减排SO_2 440吨、CO_2 4.42万吨。庆阳石化公司、大唐陇东能源公司刘园子煤矿2户企业完成了水平衡测试工作，推荐上报庆阳石化公司为全国节水型企业。

（六）企业技术创新水平显著提升

全年培育省级企业技术中心3家，开发市级工业新产品33项。共有专利企业30户，专利申请量278项，专利授权量109项，获得国家、省、市级新产品数量85项。制定下发了《庆阳市推进质量振兴2013年计划》。开展企业与企业间的人才交流学习活动、以师带徒和岗位练兵企业自主培训活动，全年共培训3000名技术人才和经营管理人才。

（七）承接产业转移和生产性服务业扎实推进

庆阳市承接产业转移签约项目98个，总投资573.57亿元，其中建成36个，在建62个，当年到位资金189.69亿元，累计到位资金277.61亿元，资金到位率48.4%。制定出台了《庆阳市人民政府关于加快生产性服务业发展的实施意见》，从政策引导、行业准入、项目建设等方面给予大力支持。

（八）信息化推广应用步伐明显加快

制定出台了《庆阳市煤炭采掘企业信息化工作指导意见》，与移动公司签订了加快推进庆阳市中小企业云服务应用协议，研究提出了"两化"深度融合的工作重点及主要措施。全年移动电话用户数达到222.4万户，电信业主营业务收入实现13.43亿元，增长14.7%，完成固定资产投资5.42亿元，增长25%。

二、存在的困难和问题

1.工业结构不合理，能源化工产业上下游关联度、融合度不高，抵御市场风险的能力不强，基础设施建设滞后的问题仍然比较突出。

2.石油石化产业在工业增加值中的占比在80%以上，而地方工业结构单一、成长缓慢，对工业经济的拉动能力有限。

3.受宏观经济影响，石油、煤炭等商品价格波动对庆阳市的传导效应不可忽视，以能源资源为主导的支柱产业面临严峻挑战。

4.煤电开发受国家宏观调控政策等因素影响，部分重点能源开发项目核准较慢，加之中央、省属企业投资势头有所减缓，直接影响国家级大型能源化工基地的建设进程。

三、2014年的目标任务

2014年，庆阳市规模以上工业增加值增长14%，工业固定资产投资增长26%，电信业务总量增长10%，承接产业转移项目引进资金到位率在30%以上，万元工业增加值用水量下降7%，万元工业增加值能耗降低3.2%，非公经济增长18%以上，确保工业经济安全平稳运行。

（一）全力打造石油石化千亿元产业链

支持油田企业扩能上产，确保原油产量完成750万吨，加快庆阳石化600万吨扩能改造项目建设，确保加工量完成350万吨。争取9万吨/年干气芳构化项目建成投产，紧盯江苏金浦集团碳四深加工项目，促使烷基化油项目完成前期工作。加大天然气勘探开发力度，年内生产天然气和伴生气1亿立方米以上。加快实施30亿立方米天然气开发项目，积极谋划后续石化产业链下游核心项目。

（二）积极培育煤炭生产，转化千亿元产业链

强化刘园子、甜水堡1号两个投产矿井的生产管理，力争出煤40万吨以上。加快核桃峪、新庄矿井建设进度，争取钱阳山、九龙川矿井年内获得“路条”；扎实推进正宁电厂一期项目建设，争取环县电厂和西峰、长庆桥热电联产项目获得“路条”并开工建设；积极推进晋煤集团50万吨合成氨、80万吨尿素项目和100万吨缓释高效肥建设项目，支持晋煤、中煤天大能源公司等加快煤转化、煤层气开发、煤机制造项目建设；加快环县百万千瓦风电场建设，启动实施华池10万千瓦风电项目。

（三）加快壮大地方工业和非公经济

培育销售收入过亿元工业企业2户，每个县区至少新办3户投资过千万元的工业企业。抓好西峰制药厂、彭阳春酒厂搬迁改造等67个新开工项目建设和中盛农牧、衍河抽油管生产等50个续建项目的投产运营。落实非公经济发展的各项扶持政策，确保全年培育小微企业330户以上，新增非公经济市场主体1.9万户以上。

（四）全面提升“一区四园”发展水平

支持“一区四园”和重点工业集中区基础设施建设，列支专项资金，改善基础条件，提升承载能力。全年“一区四园”固定资产投资在154亿元以上，建办投资亿元以上工业企业14户。同时，积极衔接做好国家级经济技术开发区申报工作，争取尽早获批。

（五）全力扶持能化集团加快发展

紧盯能源勘探、加工转化、装备制造、钻采服务、投资融资“五大板块”，积极承接油煤气开发配套服务工程，努力实现资源深度开发、企业持续壮大的目标。通过努力，全年实现工业产值15亿元以上，税收1.4亿元以上，带动就业6500人以上。

（六）稳步推动工业节能节水和循环经济发展

积极开展16户重点用能企业能效对标达标，推进15户企业清洁生产审核；继续组织实施工业节水基础管理推进行动、用水定额对标达标、节水型企业创建三大活动，开展5户示范企业水平衡测试，创建1户省级节能节水示范企业；加强循环载体建设，推进工业园区的循环化改造。

（七）切实抓好“两化”融合和信息化推广应用工作

启动编制“智慧城市”规划，促进公共信息资源共享和开发利用，推进信息化与城市化深度融合。启动庆阳市中小企业综合信息平台建设，年内实现正常运营，为中小企业提供融资担保、信息咨询、人才培训、管理咨询等特色服务。

（八）不断强化工业经济运行预测预警

继续保持原油产量的增产上产，全面完成炼化目标任务；加强生产调度，确保煤炭产量在40万吨以上；促使27个已建成工业项目实现达产达标，新增工业增加值16亿元以上；力争全年新增规模以上工业企业15户以上，提升地方工业增加值占比。

附表

庆阳市2013年建成投产工业项目情况表

单位/万元

序号	项目名称	项目单位	主要建设内容	项目实施年限	总投资	新增生产能力	预期新增经济效益		
							新增产值	新增税收	新增利润
1	管道内防腐生产线建设项目	大洋石油管道公司	项目总占地50亩，建筑面积1.8万平方米，新建办公楼及职工宿舍楼2栋，钢构厂房1栋，面积为5000平方米，其他设施840平方米。新上自动化内敷防腐处理生产线2条	2013	26000	200万米/年	15000	900	1800
2	抽油管耐偏耐磨防腐蚀项目(一期)建设	甘肃衍河油田开发有限公司	占地110亩，新建厂房4200平方米，新上抽油管偏耐磨防腐线6条，完成相关配套设施建设	2013	12000	150万米/年	12500	860	1500
3	混凝土生产项目	甘肃混基混凝土有限公司	项目占地15亩，新建运输设备检修车间、原材料库房及料场2040平方米；新建行政办公楼、职工宿舍及餐厅、锅炉房等2640平方米；新上混凝土生产线1条；完成厂区绿化1048平方米；新建停车场3600平方米	2013	8750	10万立方米/年	6944	208	1250
4	机械修造生产项目	田丰机械修造有限公司	占地13亩，新建厂房、车间、办公、生活设施等4100平方米，道路占地面积680平方米，绿化面积占地1400平方米，新上机械修造生产线2条	2013	4250	4000台/年	5903	177	1063
5	年产5000万块煤矸石烧结砖生产线项目	华池县陇鑫新型建材有限责任公司	新建厂房、车间、中控室、办公室、职工宿舍、生活用房等，新上年产5000万块煤矸石烧结砖生产线1条，配套信息化操作系统、脱硫塔、除尘器等设施	2012—2013	3088	5000万块/年	2000	60	200
6	年产50万张复合板材生产线项目	庆阳京华板材有限责任公司	新建厂房、库房、职工宿舍等1200平方米，新上复合板材生产线1条	2013	1100	50万张复合板材/年	500	15	50
7	年产2000吨塑料模板生产线项目	华池县鑫晟塑制品有限责任公司	新建年产2000吨建筑塑料模板生产线1条，厂房、职工宿舍400平方米，并配套完成大门、院坪硬化、绿化等附属工程	2013	1000	2000吨/年建筑塑料模板	600	18	60

续附表

庆阳市2013年建成投产工业项目情况表

单位/万元

序号	项目名称	项目单位	主要建设内容	项目实施年限	总投资	新增生产能力	预期新增经济效益		
							新增产值	新增税收	新增利润
8	年产60万吨水泥粉磨生产线	宁县明峰建材有限公司	建设年产60万吨水泥粉磨生产线	2012	6800	60万吨	45000	800	2700
9	预拌混凝土生产线项目	庆阳市惠众商品混凝土有限责任公司	预拌混凝土生产线	2012	5000	26万立方米	4000	80	210
10	废旧塑料回收利用生产编织袋项目	庆阳中盛再生资源利用有限公司	新上废旧农膜塑料回收生产线5条，新建厂房2000平方米	2012	4000	18000万条	5000	90	260
11	利乐砖生产线项目	庆阳陇牛乳业有限公司	新增利乐砖设备1台(套)，新增化验、检验设备2台(套)，新建成品库房3500平方米	2012	2240	3万吨	14300	257	477
12	薯蓣皂素清洁化生产节水技术改造项目	宁县康盛工贸有限责任公司	新建萃取车间4500平方米、发酵车间2200平方米、库房750平方米、锅炉房450平方米公用设施及环保工程6655平方米，购置生产设备及配套设施109台(套)	2013	3000	300吨	10000	310	400
13	废弃杏核综合加工利用建设续建项目	甘肃绿环生物科技开发有限公司	建设年产4000吨活性炭生产线1条，扩建年产12960吨脱苦杏仁生产线1条，土建工程建筑总面积9328.8平方米，新增设备108台(套)	2012—2013	8885	16000吨	10288	1433	2098
14	2万立方米系列板材续建项目	镇原县杉城木制品厂	建设年产2万立方米木制品生产线2条，新建厂房3000平方米	2012—2013	2000	2万立方米	8600	258	860
15	年产8000吨果蔬产品加工自动化生产线技改项目	庆阳市维思特食品有限公司	建成年产8000吨果蔬产品加工自动化生产线1条，修建车间、库房、办公及辅助工程总计5325平方米，购置设备31台(套)	2013	5185	8000吨	7150	1203	735
16	金龙工业集中区(二期)基础设施续建项目	镇原金龙工业集中区	完成金龙工业集中区二期续建工程基础设施建设，完成供水、供电工程建设	2013	4000				

续附表

庆阳市2013年建成投产工业项目情况表

单位/万元

序号	项目名称	项目单位	主要建设内容	项目实施年限	总投资	新增生产能力	预期新增经济效益		
							新增产值	新增税收	新增利润
17	11万吨液态奶改扩建项目	庆阳嘉仕乳业有限公司	建成年产11万吨液态奶生产线1条	2013	3780	10000吨	5000	180	800
18	年产200吨羊绒纺纱污水处理建设项目	镇原县解语花山羊绒制品有限责任公司	扩建年处理水2400吨设备、设施1套，采用先进的废水处理技术，减少废水排放，达到中水回用，节约水资源，创造直接的经济效益。购置各种污水处理设备43台(套)，修建污水处理设施2841立方米	2013	1165	2400吨	28		28
19	土壤微生物菌剂生产线技术改造项目	庆阳市亿耕生物工程有限公司	建设4200平方米生产车间1座，安装测土配方专用肥生产线1条，建成3330平方米库房1座	2012—2013	2100	12600吨	2000	60	200
20	彩钢板和新型墙体保温材料生产线项目	莹源建材公司	建设彩钢板生产线1条和新型墙体保温材料生产线1条	2013—2013	580	10万平方米	700	21	70
21	正宁县新如意面粉公司营养面粉加工技术改造项目	正宁县新如意面粉公司	购置安装年加工小麦4万吨生产线1条	2012—2013	2600	2万吨	2600	78	200
22	县城工业集中区山河路基础设施建设	正宁县工信局	山河路基础设施建设及“六通一平”建设	2012—2013	7000				
23	布谷鸟机械厂搬迁扩建项目	金牛实业公司	机械厂整体搬迁及扩建生产线	2012—2013	7500	2000台(件)	1100	33	220
24	中药材深加工项目	西安妙香园药业有限公司	项目占地30亩，建饮片加工提取车间6000平方米、仓库22000平方米及质量检测中心和交易大厅3000平方米	2013—2014	5000	年加工中药材5000吨	1650	60	167
25	鼎诚商砼及新型建材项目	陕西省铜川市耀州花园商务广场有限公司	项目占地40亩，新建2HZS90商砼混凝土生产线、生产制造移动式田园住宅和综合集装箱等项目	2013—2014	15000	生产商砼混凝土30万立方米，生产新型材料20万平方米	5400	56	480

续附表

庆阳市2013年建成投产工业项目情况表

单位/万元

序号	项目名称	项目单位	主要建设内容	项目实施年限	总投资	新增生产能力	预期新增经济效益		
							新增产值	新增税收	新增利润
26	新型门窗建筑幕墙项目	北京美苑高科门窗有限责任公司	总建筑面积20840平方米，新建断桥铝、中空玻璃、静电喷涂、包装生产线各1条，购买机器设备53台（套）	2013—2014	9000	年产断桥铝、中空玻璃300万平方米	14000	120	2350
27	年产3000吨荞麦醋生产线项目	甘肃万佳杂粮工贸有限责任公司	建设框架结构荞麦醋生产车间2058平方米，购置成套生产设备	2012—2013	901	3000吨/年	1200	105	312
28	150万立方米/年商混站建设项目	甘肃萌生九连山水泥砼业有限公司	建设生产150万立方米/年商混站建1处	2013	5000	150万立方米/年	3000	210	1050
29	特色粮油精加工项目	环县荣康粮油加工有限责任公司	建设特色粮油精加工生产线	2012—2013	3000	200吨	1500	85	370
30	年产6000万块煤矸石烧结砖生产线	曲子民建建材有限公司	建设全自动煤矸石烧结砖生产线	2012—2013	6524	6000万块/年	3050	360	750
31	年产60万件服装生产线	环县凯瑞针织品有限公司	年产60万件服装生产线	2012—2013	500	60万件/年	4800	36	390

定 西 市

一、工业和信息化发展总体情况

2013年,定西市工业实现工业增加值40亿元,增长17.6%。其中:规模以上工业实现工业增加值25.53亿元,增长19%;轻工业实现增加值10.8亿元,重工业实现增加值14.7亿元,分别增长15.3%和21.9%。规模以上非公有制工业和私营企业分别实现增加值16.9亿元和7.4亿元,分别增长23.2%和33.1%。

(一)强化目标管理责任,全面实施工业发展倍增计划

将工业发展倍增计划、规上工业增加值、工业固定资产投资、工业发展十大行动计划、规模以上企业入库、承接产业转移、工业节能节水等重点工作任务分解并逐月落实到各县区,并对规模以上工业增速、工业固定资产投资、承接产业转移、工业发展十大行动计划指标完成情况进行月度通报。认真落实《关于实施工业发展"倍增计划"加快推进工业跨越发展的意见》(定办发〔2013〕42号),实现工业总产值220亿元,增长25%;完成工业固定资产投资128.68亿元,增长23.35%。万元工业增加值用水量下降7.8%。信息产业实现主营业务收入7.87亿元。

(二)强化预警监测,规模以上企业大幅增加

全面建立工业经济运行监测预警体系,每月分析工业经济运行态势及存在的困难和问题,增强经济运行的前瞻性、预见性和有效性。保障电力供应,确定临洮铝业公司等36家单位为2013年高危及重要电力客户;制定全市2013—2015年企业入库培育规划,2013年新增规模以上企业41户,规模以上企业户数达到122户。

(三)加强项目建设,切实增强工业发展后劲

制定《关于进一步加强全市工业和信息化项目管理的意见》(定工信委发〔2013〕201号),指导各县区切实加强工业项目管理。争取到国家及甘肃省的各类补助资金1.32亿元,支持中小企业发展和技术改造、淘汰落后产能及中药材发展。强化重大项目推进力度,中盛铝业公司25万吨铝合金建筑型材深加工、甘肃招金集团难处理黄金、陇西奇正药材公司无公害中药材示范基地及中药材深加工生产线建设、中天药业公司甘肃特色药品红芪口服液和通便灵胶囊产业化、惠森药业定

西市全国中药材综合电子商务平台建设、甘肃薯香园农业科技公司马铃薯系列产品深加工生产线建设6个省列重点项目进展良好(定西市2013年建成投产工业项目情况见附表)。

(四)积极承接产业转移,加大招商引资力度

认真落实《定西市人民政府办公室批转市工信委关于进一步推进承接产业转移工作实施意见的通知》(定政办发〔2013〕41号)精神,围绕中医药、食品、铝产业、建材、装备制造、电能及新能源等行业开展专题招商和产业对接活动,重点抓好96个已开工的承接产业转移工业项目。"兰洽会"期间,签约甘肃银财管道有限公司年产16万吨新型化学建材生产、甘肃彬立汽车有限公司医疗专用车制造(一期)、南洋资本投资(新加坡)有限公司甘肃定西中药材综合开发、中国药材公司甘肃岷归产业化4个重点项目,签约金额达20亿元。中国有色金属工业协会、中国无机盐工业协会分别与临洮县、漳县政府签订了战略合作协议。

(五)狠抓工业节能节水,发展工业循环经济

抓好工业节水,提高水资源利用效率。抓好清洁生产,确定甘肃薯界淀粉有限公司等15户企业为2013年拟开展清洁生产审核的重点企业。抓好落后产能淘汰,定西宏煊淀粉制品有限责任公司、甘肃天瑞包装有限公司等8户企业争取省级淘汰落后产能项目。抓循环经济示范建设,争取扶正药业公司、陇西清吉洋芋公司列入2013年全省循环经济示范企业(第二批),渭源县经济开发区和岷县经济开发区申报省级循环经济示范园区。抓好资源综合利用,帮助甘肃高崖金城水泥公司等企业申请资源综合利用产品认定。

(六)加强中小微企业管理,强化技术创新支持

制定《"扶助小微企业专项行动"实施方案》和《关于加强全市中小企业管理工作的意见》,指导企业加强信息化、成本、财务、质量、节能、安全生产、人才、文化等方面的管理。积极推进中小企业服务体系建设,推荐陇西惠森药业集团公司申报国家级中小企业示范平台,定西市中小企业服务中心和甘肃中医药产业服务中心两个"窗口"平台建设列入全省最先启动的8个"窗口"平台建设范围,其中定西市中小企业服务中心已完成了中心的注册登记,正在进行场地改造和招标,即将挂牌运营。加强中小企业技术创新,有4户企业通过省级企业技术中心专家初审,申报甘肃省技术创新项目计划22项,组织8户企业参加省上组织的产学研对接会,有2户企业在技术上得到了支持。

(七)促进担保业健康发展,努力拓宽中小微企业融资渠道

指导和帮助符合申报条件的定西广升担保公司、陇西昌盛担保公司2户企业争取国家中小企业担保补助资金,全市9户政策性担保机构全部纳入国家中小企业信用担保业务统计库。加强对担保公司的监管,对全市纳入年审年检范围的18

家融资性担保机构进行了年度审计和经营许可证年检,年检合格的担保机构12家,基本合格的5家,不合格的1家已收回其《经营许可证》。完成了全市政策性担保机构增资工作,共增加注册资本1.1亿元,整体担保实力明显增强。截至2013年底,定西市共有融资性担保机构18个,注册资本9.5亿元,各类在保责任余额33.57亿元。

(八)充分发挥职能作用,做大做强中医药产业

充分发挥市中医药产业发展办公室综合协调职能,整理修改中医药产业发展的有关政策、文件、规划、计划,定期通过《定西日报》、市政府门户网站等新闻媒体整理发布主产中药材的价格行情。推进标准化种植和药源基地建设,2013年中药材种植面积达115.55万亩,较2012年增加7.42万亩,增长6.86%。推进中医药重大工业项目建设,工业发展十大行动计划确定的58个重点工业项目总投资60.59亿元,实际完成投资33.34亿元,增长84.1%。做好重点中医药企业运行监测,纳入统计的59户重点中医药企业实现工业增加值6.04亿元,增加32.74%,其中18户规模以上企业实现工业增加值4.48亿元,占59户重点企业的74.17%,增长32.2%。做好中医药市场体系建设,陇西文峰药材交易城已有省内外1200多家个体户和企业入驻经营,实现销售额165亿元,上缴税金1.79亿元。2013年,定西市中医药产业实现总产值271亿元,其中中药材种植实现产值69亿元,中医药加工实现产值30亿元,中药材销售实现产值172亿元。

(九)扎实开展安全生产工作,提升行业与系统的安全水平

全面建立"一岗双责"制度,安全生产四项控制指标保持零增长。组织民爆企业开展安全生产标准化建设,修订和完善民爆企业安全生产事故应急预案。加强石油天然气管道保护管理协调工作,与各县区签订管理保护责任书,确保了全市辖区内油气管道零占压零事故。加强食品工业企业诚信体系建设,全市共有58家食品工业企业开展诚信体系建设工作,占全市食品工业企业的80.56%。

二、存在的困难和问题

(一)工业经济下行压力较大

国内有效需求不足,经济增长动力偏弱,化解产能过剩形势严峻,企业生产经营困难加剧,中小企业融资难、融资贵等问题普遍存在。宏观经济一些不确定性因素带来新的冲击,工业快速增长压力较大。

(二)部分企业亏损严重

2013年,亏损企业户数22户,亏损面23.9%;亏损企业亏损总额为3.07亿元,增长30.86%。其中:中国铝业股份有限公司西北铝加工厂、甘肃中盛铝业有限公司、甘肃武阳盐化有限公司、甘肃高崖金城水泥有限公司和定西市供电公司分别亏损

12859.3万元、1408.7万元、1531万元、1392万元和3266万元,合计亏损额占亏损企业亏损总额的66.7%。

(三)建设资金严重不足

大多数企业融资主要依靠银行贷款和企业自筹,渠道单一,项目资金筹措困难,约束了工业投资快速扩张。部分项目设计、征地拆迁滞后,也是项目进展缓慢的一个重要原因。

三、2014年的目标任务

2014年,定西市力争规模以上工业增加值增长16%,信息产业主营业务收入增长15%,工业固定资产投资增长25%,承接产业转移项目引进资金到位率25%,万元工业增加值能耗控制指标下降3.5%,万元工业增加值用水量控制指标下降6.5%。

(一)突出创新驱动,促进主导产业转型升级

制定全市利用高新技术改造提升传统产业实施方案,重点实施传统产业改造提升项目184项,总投资140.94亿元。全力推进中医药产业做大做强,其中中药材种植面积达到120万亩,销售收入亿元以上的加工企业达到7户,中药材市场交易量达到100万吨,中医药产业总产值达到380亿元。支持企业开展技术创新,力争新认定的省级企业技术中心4家,完成省级新产品鉴定验收5项。加快煤粉锅炉技术应用推广,完成甲醇燃料加注点布局规划并组织实施。加快发展生产性服务业,推动骨干企业研发、物流等生产性服务业"分灶吃饭",确保限额以上生产性服务业营业收入增长23%。加强承接产业转移载体建设,积极筹办义乌"中小企业博览会",围绕中药材、食品、轻工等行业精准对接,争取承接产业转移到位资金91亿元。

(二)突出项目建设,加快释放增量和产能

继续推进工业发展十大行动计划,实施千万元以上工业项目136项,完成投资同比增长25%。全力实施工业发展"倍增计划",培育甘肃中盛铝业有限公司、定西市电力公司等企业销售收入超10亿元,甘肃扶正药业有限公司等企业销售收入超5亿元,销售收入过亿元企业达到35家。抓好企业技术改造,实施技术改造项目61项,完成投资增长30%。抓好建成项目达产达标,力争30个项目完全达产达标,35个项目发挥60%以上的有效产能。

(三)突出抓好中小微企业服务,打造良好发展环境

利用小微企业发展专项资金和工业发展专项资金,全力扶持中小微企业发展。发挥市中小企业综合服务中心和惠森中医药产业"窗口"服务平台的示范作用,新申报省级示范平台2家,市级10家。新增融资性担保机构3家,全市融资性

担保机构达到20户，注册资金达到10亿元，年内新增各类担保额达到21亿元。引导和支持企业利用新三板、创业板、产权交易等市场融资，争取中天羊业、蓝天淀粉、定西螺钉上半年在新三板挂牌，推荐筛选15户企业进入全市拟挂牌上市后备企业库。加大企业治乱减负力度，增强中小微企业发展活力。

（四）突出“两化”深度整合，全力促进信息消费

全力实施国家“两化”融合专项行动，引导和促进信息产业发展。抓好信息化示范企业建设，数字企业达到30户，促进甘肃省祁连山水泥股份有限公司等企业成为省级“两化”融合标准标杆企业。争取安定、陇西、临洮启动信息消费试点县（区）建设，加快数字社区建设，争取陇西、漳县、通渭建成数字社区。

（五）突出经济运行调节，提高行业安全生产水平

继续抓好工业运行监测，重点加强对年营业收入过亿元企业的运行监测。做好新建项目企业培育，培育规模以上工业企业25户。强化企业安全生产主体责任，重点排查民爆企业、石油天然气管道安全隐患。制定局域电网实施方案，保障重点企业用电安全。加强食品工业企业诚信体系建设，保障食品安全。

附表

定西市2013年建成投产工业项目情况表

单位/万元

序号	项目名称	建设单位	主要建设内容	建成投产时间	累计完成投资	设计新增生产能力	预期新增经济效益		
							新增产值	新增税收	新增利润
1	现代高效旱作农业机械研发及制造项目	定西市三牛农机制造有限公司	新建现代高效旱作农业机械研发中心、生产车间、职工宿舍等，新增建筑面积20666平方米	2013	5100	年产各类农机具3万台(套)	6120	300	800
2	年处理20000吨废旧轮胎综合利用项目	定西建达建材有限公司	胶粉生产车间、原料棚、检测中心、机修间、成品仓库(辅料库)等新增建筑面积5004平方米。新增主要生产设备39台(套)	2013	3570	年处理20000吨废旧轮胎	8308	643	1004
3	40000吨生态生物有机肥生产加工建设项目	甘肃省昕农福农业科技有限责任公司	建设原料堆放车间、产品包装车间、成品库房、发酵车间等，建设有机肥生产线	2013	3800	年产4000吨生态生物有机肥	4400	506	2085
4	年产15万立方米加气砼砌块生产项目	定西新陇粉煤灰加工有限公司	建设年产15万立方米加气砼砌块生产线	2013	3850	年产15万立方米加气砼砌块	3323	168	675
5	年产20万立方米蒸压加气混凝土砌块生产线建设项目	定西市益霖建材有限责任公司	建设年产20万立方米蒸压加气混凝土砌块生产线	2013	3180	年产20万立方米蒸压加气混凝土砌块	4800	257	1029
6	科技示范园建设项目	甘肃现代草业发展有限公司	新建苜蓿颗粒生产线5条，年产各类草产品50000吨	2013	4996	年产各类草产品50000吨	13870	555	2558
7	年产300吨橡胶止水带、5万平方米防水板、2万米波纹管生产线项目	定西华冠再生资源有限公司	新建回收车间、加工车间、原料库、办公楼等基础设施。年回收废旧PE农用地膜800吨、橡胶300吨，年产橡胶止水带300吨、防水板5万平方米、波纹管2万米	2013	3120	年产300吨橡胶止水带、5万平方米防水板、2万米波纹管	4000	70	500
8	年产100万吨水泥粉磨综合利用项目	甘肃祁连山水泥股份有限公司	建设年产100万吨水泥粉磨生产线	2013	15700	年产100万吨水泥	32000	2000	2000
9	年加工10万吨裹包青贮饲草生产线建设项目	定西民祥牧草有限公司	新建大型裹包青贮设备10组，大型粉碎机组10组，运输车辆10台，储草大棚10000平方米，生产车间5000平方米，仓库5000平方米，建设50吨电子磅1台，其他如大门围墙绿化带等附属设施，建设315千伏安变压器1套	2013	6610	年加工10万吨裹包青贮饲草	9000	315	1800

续附表

定西市2013年建成投产工业项目情况表

单位/万元

序号	项目名称	建设单位	主要建设内容	建成投产时间	累计完成投资	设计新增生产能力	预期新增经济效益		
							新增产值	新增税收	新增利润
10	数字控制逆变焊机（MMA/TIG）产品生产线项目	甘肃西柴动力机电制造有限公司	新建生产车间、库房等，公用设施建设有供暖设施、变配电设施等，购置关键生产设备和试验检验设备，以及相关公用配套设施建设，新增建筑面积2903平方米	2013	3258	年产18万台数字控制逆变焊机	6000	381	907
11	2250型压裂机组制备及批量生产线建设项目	甘肃宏滕油气装备制造有限公司	新建2250型压裂机组制备及批量生产线	2013	6623	年产大型压裂机组10台（套）	4000	210	700
12	甘草酸单铵盐生产线建设项目	甘肃三迪植物化学有限责任公司	建设包括甘草酸及甘草酸盐生产车间、18β-甘草次酸生产车间、办公、质检化验、库房及配套公用工程、道路、绿化等	2013	3000	年产甘草酸盐140吨，年加工中药材6000吨	3800	329	366
13	清真立烹牛肉深加工技改扩建项目	陇西中天清真食品有限责任公司	建设年产清真立烹牛肉2000吨的生产线、冷库1座。改造熟食深加工车间等主体工程以及新建冷库（异地），改造成品库、包装材料库、维修间、扩建蓄水池等辅助公用工程	2013	3077	建设年产清真立烹牛肉2000吨的生产线	3000	366	328
14	年产20000吨变性淀粉生产线技术改造项目	甘肃凯龙淀粉有限公司	引进荷兰变性淀粉生产设备8台（套），新建生产车间、成品库、职工宿舍等辅助设施1886平方米	2013	3810	年产20000吨变性淀粉	2000	72	600
15	牛羊屠宰加工生产线技术改造项目	甘肃陇原中天生物工程股份有限公司	新建屠宰分割车间1栋1450平方米、熟肉生产车间1栋2000平方米、冷库1850平方米、检测检验室54平方米、待宰舍2栋900平方米、急宰及化制车间200平方米、配套建设污水处理工程、办公用房等。购置牛羊屠宰分割生产线、制冷设备、熟肉生产设备、车间通风设备、污水处理设备等仪器设备及冷藏运输设备18台（套）	2013	1725	年屠宰肉牛3万头、肉羊20万只	3500	128	260
16	年产10万吨铝合金建筑型材项目（二期）	甘肃顺泰铝业有限公司	建设车间、厂房建筑面积为15000平方米，挤压成型工序占地面积30000平方米	2013	8000	年产10万吨铝合金建筑型材	50000	400	1500

续附表

定西市2013年建成投产工业项目情况表

单位/万元

序号	项目名称	建设单位	主要建设内容	建成投产时间	累计完成投资	设计新增生产能力	预期新增经济效益		
							新增产值	新增税收	新增利润
17	复合微生物发酵技术生产秸秆马铃薯渣青贮黄贮饲料产业化项目	陇西县百绿草业有限公司	新建青贮池35640立方米，颗粒饲料生产车间900平方米，晾晒场5000平方米，改造配电室72平方米，新增设备98台(套)	2013	3268	年产全株青贮饲料5000吨、黄贮饲料15000吨，年产黄株颗粒饲料5000吨	1400	免税	350
18	新型墙体材料生产线	甘肃建邦建材有限公司	建成新型墙体材料生产线1条，建设综合办公楼1栋，职工宿舍楼1栋，同时配套建设上下水管网和绿化、亮化工程	2013	14000	15万平方米	1000	60	80
19	年产6000吨粉丝产品生产线建设项目	甘肃通渭飞天食品有限公司	建设年产6000吨粉丝产品生产线	2013	5300	年产6000吨粉丝	2300	57	253
20	年产2000吨中药饮片加工项目	通渭县昌源药业有限公司	建设年产2000吨中药饮片加工生产线	2013	3210	年产2000吨中药饮片	1650	41	181
21	农机工业装备生产基地建设项目	通渭县惠农农业机械制造有限公司	建设农机工业装备生产基地	2013	4500	年产10000台系列农机具	1077	27	118
22	年产120万件服装加工项目	甘肃谷邦服饰有限公司	建设年产120万件服装加工生产线	2013	3753	年产120万件服装	1300	32	143
23	年产2万台系列农机具制造项目	通渭县百里机械有限公司	年产2万台系列农机具制造生产线	2013	2630	年产2万台系列农机具	1475	37	162
24	系列建材加工项目	通渭润林建材生产有限公司	建设年产20000平方米彩钢保温材料	2013	1700	年产20000平方米彩钢保温材料	1700	42	187
25	年产300万件服装加工项目	甘肃京通服饰有限责任公司	建设年产300万件服装加工生产线	2013	4950	年产300万件服装	1500	38	165
26	年产10万吨生物混合有机肥生产线建设项目	甘肃天弘农业科技发展有限公司	建设年产10万吨生物混合有机肥生产线建设生产线	2013	4800	年产10万吨生物混合有机肥	1600	40	176

续附表

定西市2013年建成投产工业项目情况表

单位/万元

序号	项目名称	建设单位	主要建设内容	建成投产时间	累计完成投资	设计新增生产能力	预期新增经济效益		
							新增产值	新增税收	新增利润
27	年产10万吨草产品加工项目	甘肃天耀草业有限公司	建设年产10万吨草产品加工生产线	2013	5157	年产10万吨草产品	3500	88	385
28	小麦面粉生产线高深技术改造提升项目	通渭县阳光福利面粉有限责任公司	通过技术改造提升建成日处理300吨小麦的生产线	2013	2980	新增2000吨小麦面粉	3100	78	341
29	岷县南川加油站项目	中国石油甘肃定西销售分公司	新建单层营业站房347.5平方米；平板网架罩棚616平方米；新设加油机4台；4具50立方米承重埋地卧式钢制油罐，配置发电机、监控系统、液压检测系统。加油站采用双枪双油品潜泵税控燃油加油机技术。安装托肯恒山加油机4台，维德路特液位仪及加油站监控设施各1套。占地9.77亩	2013	1200	年销售成品油7300吨	5850	636	219
30	40万立方米/年商品混凝土生产线建设项目	甘肃宏富商砼有限公司	建设办公楼320平方米，库房200平方米，购置双120生产线。购置ZHZS120型砼搅拌站2套，泵车2台，罐车10辆。占地40亩。年生产20万立方米砼（单线）、年生产40万立方米砼（双线）	2013	1200	年生产40万立方混凝土	2077	159	249
31	保健食品生产线建设项目	岷县天容土特产有限责任公司	建设保健品生产线1条，开发功能性保健食品，对岷县四宝等产品更新换代	2013	1100	年生产保健产品300吨	200	80	110
32	年产50万千克清真糕点加工项目	岷县漫漫食品有限责任公司	建设年加工清真糕点50万千克生产线及相关配套设施	2013	3120	年产50万千克清真糕点	2850	105	1105
33	中国当归城中药材电子商务平台项目	甘肃当归城生物科技集团有限公司	建设电子交易中心信息楼1200平方米，中药材气调库6000平方米，购进计算机存储设备、终端设备、网络设备50台（套），开发业务运行平台，信息采集发布平台	2013	1855	整合资源、优化管理、提高效率、降低成本	2480	108	850

续附表

定西市2013年建成投产工业项目情况表

单位/万元

序号	项目名称	建设单位	主要建设内容	建成投产时间	累计完成投资	设计新增生产能力	预期新增经济效益		
							新增产值	新增税收	新增利润
34	洮砚生产线技术改造项目	甘肃省洮砚开发公司岷县洮砚厂	对原有生产线进行技术改造，新建生产车间500平方米，购置电脑雕刻机5台，并配备石料切割机、刀具等设备，对技术人员进行培训	2013	3100	新增6000平方米洮砚	2300	69	300
35	中药材加工生产线建设项目	岷县星辉中药材有限责任公司	新建库房500平方米，办公区120平方米，粗加工区300平方米，仓库等其他建筑面积305平方米。购置切片机、烤床、电动筛、风车等设备25台(套)	2013	1087	年产1000吨中药材饮片	2150	71	386
36	漳县祁连山水泥有限公司4500吨/天新型干法水泥生产线建设项目	漳县祁连山水泥有限公司	建成4500吨/天新型干法水泥生产线	2013	65000	年新增水泥产能180万吨	55000	8000	6500
37	漳县混凝土搅拌站建设项目	漳县天晟建材有限公司	建设年产30万立方米混凝土搅拌站	2013	5000	年新增商砼30万立方米	2400	300	800
38	渭源县新海建材有限责任公司PVC扣板建筑材料建设项目	渭源县新海建材有限责任公司	建设400平方米生产厂房，引进生产线2条并建设厂房、办公用房等附属工程	2013	2000	年产2000平方米建筑材料	1500	38	102
39	渭源县源盛药业有限公司中药材饮片规范化精深加工项目	渭源县源盛药业有限公司	建成GMP生产线1条，修建厂房1600平方米，配备中药材饮片加工设备40台(套)；修建库房2000平方米，晒场2000平方米；修建质量检验室300平方米，配套检测设备40台(套)；修建配电室1座，输配主电线2000米，锅炉房1座；安装10吨气暖锅炉；修建供水管道600米，排污管道800米，供热主管道2000米；购置运输车辆2辆	2013	3200	年产800吨饮片	1650	50	126
40	广印堂渭源中药有限公司建设项目	广印堂渭源中药有限公司	建设年产1.2亿袋脑力静颗粒生产线、年产3.6亿袋藿朴抗感胶囊生产线、年产3000吨中药保健茶及饮片生产线	2013	14000	年产3000吨中药保健茶及饮片	2250	57	173
41	甘肃伟盛药业有限责任公司中药材精深加工生产线扩建项目	甘肃伟盛药业有限责任公司	新建年产4000吨中药饮片生产线、年产300吨中药超微粉碎破壁纯粉片生产线、年产300吨中药材提取物生产线，新建GMP生产车间、原料常温库、原料阴凉库(机房)、成品库、包装材料库、配电室等，新增设备475台(套)	2013	8847.9	年产4000吨中药饮片	2500	64	192

陇 南 市

一、工业和信息化发展总体情况

2013年，陇南市规模以上工业实现增加值40.2亿元，增长19.1%，增速在全省排名第一。新增入规企业21户，新增增加值1.56亿元，拉动陇南市工业增长5个百分点。

(一)坚持综合施策，促进工业经济平稳较快发展

制定2013年工作要点和重点工作实施方案，坚持月分析、季小结、年总结，落实保增长各项政策措施，确定企业入规计划和进度安排，确保重点企业正常生产经营。编制完成了《陇南市工业发展2013—2020年总体规划》，明确了今后工业发展的总体要求、目标任务、重点工作和保障措施。

(二)加快项目建设，增强工业经济发展后劲

实施市列重点工业项目32个，总投资164亿元，累计完成投资55.2亿元，其中当年完成投资18.8亿元。西和县中宝矿业后川坝金矿日处理1000吨矿石生产线扩建、两当会成矿业年加工5.1万吨铁矿石采选生产线等11个项目已建成。争取国家、甘肃省扶持资金5047万元，支持了67个工业发展和重点项目建设。2013年，完成工业固定资产投资149.8亿元，增长42.96%(陇南市2013年建成投产工业项目情况见附表)。

(三)开展招商引资，加大承接产业转移工作力度

实施重点承接产业转移项目35个，总投资153.9亿元，当年到位资金30.08亿元，增长21.2 %。编印了陇南市招商引资项目宣传册，组成招商小分队深入到北京、上海、山东、浙江、黑龙江、四川等地开展招商引资活动，重点加强与中国黄金集团公司、山东黄金集团有限公司等大企业的产业对接，在项目建设、投资领域等方面达成共识。

(四)落实扶持政策，促进中小企业健康发展

实施了中小企业“2352成长工程”，培育销售收入2000万元以上的企业24户，1000万元以上的企业35户，500万元以上的企业58户，新增小微企业204户。加强

融资担保机构规范管理,全市融资性担保机构达到11家,注册资本2.6亿元,为中小微企业融资贷款1.2亿,发放双联惠农贷款4.1亿元。筹建成立了陇南市中小企业公共服务中心,认定各类中小企业公共服务平台15个,其中省级3个、市级4个、县级8个,累计为全市3126户(次)中小微企业提供融资担保、管理咨询等方面的服务。2013年,陇南市中小企业实现增加值53亿元,增长18.2%。

(五)加强节能节水,促进工业持续安全发展

严格落实节能节水目标责任制,与各县区及10户重点用能用水企业签订了责任书。2013年,万元工业增加值能耗下降10.1%、用水量下降6.3%,完成了甘肃省下达的节能、节水目标任务。在水泥、锌冶炼、铁合金等重点用能企业开展了执行国家强制性能耗限额标准对标活动,对用水量5万立方米以上的31户工业企业开展水平衡测试。积极发展循环经济,陇南市润基水泥有限责任公司和金徽酒股份有限公司被认定为省级循环经济示范企业。加强节能监察能力建设,配置了节能监测、监察设备,举办节能节水专题培训会议。开展企业安全生产大检查,加强了对民爆行业监管和兰成渝油气管道的保护。

(六)加强技术改造,加快"两化"融合发展步伐

围绕产业结构调整,实施了红川酒业公司6000吨白酒生产线技改扩建、礼县青峰石材150万平方米生产线扩建等一批重点技术改造项目。加强企业技术创新工作,金徽酒股份有限公司被认定为"2013年省级企业技术中心"。促进信息畅通工程建设,通信业完成主营业务收入12亿元。组织召开中小企业云服务平台启动及信息化推进会,陇南移动分公司与21家中小企业签订了"云平台综合信息化合作协议"。加大信息化在工业生产、企业管理等方面的推广应用,着力建设数字企业。

二、存在的困难和问题

1.铅锌、黄金等有色金属价格持续走低的趋势在一段时间内仍然存在,保增长的压力较大。

2.工业以资源开发为主体,"两高一资"特征明显,随着文县临江20万千伏安铁合金基地和成县祁连山新增200万吨新型干法水泥生产线的建成投产,工业用能总量大幅度增加,节能任务更加严峻。

3.项目前期工作不扎实:一方面,部分重大工业项目前期工作进展缓慢,不能尽快开工建设;另一方面,由于论证成熟的项目少,特别是好项目较少,影响招商引资的成功率。

4.制约工业发展的项目用地、企业融资等问题仍然严重,特别是中小企业融资难、贷款难的问题依然突出,影响了小微企业的快速发展。

三、2014年的目标任务

2014年，陇南市规模以上工业增加值增长17%，工业固定资产投资增长25%，实施市列重点项目30个，承接产业转移当年到位资金增长20%，万元工业增加值能耗下降3.5%，万元工业增加值用水量下降3%。重点抓好以下6个方面的工作。

(一)把强化协调服务、确保重点企业生产作为工业平稳运行的首要任务

1.重点抓好月度分析和重点企业的动态监测，及时提出预警方案。

2.抓好重点企业的生产经营，确保金徽酒股份有限公司等15户重点企业稳定生产、增产增效。

3.引导企业夯实生产、销售、质量、财务和人才等基础管理，提高企业管理和创新能力。

(二)把加快项目建设、调整产业结构作为推动工业转型跨越发展的突破口

1.争取成县祁连山水泥公司年产200万吨干法水泥生产线、两当中金公司日处理800吨矿石生产线等项目年内建成投产，加快甘肃厂坝公司300万吨矿山扩能、金徽矿业公司郭家沟日处理5000吨铅锌矿采选等项目的建设进度。

2.论证储备一批科技含量高、经济效益好、资源消耗低、环境污染少的特色优势产业项目，实现项目库规范化、动态化管理。

3.抓好陇南紫金矿业公司日处理1.2万吨黄金尾渣综合利用、康县华泰黄金矿业公司日处理450吨矿石生产线等项目的建设进度，强化与山东黄金集团有限公司等企业及“长三角”等地区的项目对接。

4.抓好《2013—2020年全市工业发展规划》的贯彻落实，尽快完成11个产业专项实施方案的编制。

(三)把落实政策措施、做好服务引导作为扶持中小企业和非公经济发展的主要抓手

1.力争全年培育规模以上中小企业20户以上，新增小微企业250户。

2.加快市级中小企业服务中心建设，做好中小企业服务平台申报、认定工作。

3.加快以金融服务业为重点的生产性服务业发展，加强融资担保业监管和规范运行，为中小企业发展提供更多的担保服务。

(四)把节能节水、淘汰落后产能作为转变发展方式的有效途径

1.落实目标责任制，靠实责任，严格考核。

2.加强硅铁、水泥、有色金属冶炼等重点用水用能行业和企业的监管，严格执行能耗限额标准和新上项目能耗评估制度。

3.加快小水泥、小硅铁等高耗能或高污染企业的淘汰步伐，按期淘汰列入甘肃省淘汰落后产能计划的企业。

4.发展循环经济,重点支持企业建设循环利用和资源综合利用项目。

(五)把大力发展电子商务、推进“两化”融合作为提升工业发展水平的主要动力

1.积极鼓励、引导工业领域骨干企业开展网络采购和销售,帮助指导农产品加工龙头企业建立健全电子商务购销体系,推动中小微企业逐步普及电子商务。

2.在有色冶金、医药化工、水电能源等行业开展“两化”融合试点,不断提升自动化、智能化和管理现代化水平。

3.实施信息畅通工程,协调移动、电信、联通等通信运营商提高网络运行质量和应急保障水平。

(六)把加强自身建设、提高服务水平作为抓好各项工作的重要保障

1.深入学习十八大和十八届三中全会的重要精神,把思想和认识统一到市委、市政府加快发展的决策部署上来。

2.了解和熟悉国家产业政策、现代工业经营管理、市场营销、电子商务等方面的知识,增强指导工业发展的能力。

3.结合开展群众路线教育实践活动,进一步转变职能,提高办事效率,强化协调服务,帮助企业协调解决存在的困难和问题,当好党委、政府的参谋助手。

附表

陇南市2013年建成投产工业项目情况表

单位/万元

序号	项目名称	项目单位	主要建设内容	项目实施年限	总投资	新增生产能力	预期新增经济效益		
							新增产值	新增税收	新增利润
1	铁矿石采选项目	两当会成矿业有限公司	建设年加工5.1万吨铁矿石采选生产线	2012—2013	4900	年加工5.1万吨	2004	448	401
2	黄金堆浸尾渣综合回收项目	陇南紫金矿业有限公司	建设日处理12000吨矿石生产线(一期建设日处理6000吨黄金堆浸尾渣综合回收生产线)	2011—2013	352000	日处理6000吨	31000	5500	6000
3	黄金矿石采选项目	康县华泰黄金矿业有限公司	建设日采选450吨黄金矿石生产线	2012—2014	7796	日处理450吨	3863	240	1000
4	花椒深加工生产线技改扩建	康县兴源土特产商贸有限责任公司	花椒深加工生产线技改扩建,年产颗粒花椒4000吨,花椒籽油1000吨	2013—2014	2089	5000吨花椒产品	3500	195	472
5	混凝土搅拌站建设	宕昌县腾飞混凝土有限公司	建设年产30万立方米混凝土拌和站	2013	2600	年产30万立方米	4000	220	400
6	当归饮片加工项目	陇南远大生物科技有限公司	建设年产1500吨当归饮片厂,配套建设回收利用废弃当归茎叶提取当归油生产线	2012—2013	3200	年产1500吨	3000	450	380
7	中药材饮片加工项目	宕昌县六合中药材合作社	新建加工车间1700平方米,仓库900平方米,检验化验室150平方米,硬化晒场2000平方米,建成1条年加工500吨中药材饮片生产线	2013	1200	年加工500吨中药材	3180	223	226
8	油橄榄果加工项目	宕昌县田野土特产公司	建成年加工处理2000吨油橄榄果、提取300吨橄榄油生产线	2013	1690	年提取300吨	3150	147	453

续附表

陇南市2013年建成投产工业项目情况表

单位/万元

序号	项目名称	项目单位	主要建设内容	项目实施年限	总投资	新增生产能力	预期新增经济效益		
							新增产值	新增税收	新增利润
9	化工系列产品加工项目	甘肃民丰化工科技有限公司	新建年产1500吨防污闪涂料生产线、1000万米电力护套生产线、10万吨水溶性化肥生产线各1条，开展土建工程及设备购置安装等	2013	2600	年产1500吨防污闪涂料、1000万米电力护套、10万吨水溶性化肥	15000	2000	1200
10	年产3000万条塑料编织生产线	成县东罗塑业有限公司	年产3000万条塑料编织生产线		2936	年产3000万条	2400	247	150
11	小麦粉生产线技改	徽县福康面粉有限责任公司	由原年产1万吨小麦粉改扩建为年产10万吨小麦粉生产线	2013	3101	年产10万吨	8300	420	691
12	黄金采选项目	西和县中宝矿业有限公司	后川坝金矿生产线扩建，在原有日处理450吨黄金矿石的基础上扩建为日处理1000吨	2012—2013	22400	日处理1000吨	44000	4000	15000
13	铅锌采选项目	西和县青羊矿业公司	在原有日处理400吨铅锌矿石的基础上，通过对周边矿点的资源整合，使采选规模达到日处理铅锌矿1000吨	2013	6500	日处理1000吨	8200	2150	3190
14	商品混凝土搅拌站建设	西和县鑫阳实业商混有限公司	新建年产60万立方米商品混凝土搅拌站	2013	6000	年产60万立方米	7800	1200	1600
15	加气混凝土砌块生产	西和县豪杰装饰工程有限公司	新建年产15万立方米加气混凝土砌块生产线	2013	3230	年产15万立方米	7200	420	430
16	黄金堆浸尾渣综合回收项目	文县新关黄金开发有限责任公司	新建日处理480吨堆浸尾矿的选矿厂	2013	11460	日处理480吨	9506	593	1778

甘南藏族自治州

一、工业和信息化发展总体情况

2013年，甘南藏族自治州工业实现增加值25.79亿元，增长13.1%。其中：规模以上工业实现增加值12.95亿元，增长10.2%；黄金4695千克，增长5.3%；水泥145.03万吨，增长18.7%；乳制品6427吨，下降17.4%；鲜冻畜肉7752吨，增长93.1%；发电量28.83亿千瓦时，增长19.7%。

（一）加强运行调控，确保工业经济平稳运行

1.对工业经济主要指标任务再分解、再细化，明确了各县市工作任务。

2.加强工业经济运行监测预警，科学分析研判经济运行走势，及早预警并提出反应对策。

3.加强企业培育力度，制定企业上规入库规划，通过政策、资金支持，新增规模以上企业9户。

（二）实施项目带动，"产业富州"战略稳步推进

1.甘南藏族自治州委、州政府印发了《关于深入贯彻"产业富州"（第二产业）战略，全面推进"多元甘南"建设的实施意见》（甘南发〔2013〕6号），明确"产业富州"工作重点，细化发展任务和保障措施。

2.结合实施"3341"项目工程，制定了《打造产业转型战略平台实施方案》《信息工程建设实施方案》和《多元富民产业发展实施方案》，争取102个总投资71.2亿元的项目列入省工信委2013年"3341"项目工程区域首位产业和特色优势产业投资项目导向计划，争取中央、甘肃省各类专项资金2727万元，支持了一批企业项目建设（甘南藏族自治州2013年建成投产工业项目情况见附表）。

3.加强重点项目建设，甘南藏族自治州天然气覆盖项目合作市完成投资2200万元，城区敷设管线14.1千米，入户安装680户，50户已点火通气；夏河县完成投资840.8万元，城区敷设管线6千米，计划入户5000户。新疆广汇集团6县液化天然气项目建设进展顺利，首批451户均已点火通气。

（三）搭建合作平台，推进对外交流合作

1.精心编发了《甘南藏族自治州工业招商引资项目》，向国内外客商展示了优势资源、藏区特殊政策以及发展前景好的重点合作项目。

2.赴成都、深圳、上海、北京等6省市开展招商活动，签约产业项目13项，投资总额26.56亿元，涉及太阳能、风能、建材、水电等领域。2013年，实施承接产业转移项目35项，总投资63.16亿元，到位资金11.36亿元。

（四）强化工业节能节水，促进资源能源集约利用

1.分解节能目标责任，形成了州、县、企业三级的节能责任考核体系。

2.对年耗能百吨以上的23户重点企业及规模以上工业企业实行能耗月报表、水耗季报表制度，加强工业企业能耗和用水量的动态监测和管理。

3.加强工业循环经济和资源综合利用，舟曲县丁字河口循环经济产业园区规划、夏河拉卜楞镇循环经济发展规划通过省工信委组织的专家评审并获得批复，临潭县、卓尼县循环经济产业园区认定为省级循环经济试点园区，夏河祁连山安多水泥公司水泥生产线余热发电机组被认定为资源综合利用产品，全年可减免税费2500余万元。

（五）优化服务体系建设，促进中小企业发展

1.成立甘南藏族自治州中小企业服务中心，有2户中小企业服务机构认定为省级中小企业公共服务示范平台。

2.成功举办了2013年度银企合作洽谈会，州内11家金融机构为水电、畜牧、矿产、乳制品等行业的40户中小企业授信签约贷款12.5亿元，甘肃大河生态食品股份有限公司于2013年2月6日在上海股权托管交易中心正式挂牌上市。

3.大力实施中小企业成长工程，重点支持甘肃华羚实业集团等创新型、劳动密集型中小企业的发展，培育安多清真绿色食品公司等7户企业营业收入达到2000万元。

（六）强化技术创新，搞好工程系列及企业职称评定

1.加大对企业技术创新力度，对安多清真绿色食品公司等5户省级技术中心进行了重新评价认定。

2.开展了甘南藏族自治州第二届工业企业名牌产品评选活动，有9户企业的9个产品荣获“甘南藏族自治州工业企业名牌产品”称号。

3.加快企业人才队伍建设，有17名专业技术人员取得了工程系列中、初级专业技术职务任职资格，241名企业专业技术人员取得了专业技术职务任职资格。

（七）加快信息技术推广应用，信息化建设成效显著

2013年，甘南藏族自治州移动通信分公司完成业务总量1.2亿元，新建GSM基站78个，TD-SCDMA网络基站48个，新建、扩容GSM网基站载频360块，基站总数

达到934个。甘南藏族自治州电信分公司完成业务总量8610万元,增长16.22%。先后投资3750万元加快“宽带中国”光网城市建设项目,全州县城以上宽带用户端口具备8~30兆的网络支撑能力,8兆以上宽带端口占比为98.2%,位列全省第一。甘南藏族自治州联通分公司完成业务总量2600万元,增长23%,投入4262.4万元新建W网基站75个,完成了县城以上3G网络全覆盖,2G乡镇覆盖率达到75%,3G和2G在网用户分别达到18331户和48273户,分别增长73.69%和21.7%。

(八)强化“一岗双责”,确保行业安全生产

严格督促各县市加强对本区域民爆器材、工矿企业等重点行业安全隐患特别是重大安全隐患的排查整治,坚决遏制工业企业重特大安全生产事故的发生。2013年,全州工业企业未发生1例安全生产事故,安全生产形势良好。

二、存在的困难和问题

(一)工业发展瓶颈凸显

工业基础薄弱,产业结构单一,经济规模表现出“小、散、弱”的特点,发展规模和后劲明显不足。黄金、水泥、畜产品和发电等支柱产业长期过分依赖于自然资源和环境,导致企业抗风险能力差,效益低下,制约了甘南藏族自治州经济增长和竞争力的提升。

(二)工业企业融资难,创新能力不强

大多数企业是资源型企业,技术含量低,市场竞争力差,信用等级普遍较低,企业自我资金积累和筹资能力有限。工业企业由于融资难,技术改造和技术创新能力普遍不足,产业升级、技术进步和新产品研发步履艰难。

(三)投资环境有待进一步改善

由于征地难、拆迁难等问题,工业项目用地紧张,难以落地,建设滞后,影响了项目建设进度。

三、2014年的目标任务

2014年,甘南藏族自治州力争全部工业增加值增长12.9%,其中规模以上工业增加值增长13%。

(一)全力推进产业发展

推动工业经济向生态工业方向实施战略转型,精心打造特色优势畜产品加工龙头产业,形成特色畜产品加工企业群。指导各企业加强内部管理和市场营销,促进技术进步和产品升级,帮助企业解决融资、用地等困难,着力推进第二产业、首位产业、特色畜产品加工业的跨越发展。

(二)强化经济运行的调控保障

加强对工业经济的监测、分析和运行调度,及时发现和解决运行中存在的困难

和问题。完善重点企业监测系统，加大对重点企业的协调服务。指导企业完善财务制度，使经营情况好、财务管理健全、发展潜力大的规模以下企业尽快成为规模以上企业。强化安全生产的责任，确保安全生产工作落到实处。

（三）着力推进重大工业项目建设

加快推进天然气覆盖项目进度，重点抓好各县市城区管网建设和入户通气率。认真贯彻落实省委藏区工作会议精神，加强对列入“十二五”藏区规划项目的跟踪推进，重点抓好畜产品加工、民族特需用品生产、中藏医药研发、信息化、资源综合利用等项目建设，争取项目尽快落地建设，早日发挥效益。

（四）强力推进节能降耗，进一步淘汰落后产能

加大重点企业监控力度，狠抓企业节能技术改造，提高工业资源利用效率，加快碳化硅、制砖、石灰、淀粉、化工、印刷等行业落后产能的退出，努力提升“清洁生产、循环经济、可持续发展”的水平。

（五）加大承接产业转移工作力度

落实好《甘南藏族自治州关于加快推进承接产业转移实施意见》，对已落地开工的项目全面落实承诺的招商引资政策，督促企业加快项目进展速度。协调解决未开工项目面临的困难和问题，抓紧时间落地开工。精心论证一批产业项目，通过政府组团招商、精准招商、以商招商、上门推介招商等方式，引进与相关上下游产业关联度高的大企业，形成承接产业转移连锁效应和群体效应。

（六）引导企业强化自我发展能力

支持企业组建技术中心，鼓励企业技术中心与州内外科研院所、学院结成技术创新战略联盟，加快新产品开发和品牌产品的培育。引导企业实现科学化管理，通过“银河培训工程”、职业技术教育等培训，加强中小企业经营管理人才、专业技术人才队伍的建设。

附表

甘南藏族自治州2013年建成投产工业项目情况表

单位/万元

序号	项目名称	建设单位	主要建设内容	项目实施年限	项目总投资	新增生产能力	新增经济效益	
							新增产值	新增工业增加值
	合计17项				44772	109200	30675	10084
1	乳制品检验检测能力建设项目	甘南藏族自治州燎原乳业有限责任公司	乳制品检验检测相关设施建设及设备购置	2012	1614	500	1200	170
2	1500吨清真熟肉制品扩建项目	甘南藏族自治州伊丰源商贸开发有限责任公司	改扩建，利用现有设施建成年产1500吨清真熟肉制品及16.5万副牛羊下水什锦制品生产线	2012	5257	1500吨/年	2730	766
3	牛羊肉屠宰、冷冻生产线技改项目	卓尼县宏盛食品厂	建设年屠宰加工牦牛1800头，生产牛肉及其产品2618.64吨、牛皮18000张；年屠宰加工藏羊36000只，生产羊肉及其产品918吨，羊皮36000张	2011—2012	2945	3000吨/年	1659	466
4	藏药材加工生产线技术改造项目	卓尼县佛赐藏药材开发有限责任公司	新建良种繁育基地700亩；建设饮片生产线，包括饮片车间、污水处理系统、配电室、锅炉房等，新增建筑面积为981.6平方米；厂区总建筑面积为3241.6平方米，新增总设备81台(套)	2010—2012	1600	40000件/套	740	248
5	年产60万吨水泥粉磨站建设项目	舟曲县建华水泥公司	利用当地石灰石、建筑废渣、矿渣、炉渣等新建水泥磨粉生产线，购置设备、厂房建设等	2011—2012	3200	1000吨/天	2300	817
6	舟曲县“八八”灾后重建定点屠宰场建设项目	舟曲县舟牧三农开发有限责任公司	新建1条日屠宰50头猪的生产线，配套冷库及制冷机。总建筑面积1151.32平方米，购置相关设备368台(套)	2010—2012	490	50头/天	1440	404
7	舟曲县“八八”灾后重建年产150吨腊肉制品生产加工项目	舟曲县兴达腊肉土特产有限公司	年生产150吨舟曲“兴晟”腊肉系列肉制品，其中：腊肉排骨90吨／天，腊肉肘子60吨／天。主要建设内容：项目总建筑面积1862.2平方米，其中新建厂区建筑面积940.2平方米、老厂区总建筑面积922平方米。购置各类生产工艺设备93台(套)	2010—2012	726	150吨/年	1158	325

续附表

甘南藏族自治州2013年建成投产工业项目情况表

单位/万元

序号	项目名称	建设单位	主要建设内容	项目实施年限	项目总投资	新增生产能力	新增经济效益	
							新增产值	新增工业增加值
8	舟曲县“八八”灾后重建花椒加工建设项目	舟曲县花椒加工厂	年处理新鲜花椒700吨、花椒籽333吨;新增建筑面积1108.6平方米	2010—2012	478	700吨/年	380	107
9	舟曲县“八八”灾后重建特色小杂粮加工项目	舟曲县林原建筑工程有限公司(立节厂区)、舟曲县穗丰粮油购销有限责任公司(两河口厂区)	年产各种小杂粮1500吨。其中:立节厂区年产各种小杂粮900吨,两河口厂区年产各种小杂粮600吨。(1)立节厂区:新建建筑面积1631.36平方米,其中新建生产车间、原料库、成品库等综合生产楼1座;(2)两河口厂区:在已有车间内建设年产600吨小杂粮生产线1条,购置加工设备20台等	2010—2012	782	1500吨/年	425	119
10	舟曲县“八八”灾后重建博峪乡中藏药材加工	舟曲县博峪乡中藏药材加工有限责任公司	年加工原料纹党鲜参700吨,年产中藏药(纹党鲜参)200吨;场地硬化405平方米,新建围墙27.7米等新增建筑面积2049.8平方米;购置清洗、烘干设备21台(套)等	2010—2012	481	700吨/年	1338	448
11	2500吨牦牛肉制品精深加工生产线建设项目	昌翔清真肉业有限公司	建设年产2500吨清真牦牛肉制品生产线,其中藏肠800吨、烤肠1200吨、午餐肉500吨。新增生产设备、制冷设备和配电设备	2012	2957	2500吨	1880	528
12	年产5万吨生物有机肥建设项目	玛曲曲源肥业科技有限公司	建设年产5万吨生物有机肥生产线,辅助配套工程4200平方米,购置主要设备58台(套)	2009—2011	2284	50000吨/年	1600	536
13	牛羊屠宰分割改扩建及熟肉制品精深加工项目	雪原肉业有限公司	年屠宰牛5万头,羊6万只;熟肉制品形成年加工4850吨牛羊肉制品	2010—2011	3264	2000吨/年	4524	1270
14	浮选尾矿综合回收利用技术改造项目	甘肃合作早子沟金矿有限责任公司	建设浮选尾矿综合回收利用项目改造工程	2012	5000	500吨/天	5118	2640

续附表

甘南藏族自治州2013年建成投产工业项目情况表

单位/万元

序号	项目名称	建设单位	主要建设内容	项目实施年限	项目总投资	新增生产能力	新增经济效益	
							新增产值	新增工业增加值
15	经典藏药生产线技术改造项目	甘南佛阁藏药有限公司	建设包括工艺生产及相应的公用工程设备、辅助设施等，改造内容主要为：更换制剂生产线关键设备，补充关键研发设备；在综合厂房南边预留空地新建制剂车间，对原有职工宿舍（平房，与原处理车间相连）改建后并入原处理车间。新增建筑面积2936.70平方米，新增设备136台（套）	2011—2012	3094	100吨/年	1230	412
16	洮砚产业保护与开发及民族特需商品产业改造提升项目	卓尼县鼎元艺术品开发有限责任公司	新建雕刻粗加车间9座、675平方米，建雕刻精加车间6座、420平方米，加工作坊和新建仓库4座、600平方米，废水废渣处理车间1座、60平方米，配电室1座、20平方米，集泥池1座、20立方米	2011—2012	3100	2000件/年	447	125
17	牛羊屠宰生产线改扩建项目	临潭县清和源清真畜产品开发有限责任公司	新建牛羊屠宰生产线，年屠宰牛10000头、羊30000只	2012—2013	7500	3000吨/年	2506	703

临夏回族自治州

一、工业和信息化发展总体情况

2013年，临夏回族自治州全部工业完成工业增加值29.19亿元，增长18%。47户规模以上工业企业实现增加值18.66亿元，增长16.2%。完成工业固定资产投资38.67亿元，增长10.63%。

（一）在“一企一策”上实现了新突破

围绕沿黄河、沿大夏河、沿洮河—广通河三个特色经济带，科学筛选了52户企业作为全州实施“一企一策”培育扶持的重点企业，帮助制定了企业发展规划。围绕“一企一策”培育目标，制定了2013年企业入规计划，有7户企业入规，全州规模以上企业已达到54户。

（二）在产业规划编制上实现了新突破

按照建设“三大基地、三个经济带”的总体部署，紧紧围绕清真食品、民族用品、皮革、装备制造基础件、建材、酒类饮品、旅游文化工艺品七大地方特色工业，编制完成了《中国新型工业化产业示范基地建设规划》《临夏回族自治州工业集中区发展规划》《临夏回族自治州装备制造业基础件加工基地规划》，明确了县域产业布局和开发区、工业集中区产业重点，为今后规模化、集团化发展提供了保障。

（三）在重大项目推进上实现了新突破

1.紧盯10亿元以上重点项目。全力支持安徽海螺集团投资24.6亿元的临夏海螺水泥重组技改项目，已完成计划进度的60%以上，2013年可建成投产。

2.重点帮扶亿元以上重点项目。积极协调，为临夏回族自治州燎原乳业有限公司等企业新上项目提供全方位的服务。

3.积极谋划基地建设项目。主动争取国家清真安全放心食品生产示范基地和全国少数民族用品生产加工示范基地项目，在“兰洽会”上与中国轻工业联合会签订了2个项目合作协议。

4.争取项目资金的支持。有87个项目列入国家和省级项目资金扶持计划，有67个项目下达扶持资金5713万元（临夏回族自治州2013年建成投产工业项目情况见附表)。

(四)在承接产业转移上实现了新突破

全州实施承接产业转移工业项目30个,总投资77.14亿元,全年累计引进资金19.41亿元。2013年,新签约产业转移项目16项,总投资56.88亿元,海螺水泥、兴发铝型材、宏良三期、兰亚三期项目进展顺利。

(五)在政银企服务平台建设上实现了新突破

组织召开了全州政银企无缝对接暨"项目支撑、工业强州"战略推进大会,176户企业与9家金融机构面对面对接,达成93.73亿元的贷款意向。加强与各金融机构联系,向州内9家商业银行推荐了96户企业16.44亿元的融资贷款项目。加快融资担保平台体系建设,各县(市)均成立了以政府资金为主导的中小企业融资担保公司,已争取到8000万元省级财政担保补助资金支持,全州担保资金增加到5.89亿元,实现了融资担保平台的全覆盖。

(六)在工业生产要素调度上实现了新突破

加大对天然气、煤炭、电力供应等生产要素的调度工作,千方百计理顺天然气供气关系,彻底解决了汽车加气难和"同城不同价"的问题。召开了临夏回族自治州煤炭供需企业直销洽谈会,签订了煤炭直销框架协议,州内56户重点用煤单位与甘肃靖远煤电股份有限公司签订了15万吨煤炭供销协议,稳定了州内煤炭市场。

二、存在的困难和问题

(一)工业结构不尽合理

从产业结构看,第二产业升级缓慢,产业创新能力不强,绝大多数企业仍处在产业链的底端,工业产品中原材料产品、粗加工产品比重大,深加工、精加工和终端产品少,工业发展仍处在初加工的层面上。从工业整体结构看,中央和省属企业实现增加值占全州工业的50%以上,但与地方企业的关联度低,在技术扩散、产品互补、产业联合上与地方经济的融合性差。

(二)工业发展受功能区划分限制

根据国家功能区划分的规划,临夏回族自治州除城市和部分川塬区以外,大部分地区属于限制开发区,太子山沿线等地区属于禁止开发区,国家和甘肃省对新上工业项目有明确的规定,从而使州县(市)在建设工业项目时受到了一定限制。

(三)中央和省属企业产能已到极限

刘家峡水电厂等企业生产能力已达到极限,且所占比重较大,再大幅度增长已无可能,使得全州规模以上工业增速再难以大幅提高。

（四）市场冲击及成本大幅上涨迫使企业减产或停产

因持续受市场影响，加之员工工资上浮、运费上涨，导致企业成本上升，亏损增加，致使大部分高耗能企业处于停产、半停产状态，零部件加工企业及化工企业生产形势差于2012年，导致工业经济增速难以大幅提高。

（五）流动资金缺乏影响企业满负荷生产

因生产要素价格持续上涨，企业流动资金需求增加，企业自身缺乏积累资金，银行信贷资金又难以保障，迫使部分企业减少生产订单，在一定程度上影响了工业经济增速。

三、2014年的目标任务

2014年，临夏回族自治州力争全部工业增加值增长12%，规模以上工业增加值增长13%；万元工业增加值用水量下降2.6%，单位工业增加值用水量指标控制在62.3立方米/万元以内。

（一）强化工业经济运行调控

加强重点行业和重点企业生产经营状况统计、监测和分析，全力实施"一企一策"，积极协调解决煤、电、油、气、运及资金等重要生产要素，确保企业正常生产经营。2014年，力争再入规5～10户企业，规模以上企业为60～70户。

（二）扎实推进工业项目建设

争取国家支持一批清真安全放心食品生产示范基地和全国少数民族用品生产加工示范基地项目，省级预算专项支持140个传统产业改造项目、节能和循环经济项目、信息化项目。

（三）推进承接产业转移

争取完成10个项目的招商和落地工作，重点做好郑州思念食品有限公司清真食品生产线项目签约，广河县与福建祥兴箱包集团签约建设皮革和箱包一体化产业园、青海伊佳民族服饰有限责任公司民族服饰生产线、天水昌盛食品有限公司清真罐头生产线、临夏回族自治州峻海伊兴清真绿色食品有限公司清真系列休闲食品生产线等项目落地建设。

（四）加快工业集中区建设

按照《临夏回族自治州工业集中区发展规划》，全力抓好五个省级园区的工业建设步伐。支持省列园区和各县（市）工业集中区加快孵化区建设，吸引成长型中小企业聚集。大力支持园区企业实施产业升级、技术改造等工业项目，优先支持园区企业争取国家和省级专项扶持资金。

（五）加强工业节水节能工作

加强对5000吨以上用能企业开展能源审计，实施电机能效提升计划，组织企业开展能效对标达标。加大重点用水企业督查力度，建立企业用水台账。组织企业开展清洁生产审核，减少污染排放。加快高效煤粉锅炉的推广应用，鼓励企业参与甲醇燃料产业发展。

（六）全面提升信息化水平

加快实施 三维数字社区试点建设，力争年内建成4个三维数字试点社区。依托通信运营企业的“数字企业”、云服务等平台，建成“数字企业”30家。积极创建省级“两化”融合示范单位，加快“数字城市”和“数字农村”的建设。

（七）优化中小企业发展环境

抓好临夏回族自治州中小企业服务平台建设，争取8个县级服务平台和5个园区小企业孵化基地列为省级“窗口平台”。举办3～5次政银企座谈会、中小微企业融资项目推介会、银行企业信贷产品推介会，逐步解决企业融资难、融资贵的问题。引导州内11家担保机构进一步拓展和做大担保业务，加大对中小微工业企业融资贷款担保业务。

（八）提高企业技术创新水平

完善刘化、昌盛、宏良、康美、华安公司、八坊清河源6个省级企业技术（工程）中心，在砖雕、黄酒等行业中创建1～2个省级以上企业技术中心。搭建本地企业与国内高新技术企业的对接交流平台，促进企业的科技成果转化能力。

（九）全面落实安全生产监管责任

严格落实“一岗双责”领导责任制，积极建立州内100千米管道沿线县、乡管道保护工作联席会议制度，协调处理管道保护重大问题和危害管道安全的违法行为。积极推进民爆、通信运营、食品等行业安全生产标准化达标工作，全面提升企业的安全管理水平。

附表

临夏回族自治州2013年建成投产工业项目情况表

单位/万元

序号	项目名称	建设单位	主要建设内容	项目实施年限	总投资	新增经济效益		
						新增产值	新增税收	新增利润
1	临夏神韵砖雕有限公司临夏砖雕生产工艺技术改造项目	临夏神韵砖雕有限公司	土建施工、设备采购安装	2012	5034	5100	45	115
2	临夏莲花湖食品有限责任公司年产4万吨出口豆类罐头生产线技术改造项目	临夏莲花湖食品有限责任公司	年产4万吨出口豆类罐头生产线技术改造项目	2011	4100	18000	156	458
3	临夏回族自治州燎原乳业有限公司乳制品加工生产线技术改造项目	临夏回族自治州燎原乳业有限公司	乳制品加工生产线技术改造项目	2012	35000	9500	68	198
4	临夏回族自治州小康村饲料有限责任公司年产5万吨玉米蒸汽压片饲料建设项目	临夏回族自治州小康村饲料有限责任公司	年产5万吨玉米蒸汽压片饲料建设项目	2011	1500	10000	78	260
5	临夏润兴清真食品有限公司冻干清真牛羊肉即食产品生产线建设项目	临夏润兴清真食品有限公司	计划新建牛羊肉处理及冻干生产线各1条，调味料生产线1条	2012	2870	5600	62	210
6	临夏永恒医药有限公司中药饮片现代化加工及仓储体系建设项目	临夏永恒医药有限公司	生产线的技术改造	2012	5500	3220	56	156

续附表

临夏回族自治州2013年建成投产工业项目情况表

单位/万元

序号	项目名称	建设单位	主要建设内容	项目实施年限	总投资	新增经济效益		
						新增产值	新增税收	新增利润
7	临夏回族自治州安多益盛清真食品有限责任公司年产2万吨食用压榨油生产线建设项目	临夏回族自治州安多益盛清真食品有限责任公司	厂房建设及设备购置	2012	25000	6800	88	266
8	八宝茶生产项目	佳家味食品公司	改建车间3200平方米，购置八宝茶自动生产线1条	2013	780	1200	3	80
9	高档威尔顿仿手工机制地毯生产线	临夏市兴强地毯有限责任公司	增加先进的进口纺纱织毯设备，使生产工艺产品质量达到国内先进水平	2013—2014	4090	10249	600	2500

附录

行业简介

石化行业
有色行业
冶金行业
电力行业
煤炭行业
建材行业
机械行业
食品行业
纺织行业
医药行业
生产性服务业
军民结合产业
电子信息产业
通信行业

中国石油兰州石化分公司 简介

▶中国石油兰州石化分公司是中国西部重要的炼化生产基地，原油一次加工能力1050万吨/年，乙烯生产能力70万吨/年，化肥、合成树脂、合成橡胶、炼油催化剂产能分别达到52万吨/年、122万吨/年、22万吨/年和5万吨/年，主要生产汽煤柴油、润滑油基础油、化肥、合成树脂、合成橡胶、炼油催化剂、精细化工、有机助剂等170多个品种、380多个牌号的系列石化产品。现有炼化生产装置90余套，炼化主要工艺技术和炼油催化裂化催化剂领域达到国内领先水平。拥有汽油加氢、丁二烯抽提、丁苯橡胶、丁腈橡胶、碳五加氢石油树脂5套自有技术。2013年，实现工业增加值112.46亿元、销售收入701.3亿元、税金85.88亿元。图为中国石油兰州石化分公司厂区夜景。

图版1　中国石油兰州石化分公司厂区夜景

中国石油庆阳石化分公司 简介

图版2　中国石油庆阳石化分公司新投产70万吨汽油加氢装置

◀中国石油庆阳石化分公司是中国石油天然气股份有限公司的直属企业，拥有主要炼化生产装置16套，一次加工能力300万吨/年，主要产品有汽油、柴油、航空煤油、聚丙烯等9大类10余种，综合实力居甘肃工业企业前列。2013年，实现工业增加值60.01亿元、销售收入219.2亿元、利润7.7亿元、税金46.71亿元。图为中国石油庆阳石化分公司新投产70万吨汽油加氢装置。

甘肃金昌化学工业集团有限公司 简介

▶甘肃金昌化学工业集团有限公司经过50年的发展，已成为以生产化肥与化工产品为主导的大型综合性企业集团。产品年综合生产能力已达200万吨以上，主要产品有合成氨38万吨、碳铵8万吨、纯碱25万吨(其中重质碱10万吨)、氯化铵25万吨、磷酸二铵40万吨、磷酸一铵24万吨、普钙40万吨、专用复混肥10万吨、氟硅酸钠5000吨等。公司已成为甘肃省乃至西北地区化肥产品生产能力最大，品种最多、最全的化肥生产企业。2013年，实现工业总产值23.5亿元、销售收入2.36亿元、利润240万元。图为甘肃丰盛环保科技股份有限公司合成氨生产装置。

图版3　甘肃丰盛环保科技股份有限公司合成氨生产装置

中国石油玉门油田分公司 简介

图版4 中国石油玉门油田分公司老君庙油田

◀中国石油玉门油田分公司是中国第一个天然石油基地，现已形成了勘探与开发、上游与下游、核心业务与工程技术服务一体化的生产经营模式。截至2013年底，原油生产能力50.55万吨/年，炼油化工综合配套加工能力250万吨/年。2013年，实现工业增加值37.28亿元、销售收入116.16亿元、税金20.49亿元。图为中国石油玉门油田分公司老君庙油田。

西北永新集团有限公司 简介

▼西北永新集团有限公司是甘肃省属国有独资企业、甘肃省属23户重点支持发展企业之一，以涂料、油漆为主的精细化工产业是其传统优势产业，也是企业致力于发展的核心产业和重要支柱产业。2013年，实现工业增加值1.79亿元、销售收入10.11亿元、利润2700万元、税金5200万元。图为西北永新集团有限公司涂料生产线。

图版5 西北永新集团有限公司涂料生产线

金川集团股份有限公司 简介

▶金川集团股份有限公司是中国镍钴生产基地、铂族金属提炼中心和北方地区最大的铜生产企业，主要生产镍、铜、钴、铂族金属，有色金属压延加工产品，化工产品，有色金属化学品等，被誉为中国的“镍都”。公司已形成镍产品20万吨、铜产品100万吨、钴产品1万吨、化工产品280万吨的生产能力，钴产量居世界第二位，镍产量居世界第四位，铂族金属产量居国内第一位，铜产量居国内第三位。2013年，生产有色金属及加工材料109.8万吨、化工产品总量223万吨，实现营业收入1856亿元、利税总额20亿元、利润10亿元。图为金川集团股份有限公司防城港40万吨铜电解项目。

图版6　金川集团股份有限公司防城港40万吨铜电解项目

甘肃华鹭铝业有限公司 简介

图版7　甘肃华鹭铝业有限公司3万吨铝合金棒材生产线

◀甘肃华鹭铝业有限公司是国家“七五”重点建设工程，公司注册资本5.29亿元，总资产20亿元，净资产14亿元。现形成年产23万吨铝产品、13万吨铝用预焙阳极、4万吨铝深加工产品的生产能力。2013年，生产铝产品21.5万吨、合金产品5.5万吨、阳极炭块11万吨，实现营业收入27亿元，初步形成了以铝液、合金棒、电工铝杆、A356合金锭为主要品种的产品结构。图为甘肃华鹭铝业有限公司3万吨铝合金棒材生产线。

白银有色集团股份有限公司 简介

▶白银有色集团股份有限公司是国家“一五”时期156个重点建设项目之一，注册资本62.8亿元，形成了采选460万吨，铜、铅、锌50万吨，黄金13吨，白银150吨，有色金属加工材8万吨、硫酸90万吨的生产能力。2013年，完成铜、铅、锌有色金属总产量31万吨，黄金10.52吨，白银160吨，实现营业收入338.73亿元、利润总额5.9亿元，位居2013年中国企业500强第275位。图为白银有色集团股份有限公司铜业公司20万吨阴极铜生产现场。

图版8　白银有色集团股份有限公司铜业公司20万吨阴极铜生产现场

中国铝业股份有限公司连城分公司 简介

图版 9 中国铝业股份有限公司连城分公司先进的500千安预焙阳级电解槽

◀中国铝业股份有限公司连城分公司建设了国内外技术最先进、单系列产能最大的500千安电解铝项目和国家“863计划”中的600千安超大容量铝电解槽技术研发项目，实现了企业设备的大型化，科技含量得到彻底的提升。目前，已形成年产铝锭56万吨、各种铝合金铸锭27万吨、碳素制品35万吨的综合生产能力。2013年，生产铝产品54.40万吨、阳极炭块28.19万吨，实现营业收入66.69亿元、工业增加值1.64亿元、上缴税金0.662万元。图为中国铝业股份有限公司连城分公司先进的500千安预焙阳级电解槽。

酒泉钢铁集团有限责任公司东兴铝业公司 简介

▶酒泉钢铁集团有限责任公司东兴铝业公司是甘肃省有色金属大型骨干企业，辖有陇西分公司和嘉峪关分公司两个电解铝生产基地，现有240千安、400千安和500千安三条大型电解合金铝生产线，产能125万吨/年，即将形成170万吨的生产能力，产能在甘肃省电解铝企业中位居第一位、全国第五位。2013年，资产总额达到163.5亿元，是2012年资产总额的1.25倍，实现工业总产值106.73亿元、营业收入104.8亿元。图为酒泉钢铁集团有限责任公司东兴铝业公司特色铝合金生产线。

图版 10 酒泉钢铁集团有限责任公司东兴铝业公司特色铝合金生产线

中国铝业股份有限公司西北铝加工厂 简介

图版 11 中国铝业股份有限公司西北铝加工厂铝箔项目生产线

◀中国铝业股份有限公司西北铝加工厂拥有较为完善的熔炼、铸造、挤压、铸轧、压延、制粉等铝加工专业生产设备，产品生产能力11.5万吨，主导产品有铝及铝合金管、铝粉等14大类、近百种合金、上万种规格，并通过了国家安全生产标准化一级企业评审。2013年，完成产品产量3.86万吨，实现主营业务收入7.78亿元，产销率102.17%。图为中国铝业股份有限公司西北铝加工厂铝箔项目生产线。

酒泉钢铁集团有限责任公司 简介

▶酒泉钢铁集团有限责任公司现已形成嘉峪关本部、兰州榆中和山西翼城三个钢铁生产基地，具备年产1000万吨钢(其中不锈钢120万吨)的生产能力。2013年，生产生铁922.5万吨，增长19.1%；粗钢1116.4万吨，增长9.3%；钢材1124.6万吨，增长10.4%；铁合金19.9万吨，增长13.7%。实现工业总产值918.1亿元，增长18.5%；营业收入1218.5亿元，增长18.7%；利润总额0.81亿元，下降90.12%；利税总额16.8亿元，下降38.3%。图为酒泉钢铁集团有限责任公司冶金工业区厂景。

图版12　酒泉钢铁集团有限责任公司冶金工业区厂景

甘肃腾达西北铁资源控股集团有限责任公司 简介

▼甘肃腾达西北铁资源控股集团有限责任公司拥有铁合金电炉38台(套)，总装机容量481500千伏安，形成了年产铁合金60万吨、兰炭60万吨和金属镁1.5万吨的产能。2013年，生产铁合金32.7万吨，增长14.3%。其中：硅铁20.1万吨，增长10%；铬铁5.6万吨，增长7.1%；高碳铬铁4.7万吨，增长56.4%。实现工业总产值29.1亿元，增长20%；工业销售产值27.94亿元，增长15.3%；工业增加值4.51亿元，下降4%。图为甘肃腾达西北铁资源控股集团有限责任公司全貌。

图版13　甘肃腾达西北铁资源控股集团有限责任公司全貌

华能平凉发电有限责任公司 简介

图版14 华能平凉发电有限责任公司主厂房全景

◀华能平凉发电有限责任公司隶属于中国华能集团，目前总装机容量252万千瓦，是甘肃省装机容量最大的火力发电厂。截至2013年底，累计发电960亿千瓦时，实现产值200亿元，创造了长周期安全生产1955天的同行业优异成绩。2013年，公司圆满完成了#1、#2供热机组首个采暖季的供热任务和#2、#4机组脱硝技改项目。公司因注重绿色发展而荣获“中国美丽电厂”称号。图为华能平凉发电有限责任公司主厂房全景。

中国水电崇信发电有限责任公司 简介

▶中国水电崇信发电有限责任公司由中国水电集团与华亭煤业集团共同发起成立。2011年1月建成投产一期2×66万千瓦空冷超临界燃煤机组，是中国电建集团和甘肃省最大的坑口电厂，是西北电网的重要电源支撑点。截至2013年12月底，累计完成发电量157.9亿千瓦时。图为中国水电崇信发电有限责任公司全景。

图版15 中国水电崇信发电有限责任公司全景

大唐景泰发电厂 简介

图版16 大唐景泰发电厂总体规划效果图

◀大唐景泰发电厂规划总装机容量532万千瓦，分三期建设。一期工程2台66万千瓦超临界空冷机组于2007年8月开工建设，2009年12月正式投产发电。一期工程的建设开创了甘肃省高参数、大容量、高效环保机组的先河。大唐景泰发电厂是甘肃省首个60万千瓦级和首个超临界机组项目，也是大唐集团公司以“上大压小”方式建设的“十一五”重点电源项目和国家“西电东送”750千瓦电网北通道中的重要电源支撑点。截至2013年底，全厂累计完成发电量208.09亿千瓦时，创工业总产值57.95亿元，为带动甘肃省和西北地区经济发展做出了积极贡献。图为大唐景泰发电厂总体规划效果图。

国电靖远发电有限公司 简介

▶国电靖远发电有限公司隶属中国国电集团公司，是一座优良的坑口电站，也是连接陕、甘、宁、青四省区枢纽电网的重要电源支撑点，目前安装有4台220兆瓦燃煤发电机组。2013年，公司完成发电量39.58亿千瓦时，同比增加2.75亿千瓦时；实现营业收入10.16亿元，同比增加0.48亿元；完成工业总产值10.83亿元，同比上升4.73%；完成工业增加值3.38亿元，同比上升55.19%；实现跨年度长周期安全运行4424天。图为国电靖远发电有限公司废水回收系统。

图版17　国电靖远发电有限公司废水回收系统

甘肃龙源风力发电有限公司 简介

▼甘肃龙源风力发电有限公司隶属于中国国电集团，致力于风电、光电等新能源的开发、建设和经营，是甘肃风电的先行者。截至2013年底，公司先后在玉门、瓜州、张掖、肃北等地区建成风电场6座，现有投产风力发电机组811台，总装机容量1039.3兆瓦，风电装机位居甘肃省第一位。同时，在张掖建成投运19兆瓦光伏电站1座。2013年，甘肃龙源风力发电有限公司完成发电量63347万千瓦时，增长20.73%；平均利用小时数2112小时，增长20.75%。图为甘肃洁源玉门风电场。

图版18　甘肃洁源玉门风电场

甘肃电投金昌发电有限责任公司 简介

图版19 甘肃电投金昌发电有限责任公司一厂厂景

◀甘肃电投金昌发电有限责任公司装机总规模1320兆瓦，资产总额65.42亿元，是甘肃省金昌市的电负荷、热负荷中心。一厂“上大压小”2×330兆瓦改扩建工程项目，荣获2010—2011年度“国家优质工程奖”。二厂金昌市热电联产2×330兆瓦工程项目，位于金昌市经济技术开发区。公司4台机组均为燃煤空冷热电联产机组，脱硫、脱硝等环保设施同步达标投运。图为甘肃电投金昌发电有限责任公司一厂厂景。

甘肃电投张掖发电有限责任公司 简介

▼甘肃电投张掖发电有限责任公司一期2×300兆瓦燃煤机组工程于2006年7月实现双投，累计完成发电量258亿千瓦时，跨年度连续安全生产2101天，连续两年实现机组“零非停”，创造了投产八年连续盈利的良好生产经营局面。2013年实施的脱硝改造工程实现了当年开工、当年投产和工程建设“零事故”，创造了双机脱硝改造工程先进工期；正在推进的一期供热改造项目，将于2014年10月实现热电联产。图为甘肃电投张掖发电有限责任公司1号发电机组。

图版20 甘肃电投张掖发电有限责任公司1号发电机组

华亭煤业集团公司 简介

▶华亭煤业集团公司拥有10矿10井，公司核定生产能力为2020万吨，已形成以煤为主，延伸发展煤电、煤化工和建材，集煤炭生产销售和洗选加工、建筑安装、机械制造、科研设计、多种经营、矿山救护、铁路运输等多元发展的产业格局，荣获了中国煤炭工业100强企业等荣誉称号。2013年，生产原煤1801.33万吨，增长2.75%；实现营业收入77.02亿元、利润5.65亿元、利税15.4亿元。图为华亭煤业集团公司新庄煤矿。

图版21 华亭煤业集团公司新庄煤矿

靖远煤业集团有限责任公司 简介

图版22 靖远煤业集团有限责任公司装煤作业

◀靖远煤业集团有限责任公司是以采煤为主，多业并举、综合发展的多元化企业。矿区煤炭地质可采储量4.8亿吨，矿井生产能力900万吨，采煤机械化程度100%。2013年3月11日，公司整体上市顺利完成。公司名列全国煤炭工业百强，荣获全国煤炭工业优秀企业、全国产品质量信誉AAAA等级企业、全国守合同重信用企业、安全生产先进单位等称号。2013年，生产原煤1038.04万吨，实现营业收入52.62亿元、利润3.24亿元、利税8.15亿元。图为靖远煤业集团有限责任公司装煤作业。

窑街煤电集团有限公司 简介

▶窑街煤电集团有限公司现已形成“煤炭、循环经济、非煤”三大产业综合发展格局和煤炭、电力、化工、冶炼、建材、物流六大支柱板块，是国家级矿产资源综合利用示范基地和资源综合利用“双百工程”骨干企业，曾先后被评为全国煤炭工业一级企业、全国安全生产先进单位、全国节能先进企业、省级文明单位标兵等。2013年，生产原煤671.66万吨，实现营业收入32.03亿元、利润0.25亿元、利税4.7亿元。图为窑街煤电集团有限公司职工风貌。

图版23 窑街煤电集团有限公司职工风貌

平凉海螺水泥有限责任公司 简介

▶平凉海螺水泥有限责任公司拥有2条4500吨/天新型干法熟料水泥生产线，配套4台φ4.2×13米联合水泥粉磨系统和2×7.3兆瓦纯低温余热发电系统，公司水泥年生产能力440万吨，发电1.1亿千瓦时。2013年，生产水泥、熟料553万吨，销售水泥、熟料315万吨，实现工业增加值25699万元、利润1.92亿元、利税2.79亿元。2013年，公司荣获全国建材行业“调结构、练内功、增效益”百家优秀企业称号，海螺牌水泥荣获2013年甘肃省“名牌产品”称号。图为平凉海螺水泥有限责任公司全景。

图版24 平凉海螺水泥有限责任公司全景

甘肃祁连山水泥集团股份有限公司 简介

图版25 甘肃祁连山水泥集团股份有限公司成县公司干线项目建设现场

◀甘肃祁连山水泥集团股份有限公司是甘肃和青海两省最大的水泥生产企业、西北地区特种水泥生产基地。2013年，水泥产能达到2600万吨，实际生产1756.33万吨，增长30.84%；商砼产能达到430万立方米，实际生产93.40万立方米，增长55.14%。实现工业增加值16.6亿元，增长30%；销售收入58亿元，增长35%；利润6.73亿元，增长198%；税金5.5亿元，增长40%。图为甘肃祁连山水泥集团股份有限公司成县公司干线项目建设现场。

中材甘肃水泥有限责任公司 简介

▶中材甘肃水泥有限责任公司是中国中材集团在白银市投资设立的以水泥为主业的有限责任公司，一期5000吨/天新型干法水泥生产线已于2010年11月建成投产，核心品牌“赛马”牌水泥广泛应用于国家各类大中型机场、铁路、桥梁等工程建设。2013年，产销水泥180万吨，实现销售收入4.66亿元，实现净利润5683.67万元。图为中材甘肃水泥有限责任公司景区。

图版26 中材甘肃水泥有限责任公司景区

金昌水泥集团有限责任公司 简介

▶金昌水泥集团有限责任公司下设2个新型干法水泥生产厂及5个控股和全资子公司，年产各类水泥200万吨、系列膨润土5万吨，商品混凝土30万立方米，石灰石开采200万吨，是甘肃省水泥骨干企业。2013年，生产水泥198.6万吨，实现工业增加值1.9亿元、销售收入6.1亿元、利税2.1亿元，跻身全国水泥制造企业100强。图为金昌水泥集团有限责任公司新型干法水泥生产线。

图版27 金昌水泥集团有限责任公司新型干法水泥生产线

甘肃京兰水泥有限公司 简介

图版28 甘肃京兰水泥有限公司新型干法水泥生产线

◀甘肃京兰水泥有限公司是在原榆中县水泥厂破产重组基础上组建成立，淘汰了原厂2条总产能12万吨落后水泥生产线，投资6亿元在原厂址兴建1条日产4600吨新型干法熟料水泥生产线，配套9兆瓦纯低温余热发电工程。2013年，生产销售水泥179.59万吨，实现产值4.86亿元，实现利税总额7863万元。图为甘肃京兰水泥有限公司新型干法水泥生产线。

兰州蓝天浮法玻璃股份有限公司 简介

▶兰州蓝天浮法玻璃股份有限公司是西北地区唯一符合国家行业新准入条件的玻璃生产和深加工企业，中国建材500强企业。现有500吨/天优质浮法玻璃生产线2条，年产能600万重量箱，主导产品“蓝天”牌商标是甘肃省著名商标，主要销往西北地区并出口中亚等国家。2013年，实现工业增加值9300万元、销售收入3.42亿元、利税2200万元。图为兰州蓝天浮法玻璃股份有限公司钢化玻璃生产线。

图版29 兰州蓝天浮法玻璃股份有限公司钢化玻璃生产线

甘肃建投装备制造有限公司 简介

图版30 甘肃建投装备制造有限公司盾构机事业部生产现场

◀甘肃建投装备制造有限公司主要从事起重机械、工程机械、风电设备和盾构机等高新技术装备产品的研发、生产、销售和综合服务，“格赛克”塔机系列产品享誉国内外，成为业内知名品牌，位居全国行业品牌“十强”。2013年，实现工业总产值6.99亿元、主营业务收入4.38亿元。图为甘肃建投装备制造有限公司盾构机事业部生产现场。

甘肃酒泉奥凯种子机械有限公司 简介

▶甘肃酒泉奥凯种子机械有限公司作为国内种业装备制造业的领军企业，先后投资400多万元购入了瑞士ABB IRB系列、日本松下TA系列焊接机器人10套，用于风筛选、比重选、包衣机、分级机、皮带机、提升机等产品零部件的焊接过程，大大提升了产品稳定性，成倍提高了生产效率。2013年，实现工业总产值2.24亿元，销售收入2.10亿元。图为焊接机器人在公司生产中广泛应用。

图版31 焊接机器人在公司生产中广泛应用

兰州兰石集团有限公司 简介

图版32 兰州兰石集团有限公司生产的国内首台四合一连续重整反应器(美国UOP技术)

◀兰州兰石集团有限公司是集石油钻采、炼化、通用机械研发设计制造为一体的高端能源装备大型龙头企业集团，产品广泛应用于石油、化工、冶金、汽车、铁路、航空航天、军工、核电、新能源等领域，钻机产品国内市场占有率曾达到90%，抽油机占全国机械系统抽油机总产量的65%，炼化设备占到全国炼化设备制造行业产品总量的30%以上。2013年，实现工业总产值45.09亿元，主营业务收入37.79亿元。图为兰州兰石集团有限公司生产的国内首台四合一连续重整反应器(美国UOP技术)。

兰州高压阀门有限公司 简介

▶兰州高压阀门有限公司主要从事石油、化工、煤化工、天然气、航空、航天、冶金、焦化、电力等行业用特种阀门的研发、生产、销售和服务，是国家级高新技术企业，拥有省级企业技术中心。2013年，实现工业总产值6.99亿元，主营业务收入4.38亿元。图为兰州高压阀门有限公司球阀生产线。

图版33 兰州高压阀门有限公司球阀生产线

天水锻压机床有限公司 简介

图版34 天水锻压机床有限公司装车车间

◀天水锻压机床有限公司是专业生产大、中型锻压机械设备的重点骨干企业，主要致力于剪板机、折弯机、液压机和其他锻压机床的研制，尤其擅长大型剪板机、折弯机的制造。2013年，研制成功了具有国际先进水平的国内首台多工位柔性剪切生产线，成功完成了国内第一台果园风机的研发和制造，实现工业产值2.45亿元，主营业务收入2.84亿元，出口交货值566.8万元。图为天水锻压机床有限公司装车车间。

天水星火机床有限责任公司 简介

▶天水星火机床有限责任公司是国内规模最大、规格最全的卧式回转类机床制造企业，是大型数控车床、精密轧辊磨床主导生产企业，现已成为以机床业务为主、能源产业为辅、相关多元产业为补充的跨国经营集团公司。2013年，实现工业总产值17.70亿元，主营业务收入14.52亿元，出口交货值7894万元。图为天水星火机床有限责任公司星火机床工业园重型装配车间。

图版35 天水星火机床有限责任公司星火机床工业园重型装配车间

金徽酒股份有限公司 简介

图版36 金徽酒股份有限公司西北地区规模最大的白酒灌装生产线

◀金徽酒股份有限公司是国内建厂最早的中华老字号白酒酿造企业和中国白酒百强企业，主导产品有“金徽”“陇南春”两大品牌，涵盖“金徽”“世纪金徽星级”“世纪金徽陈香”“陇南春”四大系列40余个高度、降度品种，均系浓香型白酒，年产能力2万吨。2013年，实现销售额12.8亿元，缴纳税费总额达3.69亿元。图为金徽酒股份有限公司西北地区规模最大的白酒灌装生产线。

清河源清真食品有限责任公司 简介

▶清河源清真食品有限责任公司是一家集肉牛羊育肥、屠宰、加工、冷冻冷藏、高科技产品研发于一体的农业产业化重点龙头企业。主要产品有精分割牦牛肉、黄牛肉、藏绵羊、高科技微胶囊化骨肽营养粉胶囊、硫酸软骨素、小麦加肠里香系列产品280多种。2013年，企业总资产3.868亿元，完成工业生产总值6.4亿元，利润总额9863万元，上缴税收315.14万元。图为清河源清真食品有限责任公司分割生产车间。

图版37 清河源清真食品有限责任公司分割生产车间

华润雪花啤酒(甘肃)有限公司 简介

图版38 华润雪花啤酒(甘肃)有限公司啤酒灌装生产线

◀华润雪花啤酒(甘肃)有限公司是华润雪花(中国)有限公司的下属公司，从奠基到投产仅用了7个月的时间，成为中国同等规模建厂、投产最快的啤酒企业。企业年生产规模200000千升，达产达标后每年可创造近一个亿的税收。2013年，年产啤酒2257000千升。图为华润雪花啤酒(甘肃)有限公司啤酒灌装生产线。

甘肃敬业农业科技有限公司 简介

▶甘肃敬业农业科技有限公司是以开发优质葵花种子、栽培技术及产品的深加工为主业的现代化农业科技龙头企业，列2012年度甘肃省私营(民营)企业100强第31位。公司先后被授予AA级信用企业、甘肃省农业产业化重点龙头企业、甘肃省高新技术企业，在武威市属首家突破，注册的“西部人”商标被认定为“甘肃省著名商标”，生产的“西部人”葵花油被认定为“甘肃省名牌产品”。2013年，公司总资产9.5亿元，实现销售收入4.8亿元，利润9272万元，上缴税金1600万元。图为甘肃敬业农业科技有限公司成品灌装生产线

图版39 甘肃敬业农业科技有限公司成品灌装生产线

天水长城果汁集团有限公司 简介

图版40 天水长城果汁集团有限公司果汁生产线酶解罐设备

◀天水长城果汁集团有限公司是生产、销售浓缩苹果汁的现代化高科技企业，是国家级农业产业化重点龙头企业、国家扶贫龙头企业、全国农业产业化示范企业、甘肃省农产品出口重点骨干企业，也是甘肃最大的果蔬汁加工企业。目前，已发展成为拥有资产总额5.1亿元，年产能力达到6万余吨的现代化企业。图为天水长城果汁集团有限公司果汁生产线酶解罐设备。

天水昌盛食品有限公司 简介

▶天水昌盛食品有限公司主要从事特色农产品种植、加工、出口、销售以及新产品开发，拥有3条日加工能力200吨瓶罐装生产线和速冻系列产品生产线，年综合加工能力20000吨，冷藏保鲜各类果蔬10000吨，被国务院扶贫开发领导小组认定为国家扶贫龙头企业.产品主要出口法国、德国、英国、美国、西班牙、比利时、爱尔兰、澳大利亚等国家，内销兰州、北京、上海、广州、西安、成都等大中城市。2013年，实现销售收入7930.43万元，利税总额1147.00万元。图为天水昌盛食品有限公司甜玉米罐头生产车间。

图版41 天水昌盛食品有限公司甜玉米罐头生产车间

兰州三毛实业股份有限公司 简介

图版42 兰州三毛实业股份有限公司年产600万米精纺呢绒织机

◀兰州三毛实业股份有限公司始建于1972年，属国有控股股份公司，现有员工1730人。公司主营业务为毛精纺呢绒的生产和销售，年产能600万米。2013年，生产毛精纺呢绒386万米，完成工业总产值23500万元。图为兰州三毛实业股份有限公司年产600万米精纺呢绒织机。

泾川天纤棉业有限责任公司 简介

▶泾川天纤棉业有限责任公司现有资产5.5亿元，职工750名，主要生产“泾河牌”高档棉纱，为甘肃省私营企业100强之一。2013年，实现工业产值3.24亿元。图为泾川天纤棉业有限责任公司生产车间。

图版43 泾川天纤棉业有限责任公司生产车间

会宁宏慧制衣有限公司 简介

图版44 会宁宏慧制衣有限公司制衣车间正在进行生产加工

◀会宁宏慧制衣有限公司是北京铜牛股份有限公司为支持革命老区经济发展而建设的服装生产基地，主要加工生产361°、安踏、李宁、HM、凡客等品牌服装。公司建成标准化厂房7200平方米，服装加工生产线26条，年生产各种针织服装500万件。2013年，实现产值达2.4亿元，提供就业岗位1000个。图为会宁宏慧制衣有限公司制衣车间正在进行生产加工。

兰州生物制品研究所有限责任公司 简介

▶兰州生物制品研究所有限责任公司是甘肃省乃至西北地区唯一一家大型的生物高技术企业，主要从事生物制品的生产、研发，主要产品有口轮状病毒活疫苗、b型流感嗜血杆菌结合疫苗、A群C群脑膜炎球菌多糖疫苗、注射用A型肉毒毒素等。2013年，实现主营业务收入12.87亿元。图为兰州生物制品研究所有限责任公司细菌培养车间。

图版45　兰州生物制品研究所有限责任公司细菌培养车间

兰州佛慈制药股份有限公司 简介

图版46　兰州佛慈制药股份有限公司浓缩丸系列产品

◀兰州佛慈制药股份有限公司是一家具有近百年制药历史的市属国有控股上市公司，是集中药材种植与加工、天然药物研发、中药现代剂型及健康产品生产销售为一体的西北地区医药行业的骨干企业。公司拥有药品生产批准文号345个，常年生产浓缩丸、大蜜丸、片剂等11种剂型的152种中西药产品，行销中国、美国、澳大利亚、日本等27个国家和地区。2013年，实现主营业务收入2.91亿元。图为兰州佛慈制药股份有限公司浓缩丸系列产品。

甘肃陇神戎发药业股份有限公司 简介

▶甘肃陇神戎发药业股份有限公司是一家集新药研发、中药加工和生产经营为一体的国家级高新技术企业，现拥有膜剂、滴丸剂、片剂、胶囊剂四条药品生产线和“天然药物提取”生产线，其主打产品——元胡止痛滴丸被列入《国家基本用药目录》。2013年，实现主营业务收入2.74亿元。图为甘肃陇神戎发药业股份有限公司滴丸剂袋装生产线。

图版47　甘肃陇神戎发药业股份有限公司滴丸剂袋装生产线

甘肃奇正实业集团有限公司 简介

图版48 甘肃奇正实业集团有限公司消痛贴膏自动化生产线

◀甘肃奇正实业集团有限公司现已发展成为集藏药、中药材、医疗、健康品、装备制造、文化产业等为一体的集团公司，在传统藏药领域有73个藏药批准文号，包括湿敷贴剂、藏药浴、传统藏药三大系列的藏药精品，成为国内藏药制剂类型最丰富的藏药企业。图为甘肃奇正实业集团有限公司消痛贴膏自动化生产线。

恒康医疗集团股份有限公司 简介

▶恒康医疗集团股份有限公司（原甘肃独一味生物制药股份有限公司）形成以肿瘤药、肿瘤医院为主的多元化集团公司。主要产品包括独一味胶囊、参芪五味子片、止嗽咳喘宁糖浆、阿胶益寿口服液、酮洛芬缓释片等32个品种。2013年，实现主营业务收入4.46亿元。图为恒康医疗集团股份有限公司软双铝生产线。

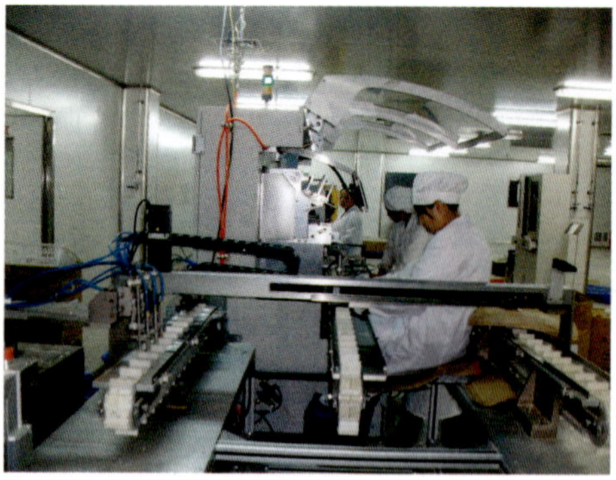

图版49 恒康医疗集团股份有限公司软双铝生产线

陇西一方制药有限公司 简介

图版50 陇西一方制药有限公司全景

◀陇西一方制药有限公司是广东一方制药有限公司的全资子公司，拥有7条国际先进水平的自动化中药提取生产线，2011年10月通过了国家GMP认证。2013年，实现主营业务收入4.38亿元。图为陇西一方制药有限公司全景。

甘肃省轻工研究院 简介

▶甘肃省轻工研究院是集科研开发、技术服务、成果转化、工程咨询、清洁生产审核、节能审核及评估、产品检验、人员培训为一体的科技型企业，组织实施甘肃省中小企业公共服务平台网络枢纽平台建设，每年服务中小企业300家以上，专业技术人员服务200人次以上。2013年，实现主营业务收入1600万元。图为甘肃省轻工研究院技术人员正在进行试验操作。

图版51　甘肃省轻工研究院技术人员正在进行试验操作

甘肃省融资担保集团有限公司 简介

图版52　甘肃省融资担保集团有限公司举办担保业务实务培训

◀甘肃省融资担保集团有限公司是由甘肃省公路航空旅游投资集团公司独家发起设立、甘肃省工业和信息化委员会批准成立的（国有）法人机构，注册资本7亿元人民币，是甘肃省内资金规模最大的信用担保公司。主要经营贷款担保、票据承兑担保、贸易融资担保、项目融资担保、信用证担保、诉讼保全担保、履约担保及其他融资性担保业务。截至2013年底，累计为地方中小微企业提供担保48亿元，支持企业为500余户。图为甘肃省融资担保集团有限公司举办担保业务实务培训。

甘肃万维信息技术有限责任公司 简介

▶甘肃万维信息技术有限责任公司是中国电信全资控股的ICT（信息通信技术）高新技术企业，主要从事应用软件开发、互联网运营、技术服务和系统集成四大领域业务，是国家规划布局内重点软件企业、国家计算机信息系统集成一级企业，是甘肃省首家通过CMMI（软件能力成熟度模型）3级评估、国家计算机信息系统集成一级的企业，在省内外主导实施了众多具有代表性和影响力的综合信息化建设项目，成为中国电信集团全国教育行业信息化基地和医疗行业信息化基地。图为依托甘肃万维成立的中国电信集团全国教育行业信息化基地。

图版53　依托甘肃万维成立的中国电信集团全国教育行业信息化基地

兰州将军山机械厂 简介

▼兰州将军山机械厂属军工企业，主要产品在机械加工，火电设备，水电大型闸门及压力管道，压力容器，各类全电子汽车衡，冲压，钣金制作，成套非标设备的设计、制作和安装以及电力工程安装等领域有很强的实力。2013年，完成工业总产值13853万元。图为兰州将军山机械厂重型加工中心生产线。

图版54 兰州将军山机械厂重型加工中心生产线

兰州神龙航空科技有限公司 简介

图版55 兰州神龙航空科技有限公司研制的空中搜索无人机

◀兰州神龙航空科技有限公司是集航空飞行器设计、研发、生产为一体的高科技企业，也是西北地区唯一一个研发军民两用无人机的企业。截至2013年底，已有15年研发历程，并拥有14项专利，研发出航空飞行器产品8个系列28种产品，其中无人机任务载荷覆盖了5～50千克。2013年，公司产能达到230架(套)/年，完成工业总产值4632.80万元。图为兰州神龙航空科技有限公司研制的空中搜索无人机。

兰州万里航空机电有限责任公司 简介

▶兰州万里航空机电有限责任公司是中航工业下属的一家上市公司,是航空照明系统、航空专用驱动和作动系统、飞机集中告警系统、电器控制装置系列产品的科研生产专业公司,产品几乎运用于国产所有机种,并在兵器、导弹、舰载、船舶等领域也占有一定市场。图为兰州万里航空机电有限责任公司数控加工中心。

图版56　兰州万里航空机电有限责任公司数控加工中心

甘肃银光化学工业集团有限公司 简介

▼甘肃银光化学工业集团有限公司隶属于中国兵器工业集团公司,是国家"一五"期间156个重点项目之一。经过60年艰苦创业和不懈追求,逐步发展成国家重点保军和军民结合的国防特种化工骨干企业,成为我国含能材料生产研发基地及聚氨酯产业的摇篮。图为甘肃银光化学工业集团有限公司年产12万吨PVC项目一次试车成功。

图版57　甘肃银光化学工业集团有限公司年产12万吨PVC项目一次试车成功

天水华天电子集团 简介

图版58 华天集成电路封装厂房

◀天水华天电子集团是我国最早从事集成电路和半导体元器件研发、生产的企业之一，掌握了国际上先进的集成电路先进封装测试核心技术。目前，公司建有完整的集成电路封装测试生产线，形成了以集成电路封装测试为主，集成电路设备/模具、集成电路包装材料等为辅的集成电路产业链，已与国内外1000多家客户建立了稳定良好的长期合作关系，在全国十大封测企业中排名第六位。2013年，实现工业总产值35.93亿元、主营业务收入33.24亿元、利润3.24亿元、集成电路封装量91.59亿块，分别增长61.8%、62.1%、78.4%、27%。图为华天集成电路封装厂房。

天水六九一三电子科技有限责任公司 简介

▼天水六九一三电子科技有限责任公司依靠科技进步，以市场为导向，大力开发新产品与出口产品，形成了军、民两大系列格局。公司投资建设的明讯电子科技有限通信产业基地建设项目总投资21000万元，即将投入批量生产。建成达产后，将形成月生产能力80万片手机模块的生产规模，年可实现销售收入120000万元，填补了甘肃省通信制造业的空白。图为明讯电子科技有限通信产业基地厂房。

图版59 明讯电子科技有限通信产业基地厂房

兰州四联光电科技有限公司 简介

▼兰州四联光电科技有限公司是由中国四联控股子公司重庆四联光电科技有限公司在兰州新区设立的全资子公司。实施的兰州新区高新技术西北产业基地项目总投资10亿元,主要建设LED照明装备生产线、高清电视机顶盒及芯片、城市供热计量表、聚光太阳能发电系统装置四大产业。项目建成后,年可实现销售收入26.6亿元。目前,蓝宝石晶体生产线设备安装已完成,正在小规模试生产;LED生产线设备正在安装调试。图为兰州四联光电科技有限公司蓝宝石晶体生产线。

图版60　兰州四联光电科技有限公司蓝宝石晶体生产线

甘肃中寰卫星导航通信有限公司 简介

▶甘肃中寰卫星导航通信有限公司是中寰卫星导航通信有限公司在甘肃的子公司,先后与多家单位和行业开展卫星导航定位业务合作,目前在网车辆30000余台,在甘肃市场占有率第一。实施的甘肃省北斗物流云综合服务平台项目总投资5.13亿元,现已完成平台研发部署和省级指挥中心建设。总投资约1亿元的北斗导航以及基于物联网的配套生产线,将形成年产50万台终端产品的生产能力,建成后预计年产值达到4亿元。图为甘肃中寰北斗公共物流云位置综合服务平台。

图版61　甘肃中寰北斗公共物流云位置综合服务平台

中国电信股份有限公司甘肃分公司 简介

图版62 中国电信股份有限公司甘肃分公司营业人员为用户提供周到便民的电信服务

◀中国电信股份有限公司甘肃分公司是中国电信股份有限公司在甘肃省境内设立的省级公司，是甘肃省最大的基础网络运营商和综合信息服务提供商。2013年，中国电信股份有限公司甘肃分公司秉承“用户至上，用心服务”的理念，坚定不移地推进聚焦客户的信息化创新战略，坚持移动业务的差异化发展策略，企业营业收入增长15%，实现快速、健康、持续发展。图为中国电信股份有限公司甘肃分公司营业人员为用户提供周到便民的电信服务。

中国移动通信集团甘肃有限公司 简介

▶中国移动通信集团甘肃有限公司是中国移动有限公司在甘肃设立的全资子公司，主要经营移动话音、数据、IP电话和多媒体业务，以及与移动通信、IP电话和互联网接入相关的系统集成、漫游清算、技术开发、技术服务等业务。现已建成了覆盖全省14个市（州），所有县市、乡镇、重点旅游景区、高速公路沿线和大部分农村、林场、牧区的移动通信网络，全省乡镇覆盖率达100%，行政村覆盖率达99.07%，自然村覆盖率达95.74%。图为消费者通过数字工商安全监管平台查询使用食品溯源监管功能。

图版63 消费者通过数字工商安全监管平台查询使用食品溯源监管功能

中国联合网络通信集团有限公司甘肃省分公司 简介

图版64 中国联合网络通信集团有限公司与读者出版传媒股份有限公司全面合作协议签约仪式。

◀2013年，中国联合网络通信集团有限公司甘肃省分公司不断深化企业转型，加快业务发展，改善通信服务，推进科学管理，充分发挥网络、客户、品牌、产业链及宽带互联网优势，建成了通达全省的高速优质3G精品网络，整体实力有了明显提升。截至2013年底，公司资产规模达到70亿元人民币，服务各类用户总数近340万户。图为中国联合网络通信集团有限公司与读者出版传媒股份有限公司全面合作协议签约仪式。